joce mai 2010

# LA MÉMOIRE DES PIEDS-NOIRS

Pour en savoir plus
sur les Éditions Perrin
(catalogue, auteurs, titres,
extraits, salons, actualité…),
vous pouvez consulter notre site internet :
**www.editions-perrin.fr**

collection tempus

Joëlle HUREAU

# LA MÉMOIRE DES PIEDS-NOIRS

de 1830 à nos jours

**PERRIN**
www.editions-perrin.fr

© Perrin, 2001
et 2010 pour la présente édition
ISBN : 978-2-262-03127-5

**tempus** est une collection des éditions Perrin.

*A Paul-Emile Artigau,
mon père.*

# Remarques préliminaires à cette nouvelle édition

A l'occasion de cette nouvelle édition de *La Mémoire des pieds-noirs*, il me paraît utile d'apporter quelques précisions sur le contexte dans lequel ce livre a été rédigé et sur ses sources.

Après avoir soutenu un mémoire de DEA d'histoire consacré à la mémoire collective des Français d'Algérie, à l'IEP de Paris, j'entreprenais une thèse sur le même sujet, lorsque la maison d'édition Olivier Orban m'a confié la rédaction d'un ouvrage sur les pieds-noirs. Il fut publié en 1987 sous le titre : *La Mémoire des pieds-noirs*. Ainsi que mon mémoire de DEA et que ma thèse, ce livre approche le sujet par le biais des récits, souvenirs, romans et recueils épistolaires rédigés entre 1830 et 1987, dont les auteurs étaient identifiables, selon les critères de leur temps, comme « Français d'Algérie ». De ce fait, tout examen concernant les sources de mon DEA ou de ma thèse s'applique aux sources de *La Mémoire des pieds-noirs*.

Or, j'ai lu dans une publication diffusée sur internet que ma thèse n'était pas « un travail d'historien », car elle « fait peu de cas des archives ou autres documents historiques » et utilise des entretiens dont « on (ne) connaît ni le nombre ni la raison », le tout formant une « vaste somme peu scientifique de connaissances parfois approximatives de cette population[1] ».

Cette sentence me paraît dépourvue de fondement. J'ai beaucoup de respect pour les archives que j'utilise lorsqu'il y a lieu de le faire. Prises au sens strict du terme, elles offrent peu de matière à l'étude de la mémoire collective. Quant aux documents historiques, leur champ est infini ainsi que l'ont montré de nombreux historiens et non des moindres, depuis des décennies. Je viens de définir la nature de ceux que j'avais utilisés, ainsi que je l'avais fait déjà dans la bibliographie de *La Mémoire des pieds-noirs* et, plus longuement et largement, dans l'introduction de ma thèse. Dans celle-ci, je donnais d'amples détails au sujet des entretiens, dont le « nombre » figure dans le chapitre qui leur est consacré[2] et dont les questions, reproduites en annexe[3], indiquent les « raisons », évoquées par ailleurs en introduction, de même que dans le chapitre concerné.

Un autre type de méprise se rapporte spécifiquement à *La Mémoire des pieds-noirs*. Une autre publication[4] présente ce livre comme un « ouvrage militant »... voulant lutter contre ce que l'auteur qualifiait de « la disparition de la culture pied-noire » et souligne dans une note « la concomitance des premières victoires du Front national... et les premières recherches sur l'histoire des Français d'Algérie (avec notamment l'ouvrage de Joëlle Hureau en 1987, *La mémoire des Pieds-noirs*, Paris, O. Orban)[5] ».

J'ai vainement recherché le fragment dans lequel je me proposais de « lutter contre la disparition de la culture pied-noir » et je trouverai très insidieuse, voire calomnieuse, la « concomitance » supposée entre mes recherches et le parcours du Front national, si cette allégation n'était pas totalement incongrue. Je me contenterai de rappeler que dans les années 1980, la mémoire collective, celle des Français d'Algérie ou celle d'autres groupes de population, n'était pas un enjeu politique et que les guerres mémorielles n'étaient pas encore déclarées. Qu'elles le soient maintenant n'implique nullement que les historiens, au rang desquels je m'inscris, doivent s'y fourvoyer. Ils n'ont pas à siéger au tribunal du passé ; leur rôle est « de (le) comprendre et de (le) faire comprendre[6] ». Je m'efforce de m'en tenir à cela. Et c'est pourquoi *La mémoire des Pieds-noirs* ne saurait être un « ouvrage militant ». C'est une tentative pour appréhender et exposer au plus près la vision que les Français d'Algérie ont eue et ont transmise d'eux-mêmes, principalement à travers leurs écrits, aux différentes étapes de leur histoire.

Avant-Propos

# PIEDS-NOIRS SANS ALIBI ?

« Pied-noir », qu'est-ce que c'est ? Les premières utilisations de ce terme, aux alentours de 1956, suscitèrent cette question chez ceux qu'il était censé désigner. Comment interpréter cette innovation linguistique : « mot du malheur », expression d'un rejet ? Diverses étymologies furent avancées. Le port des bottes ou de chaussures noires par les conquérants français aurait justifié la naissance du sobriquet dès 1830. A moins que, plus tardivement, le foulage du raisin teintant les pieds de jus sombre ait engendré l'image. On indique, par ailleurs, une possible confusion entre les locutions arabes « homme noir », allusion à l'habit courant au XIX$^e$ siècle, et « pied noir », phonétiquement très proches[1]. Quelle que soit l'origine du mystérieux vocable, ancienne selon toutes les hypothèses, sa longue ignorance ou occultation par les intéressés eux-mêmes et son retour soudain dans la presse française, pendant la guerre d'Algérie, surprennent. Ces incertitudes étymologiques[2] ont moins intéressé les pieds-noirs, que le sort à réserver à cette appellation d'origine obscure. Après y avoir décelé une nuance péjorative, ils ont repris le terme et en ont fait leur emblème. Cependant, certains le refusent encore et en cherchent un plus légitime[3].

Simple point de vocabulaire qui peut paraître négligeable, la dénomination véhicule un portrait-robot, ébauché à la faveur de certaines circonstances, et resté intact. Caricature d'identité, il fait abstraction de l'originalité et de la complexité de toute une communauté. Aujourd'hui encore, cette méconnaissance et les préjugés qu'elle conforte sont âprement ressentis, qu'ils se manifestent par un paternalisme compatissant ou par un dédain partial : « *...quand on apprend que je suis "pied-noir", il y a un avant et un après* »[4]. Le soupçon persiste et la désaffection en découle, créant une méfiance réciproque, qui, à la longue se transforme en acquis historique. Les pieds-noirs ne sont pas prêts à accepter cette conséquence plausible avec fatalisme. Ils ont entrepris de lutter contre elle, en continuant d'exister et en se faisant connaître. Car, si on ne choisit jamais son nom de baptême, si parfois on le répudie, on recherche toujours le moyen de s'identifier à lui. Or, les pieds-noirs, s'ils s'acceptent ou se réclament tels, récusent le schéma fréquemment associé à cette expression et son cortège de clichés.

Conjointement à l'ambiguïté qu'elle introduit dans les relations entre les pieds-noirs et le reste de la communauté nationale, la formule établit également un clivage parmi les Français originaires d'Algérie. Qui sont les « pieds-noirs » ? Dans son acception la plus large, la notion englobe tout Français d'Algérie[5], non musulman. Il serait bien maladroit de désigner ainsi la fraction musulmane, déjà qualifiée improprement de « rapatriée »[6]. Il est tout aussi inconsidéré de la maintenir à l'écart dans les mots, comme elle l'a trop été et l'est encore dans les faits. Il n'est pas judicieux de dissocier une minorité, en lui ôtant son élément le plus authentique. Néanmoins, à l'évidence, lorsqu'on évoque l'univers pied-noir, même en y mêlant une part d'islam, on ne pense pas aux Français musulmans d'Algérie. C'est ainsi qu'ils n'apparaîtront qu'épisodiquement dans les pages qui suivent[7].

A l'intérieur de la sphère strictement « pied-noir », si tant est qu'on en perçoive les limites, les ambiguïtés abondent encore et constituent le fondement de la communauté. Les éléments épars de sa personnalité, disséminés dans les mémoires, dispersés par les événements et les distances, se répartissent essentiellement en deux rubriques, elles-mêmes floues : ce qui est d'origine française et ce qui ne l'est pas. A partir de ces données principales, se bâtissent la géographie, l'histoire et l'identité des pieds-noirs. On peut objecter qu'en nous tendant le miroir de leur mémoire, les pieds-noirs ne nous montrent leur image que telle qu'ils la perçoivent. Qu'importe ? La façon dont quelqu'un se voit ne renseigne-t-elle pas sur son être ? En quoi notre regard serait-il moins subjectif et moins embrumé de mobiles latents ? En se décrivant ou en s'observant, les pieds-noirs nous révèlent un ailleurs, dont l'accès nous serait interdit sans leur aide. Si ce monde a bien des affinités avec celui de tous leurs compatriotes, il conserve ses dissemblances. Ce que les pieds-noirs ont vécu, et vivent encore sporadiquement, c'est leur alibi.

# PREMIÈRE PARTIE

## *L'AMBIGUÏTÉ DE LIEU*
## *OU*
## *LA CARTE DU TENDRE*

Aujourd'hui, l'espace géographique des pieds-noirs se réduit à une reconstruction mentale. Autrefois, déjà, le lieu de résidence et le périmètre des déplacements en fixaient les limites. La juxtaposition des différentes expériences spatiales dessinait une Algérie compartimentée et plurielle, évidée en de larges endroits, boursouflée en d'autres. Cette terre discontinue se situait au carrefour de terres ancestrales disparates et d'une patrie indivisible. Longtemps et souvent, elle se modifia, pour s'effondrer brusquement. Ses divers éléments lui survécurent, inchangés en apparence, en réalité privés de leur signification, épars et sans cohésion.

En effet, reprendre pied sur la terre des aïeux ne saurait être maintenant qu'une chimère, un facteur de désunion et de dilution de l'identité. Dans les mémoires surnagent des fragments de Malte, d'Italie, d'Espagne, zestés de terroirs français. Cet amalgame ne se dissocie pas aisément, même lorsque reste forte la conscience des origines. Car le pays originel pesa longtemps sur les pieds-noirs, les séparant, tout en les rassemblant en un point commun : celui de racines allogènes repiquées en Algérie comme ces jeunes plants qu'on y acclimata en même temps que leurs jardiniers. Dès la deuxième génération de pionniers, la terre natale détrôna la terre ancestrale à laquelle on ne voua plus que l'affection distante réservée aux parentèles lointaines. L'air algérien dont les poumons s'étaient emplis en s'épanouissant et qui avait retenti du premier cri devenait irremplaçable. Les odeurs d'Algérie saturaient les narines. Ses couleurs capturaient le regard. On ne se connaissait pas d'autre terre. Arrivé sur celle-ci en nouveau-né insouciant et non plus en immigrant besogneux, on y était chez soi innocemment. On se sentait Européen d'Algérie, par opposition aux autochtones plus anciens.

Un troisième partenaire géographique s'imposait. Distante et imprécise, d'abord, la France s'étendait progressivement sur l'Algérie, telle une pellicule élastique. Après les avoir accoutumés à elle, en donnant à leur environnement un faciès français, elle aspirait ceux qui n'en étaient pas issus. Les Français d'origine, eux, prenaient conscience d'îles maltaises, italiennes, espagnoles flottant à la surface d'une Algérie, enserrée avec plus ou moins de fermeté, selon le temps et le lieu, par la résille de la francisation. Tous s'attachèrent peu à peu à cette France qui, au départ, ne constituait qu'un alibi justifiant leur présence sur la terre algérienne.

Le territoire des pieds-noirs se caractérisait donc par sa diversité et son inconstance ; sa fragilité aussi. Chacun de ses éléments : terre ancestrale, terre natale, France, n'avait de signification que par rapport aux autres. Séparé de la triade, il devenait insolite et étranger ; son retrait suffisait à détruire l'univers particulier dont il avait fait partie. Actuellement, il n'en subsiste que la France. On peut estimer que l'espace pied-noir s'est simplifié et apaisé, réduit à la région d'implantation. Mais il ne s'agit plus de la même France. D'autre part, l'Algérie n'a pas complètement disparu de l'horizon des pieds-noirs. Mais c'est une nouvelle Algérie.

Enfin, la composante la plus importante de ce territoire remanié repose sur le souvenir. Plus que jamais, l'imaginaire joue un rôle dans l'édification de l'univers pied-noir ; plus que jamais, celui-ci est précaire.

## Chapitre Premier

## UNE TERRE PROMISE ET SOUMISE

Terre promise, l'Algérie l'a été, au début de l'immigration européenne : promise comme une récompense à ceux qui allaient y chercher un mieux-être, promise comme une punition aux Français turbulents qui n'avaient pas su taire leurs opinions, promise comme une fiancée à ceux qui espéraient tout y recommencer, faisant table rase de leur passé.

Mais promesse s'accompagne souvent de délai, parfois de manquement ou de duperie. Les premiers immigrants européens en Algérie connurent fréquemment l'une de ces éventualités ou les trois conjointes. Ce n'est pas sans résistance que l'Algérie accueillit les créanciers d'engagements pour lesquels nul ne l'avait consultée. Elle fit comprendre à ses importuns, assez naïfs pour imaginer qu'ils s'installeraient impunément en terre étrangère, que les gages dont ils se prévalaient n'étaient que chirographaires. Si ces intrus voulaient s'établir sur son sol, ils auraient d'abord à l'affronter dans un combat sans merci. L'issue de cette lutte acharnée et parfois sournoise ne pourrait être que sa soumission ou l'élimination des immigrants vaincus, c'est-à-dire leur mort ou leur départ. Le slogan « La valise ou le cercueil » existait virtuellement dans l'Algérie d'alors.

Toutefois, lorsque les promesses étaient tenues, elles l'étaient splendidement. Mais, pour la plupart des premiers immigrants, la réussite ne fut pas spectaculaire. Aussi, se contentèrent-ils d'un compromis entre leurs rêves et la réalité : ne pas être chassés, ne pas mourir prématurément sur une terre qui leur avait été inhospitalière, mais qui leur paraissait moins étrange à mesure qu'ils y besognaient. En la transformant, ils s'y étaient accoutumés, presque attachés.

### L'Algérie, terre d'abondance, terre de déportation, terre de refuge

L'Algérie ne se trouve, pour les Européens, qu'à mi-chemin de l'aventure, contrairement à l'Amérique. Cette entreprise migratoire commence dans une Europe où l'industrialisation débute. Les emplois restent insuffisants pour l'explosion démographique. L'exutoire en est l'émigration. La destination choisie dépend de différents facteurs, souvent étroitement imbriqués. Le coût du voyage et le projet de revenir au pays poussent les ressortissants des terres les plus démunies d'Europe – l'Espagne, l'Italie, Malte – à opter pour les rivages les plus proches. Ceux d'Algérie présentent cette commodité. Il est aisé d'y rejoindre un parent déjà installé ou il sera facile de faire venir, par la suite, tout ou partie de la famille. Les similitudes géographiques ou culturelles avec le pays d'origine rendent plus acceptable l'abandon du lieu de naissance pour une terre inconnue. En Algérie, les Méditerranéens sont assurés de retrouver un climat dont les caractéristiques générales leur sont familières. Le sol et le relief ne les dépayseront pas non plus. Les affinités culturelles entre les peuples cités et ceux de l'Algérie, à première vue, n'existent pas. Une totale antipathie religieuse, celle du christianisme et de l'islam, et une complète différence linguistique, celle des langues romanes avec l'arabe ou le berbère, les séparent apparemment. Le maltais, cependant, est très proche de l'arabe. Malgré les dissemblances flagrantes, un lien culturel rapproche tous ces riverains de la Méditerranée, celui de l'histoire. Aux cours d'affrontements réciproques et répétés, des attaches se sont nouées. L'esprit de croisade ou de djihad n'a jamais tout à fait disparu de cette partie du monde. L'Espagne conserve les traces d'une présence musulmane, de près de huit siècles, dans son architecture et son art décoratif, dans sa musique, dans le vocabulaire, la prononciation et la toponymie. Elle n'oublie pas non plus la Reconquête, prolongée, après la chute de Grenade, par la longue lutte pour la domination et la conservation des présides, sur les côtes du Maghreb. Des relations conflictuelles – course, captifs – ont également opposé Malte ou l'Italie aux rivages africains. Incontestablement, Européens de la Méditerranée et Barbaresques étaient de vieilles connaissances, avant 1830. Leurs contacts reposaient sur une méfiance séculaire, ce qui ne devait pas faciliter l'installation des Européens en Algérie, à partir de la conquête française, ni l'éclosion d'un nouveau type de rapports.

Loin de dissuader les candidats pionniers, les vieux antagonismes motivent parfois leur choix. Deux questions se posent alors. Pourquoi une installation si tardive ? Comment interpréter le choix des émigrants français ? A la première interrogation, la réponse est simple et satisfait partiellement à la deuxième. A partir de 1830, la présence française rend l'afflux d'Européens en Algérie concevable. Auparavant, leur présence avait seulement été possible dans des villes conquises, concédées ou en qualité de consul ou de prisonnier. Elle ne pouvait donc être massive. Quant aux Français, les pressantes incitations officielles influencèrent sensiblement leur départ pour l'Algérie. Certains n'ont pas eu le choix.

Selon les mobiles des émigrants, l'Algérie est considérée, tour à tour, comme terre d'abondance, par ceux qui chôment et qui ont faim, comme terre de disgrâce, par ceux qui y sont déportés, comme terre de refuge, par ceux qui pensent pouvoir y vivre sans renoncer à leurs opinions, politiques ou éthiques. L'afflux le plus spontané est celui des « ventres creux », populations à très forte natalité, vivant sur des terres surpeuplées, incapables de rassasier tous leurs enfants. Ces migrants de la faim viennent de Campanie, de Sicile, de Malte et de Gozo, de Corse, des Baléares – Mahon surtout –, du Levant espagnol : Valence, Alicante, Carthagène. Pour eux, l'Algérie est un eldorado, relatif et prosaïque : un pays où on peut subsister normalement, en travaillant dur. Venus pour se nourrir, ils contribuent, jardiniers, pêcheurs ou chevriers, à nourrir les autres par leur travail. Ils fournissent également la piétaille de l'armée des bâtisseurs : maçons, carriers et puisatiers. Dans cette Algérie où on arrive à peine, il ne suffit pas de créer l'abondance, il faut la transporter : sous forme de marchandises et sous forme de main-d'œuvre qui ira défricher et bâtir plus loin encore. C'est la mission des charretiers et rouliers de toutes nationalités.

D'autres victimes de la misère rejoignent bientôt les affamés du sud de l'Europe : les chômeurs parisiens, notamment en 1848 et 1849, après la fermeture des ateliers nationaux. Ils sont pour la plupart concessionnaires de lots de culture trop petits, mal outillés et inexpérimentés. Pour ceux qui recherchent, en Algérie, un pays de cocagne, l'abondance imaginée est toujours celle du travail, l'« or » espéré une nourriture suffisante et les délices attendus résident dans la banalité d'une vie quotidienne satisfaisant aux besoins immédiats.

*Charles X*

## UNE TERRE PROMISE ET SOUMISE

Terre nourricière et désirée par ceux qui manquent de pain et de travail, l'Algérie fut, pour plusieurs vagues de « transportés », le symbole de la contrainte, des travaux forcés et des mauvais traitements. Ces déportations se produisirent en trois occasions : après l'échec des barricades de juin 1848, après le coup d'Etat du 2 décembre 1851, après la Commune en 1871. Les victimes de l'exil sont des opposants politiques : républicains ou socialistes. Certains se fixent en Algérie, leur peine purgée, et deviennent colons. D'autres ne s'attachent pas au pays et regagnent la France, dès que possible. Pour tous, l'Algérie signifie la mise à l'écart de la communauté française, le châtiment immérité, la liberté d'opinion bafouée et la coercition. Les 5 750 transportés de 1852 qui regagnent la France, après la loi d'amnistie de 1859, expriment bien la vision négative de la terre africaine et le regret du pays natal[1].

Pour d'autres, l'Algérie, au lieu d'être une brimade infligée à leurs idées, représente, au contraire, l'asile où ils pourront les manifester sous d'autres formes que l'opposition politique. Les légitimistes qui quittent la France après les Trois Glorieuses conçoivent leur installation en Algérie comme une nouvelle façon de rester fidèles à leurs opinions. La présence des Français dans ce pays est l'œuvre de Charles X. Ils continueront à le servir par l'intermédiaire de « sa » conquête. C'est également un moyen de se dévouer à la France, sans trahir leur roi. Surnommés par dérision, « colons en gants jaunes »[2], ces aristocrates se lancent avec fougue dans la mise en valeur des terres, dans l'assistance médicale et se singularisent par leurs extravagances ou la hardiesse de leurs entreprises. Leur comportement se modèle sur le vieil idéal chevaleresque de protection des faibles, de bravoure et de générosité. Cette éthique sociale, fossile en Europe, reste concevable dans un pays où perdurent des rapports rappelant ceux de la féodalité. Une certaine forme de bonapartisme, le désir « d'étendre » la France et surtout d'effacer l'humiliation de 1815, trouve également, en Algérie, une occasion de s'épanouir. Autres jouets des vicissitudes politiques, les Alsaciens-Lorrains, désireux d'échapper à la tutelle allemande, après la guerre franco-prussienne de 1870-1871 et la défaite française, tentent de se réfugier en terre algérienne. Des initiatives privées les y encouragent. Ils supportent mal le climat, échouent généralement dans leurs entreprises agricoles, mais ne regagnent pas majoritairement la France[3]. Toutefois, il ne faut pas exagérer la part des Alsaciens-Lorrains qui optent pour la France, ni la signification politique de ces départs. Le patriotisme pouvait les motiver, mais n'était pas le seul mobile et son importance a été exagérée durant les décennies précédant la Première Guerre mondiale, à des fins de politique extérieure.

Les immigrants français ne sont pas les seuls à rechercher sinon un asile politique, du moins une terre où ils pourront vivre en paix. Le carlisme espagnol et la guerre civile qu'il implique, accompagnée de ravages, de pillages et d'exactions, peuvent amplifier la notion de misère et le désir de la fuir. Beaucoup plus tard, la fin de la guerre d'Espagne conduit vers l'Algérie des républicains. L'accueil qui leur est fait ne correspond pas à celui attendu d'une terre d'asile, puisqu'ils sont d'abord parqués dans des camps. De même, les aléas de l'unité italienne peuvent jouer un rôle dans l'arrivée de certains Italiens. L'existence de la mafia sicilienne et ses dangers ont incité parfois à rechercher un environnement plus serein. C'est ainsi qu'en 1906, une jeune fille de quinze ans quitte la Sicile pour l'Algérie, en compagnie d'une famille amie. Une semaine auparavant, son père, petit fermier des environs de Palerme, sa mère, ses trois frères, ses deux sœurs âgées de deux ans, le bétail, les volailles et animaux domestiques ont été massacrés par la mafia. Lorsque ce ne sont pas les structures sociales ou politiques qui empêchent de mener son existence à sa guise, la famille peut se montrer pesante ou tyrannique. En 1875, un jeune espagnol abandonne son pays et la fabrique d'espadrilles qu'il dirigeait avec sa mère, parce que celle-ci l'a giflé devant leurs ouvriers. S'estimant déshonoré, il part pour l'Algérie[4]. Pour d'autres la fuite vers l'Algérie constitue un moyen d'échapper aux troubles d'un premier mariage et d'en vivre un autre plus heureux[5].

Autant de raisons de déserter l'Europe, autant de façons de concevoir l'Algérie pour les émigrants. Certains y sont contraints, d'autres y vont de plein gré. En fonction de cela, ils la haïssent d'avance, appréhendent les conditions de vie qu'ils y trouveront ou surestiment ses attraits. Quelles que soient leurs préventions ou leurs illusions, la réalité les surprendra et, s'ils sortent de cette confrontation, confortés dans leurs sentiments de détestation, de crainte ou de fascination, c'est pour des motifs tout autres que ceux qu'ils s'étaient donnés à l'origine.

### *L'Algérie, terre ingrate et dangereuse*

L'Algérie présente deux inconvénients majeurs, ceux de toute terre d'immigration : la rupture avec le milieu de vie familier et l'isolement. Inconsciemment, ils sont à l'origine de l'angoisse ou de l'exaltation que l'on éprouve à la perspective du départ vers des régions inconnues. On les masque sous des prétextes divers, réputés effrayants ou attractifs : hostilité ou incomparable hospitalité du peuple parmi lequel on va vivre, inconfort, peines, dangers, fortune à venir. Malgré leur vraisemblance, les obstacles imaginés sont moins difficiles à surmonter que ceux d'une adaptation brutale. Le milieu de vie totalement différent, l'irrémédiabilité de la rupture et la solitude forcée procurent une sensation d'étrangeté et suscitent la défiance.

Les Européens qui arrivent en Algérie, à partir de 1830, abordent un univers totalement étranger. Ils ne disposent pas d'informations précises sur le pays et sont à peu près abandonnés à eux-mêmes. Les paysages et le climat ne désorientent pas les plus méridionaux d'entre eux. La lumière aveugle, la forte chaleur accable, la violence des pluies étourdit, au contraire, ceux qui viennent des régions septentrionales. L'architecture, les costumes, le spectacle de la rue les surprennent tous. A leurs oreilles éclate le brouhaha de langages inconnus qui se mêlent et augmentent leur trouble. Des odeurs insolites assaillent leurs narines ; peut-on les respirer impunément ? Lorsqu'ils entrent en contact avec les autochtones, engoncés dans leurs pratiques et leurs réflexes européens, ils offusquent, sans le savoir et sans le vouloir. Ou, incapables de saisir d'emblée les subtilités d'une autre civilisation, ignorant même certainement cette notion, ils se froissent, à leur tour, devant des comportements, incompréhensibles pour eux, naturels pour leurs interlocuteurs. Ainsi, le fossé se creuse entre les enfants légitimes de l'Algérie et les usurpateurs, rendus arrogants par ignorance. Comme l'autorité officielle – celle de la France – ne les a pas repoussés, tels des indésirables, mais, au contraire, les a attirés dans bien des cas, ces nouveaux arrivants ne se conçoivent pas comme intrus. Sortent-ils des villes ? C'est en empruntant des pistes défoncées et chaotiques. Parfois, ces voies rudimentaires font défaut. Les douars ou les gourbis surprennent leurs regards. Les cours d'eau à sec ou s'épanchant en eaux tumultueuses, selon la saison, loin d'être des sites privilégiés d'implantation, comme en Europe, se révèlent des endroits répulsifs. Les hommes ou les enfants qui les observent, impassibles et circonspects, les déconcertent.

L'isolement accroît la bizarrerie du milieu. Si les Européens affluent sur le sol algérien, leur nombre n'augmente pas rapidement. Les naissances ne compensent pas les départs, ni les décès surabondants. Le vide se creuse, à mesure que s'emplissent les cimetières, autour des rescapés découragés. Le village de Assi-ben-Okba, au sud-est d'Oran, a perdu en 1851 plus de la moitié des colons qui l'ont créé en 1848. Ceux qui ne sont pas morts ont fui. Aggravée par le dépeuplement, la solitude l'est aussi par le manque d'unité. Somme de destins individuels, au mieux familiaux, les Européens, coupés de leur communauté, tendent à se réunir par nationalité, région ou ville d'origine, dans les quartiers urbains ou dans les villages. Cette reconstitution imparfaite et artificielle du cadre communautaire demande un certain temps : celui nécessaire pour qu'arrive, en un lieu donné d'Algérie, un nombre suffisant d'un groupe ethnique donné. Du reste, tous ces agglomérats spécifiques forment des îlots dépourvus de liens réciproques, séparés par la langue et par les coutumes, par les préjugés. Bien qu'« insulaires » les uns par rapport aux autres, ils possèdent, cependant, une caractéristique commune, qui les contraint à une solidarité élémentaire. Sur cette terre mystérieuse et fantasque, tous affrontent et doivent triompher des mêmes embûches. Les premières tiennent à la mise en valeur agricole. Cette priorité correspond à l'activité qu'on a cherché à développer officiellement, et qui demeure la principale de l'époque. Les immigrants du sud de l'Europe viennent essentiellement de régions rurales et tous les Européens, inconscients de l'importance des terrains de parcours dans l'économie locale et des implications de la propriété collective de larges portions du sol, estiment que la terre cultivable d'Algérie est laissée, sans raison, à l'abandon. Ils découvrent, en effet, de grandes étendues couvertes de brousse, en des endroits où le relief et le sol leur paraissent propres à la culture. Leur premier souci, une fois résolu le problème de l'appropriation[6], consiste à défricher. Une végétation opiniâtre, aux racines démesurées et résistantes, contrarie leurs efforts. Elle se compose d'arbustes insolites : lentisques, palmiers nains. L'arrachage, toujours éprouvant, se révèle souvent imparfait. Tout repousse dès les premières pluies. Dans ce cas, il ne faut pas escompter de récolte avant longtemps. En attendant, certains colons s'improvisent charbonniers. Ils brûlent partiellement les racines extirpées et vendent le charbon de bois à la ville voisine.

L'eau est à l'origine d'autres difficultés. Parfois, la terre en est gorgée : dans la plaine marécageuse de la Mitidja, par exemple, et l'assèchement s'impose. Les pluies diluviennes de l'automne ou du printemps interdisent toute activité extérieure. Elles emportent la terre arable, dénudent les racines ou les arrachent complètement. Elles provoquent des inondations destructrices. Mais l'eau peut aussi faire défaut et il faut creuser très profondément pour rencontrer des nappes et construire un puits. D'où le succès des sourciers et des puisatiers. Sur certains sites, l'eau est salée. On doit faire venir l'eau douce par tonneaux. Les années de sécheresse aggravent cette situation déjà délicate.

Lorsqu'enfin, on est arrivé à surmonter les affres du défrichement, de l'assèchement, de l'irrigation et que l'année n'a pas été aride, ni fertile en grêle ou gelées blanches, on découvre une nouvelle ennemie. La sauterelle s'abat sur le pays, dévore tout et infeste les champs de ces œufs qui donneront des milliards de criquets. Dans leur avance inexorable, ceux-ci détruiront ce qui a été épargné. Autre insecte redoutable, l'anophèle porteur du paludisme menace sournoisement les pionniers.

Tous ne sont pas conscients que le danger vient du moustique. C'est pourquoi on attribue aux « fièvres » ou à la « mort jaune » des origines diverses : les lauriers-roses, les miasmes des marais et des oueds... Non enrayé, le mal conduit à la consomption et au cimetière. On utilise à titre préventif la quinine, délivrée par petites doses, dans les débits de boisson, sous le nom de « consommation ». Boufarik, au cœur de la Mitidja, est le haut lieu de la malaria. Le choléra aussi menace les immigrants. En guise de thérapeutique, ils organisent des bals ou édifient des chapelles.

Les logements sont précaires : tentes, baraquements de planches abritant plusieurs familles, maisons exiguës hâtivement maçonnées, humides et froides au moment des fortes pluies. Certains trouveront plus confortables ces gourbis dont l'aspect les avait surpris, à leur arrivée, et apprendront à en édifier. Inutile de songer à un mobilier autre que rudimentaire. La nourriture est une préoccupation plus urgente. Les fèves sauvages des marais, bouillies, constituent l'ordinaire. On complète par du gibier, lorsqu'on a le loisir de chasser. L'eau potable fait quelquefois défaut. Cette alimentation anarchique provoque des dysenteries meurtrières. Les vêtements dans lesquels on est venu d'Europe, pour certains des tenues citadines, ne résistent pas à un mode de vie auquel ils ne sont pas adaptés. Ils tombent vite en loques. Des pantalons de l'armée et des chemises confectionnées dans des sacs de grosse toile, portant encore les mentions « campement » ou « fourrage », remplacent les robes soyeuses. Lorsqu'il ne s'agit que d'élégance, les « malheurs vestimentaires » n'affectent guère que les gens des villes – Parisiens de 1848, par exemple – ou les immigrants de milieu aisé. Tous souffrent du froid, imprévu ; les vêtements apportés se révèlent insuffisants. On grelotte l'hiver sous la tente ou dans les baraquements perméables aux intempéries, dépourvus de planchers, au printemps ou en automne sous les ondées torrentielles et au long des nuits fraîches.

Le monde nocturne réserve d'autres surprises. Le brusque passage de la lumière à l'obscurité stupéfie les septentrionaux, habitués aux longs crépuscules qui aident à entrer dans les ténèbres. Les jappements sinistres des chacals, les hurlements des hyènes qui dévastent les tombes fraîches, percent le silence noir. Car les fauves hantent ces nuits. Lions et panthères ne craignent pas de s'introduire dans les villages, jusque dans les étables où ils s'emparent du bétail.

L'opacité des ténèbres favorise les enlèvements, les incendies de récoltes, les moissons furtives, les vols de bétail. Pour tromper l'odorat des chiens et les effrayer, les larrons s'enduisent de graisse de fauve. On perd l'habitude de vivre dans des fermes isolées, pour se regrouper en villages, même quand l'armée ou l'administration ne l'imposent pas. Les irréductibles de l'habitat dispersé occupent, quant à eux, des sortes de fortins percés de meurtrières, hors desquels ils ne s'aventurent qu'à la lumière du jour. Les villages, sommairement fortifiés – un fossé, une palissade de bois, des piquets reliés par des fils ou une levée de terre – sont gardés la nuit par deux hommes armés, au moins. Ils sont la cible d'attaques délibérées. Dans la plaine de la Mitidja, on redoute les assauts des Hadjoutes. Ces cavaliers ont la réputation de saisir leurs victimes par les cheveux et de les décapiter au yatagan, au cours de charges soudaines et impitoyables. Pendant les dix-huit premières années, la guerre ne cesse pas. Longtemps, les travaux agricoles s'effectuent fusil en bandoulière. On rapporte, avec terreur, le massacre de faucheurs qui avaient eu l'imprudence de poser leur arme pour travailler plus commodément. Les immigrants ont, par ailleurs, quelque mal à distinguer les faits de guerre du brigandage ordinaire ou de l'application d'un droit antérieur au leur, comme le pacage sur d'anciennes terres de parcours ou la moisson sur des terres spoliées. Le tout est englobé dans les mêmes notions : hostilité et insécurité.

L'insécurité sévit particulièrement sur les voies carrossables, par lesquelles les villageois reçoivent toutes les marchandises nécessaires. Les « coupeurs de route » convoitent ces cargaisons et n'hésitent pas à assassiner les rouliers pour s'en emparer. Aussi, les transporteurs voyagent-ils, en groupes, sans se perdre de vue.

Lorsqu'ayant échappé à tous ces dangers, on peut enfin récolter, la déception est grande. On s'aperçoit, en effet, que les rendements sont très faibles[7]. Les propriétés étant de petite taille[8], sauf pour les riches privilégiés, les colons ne peuvent amortir les sommes qu'ils ont engagées, et moins encore en investir de nouvelles pour la saison prochaine. Ils empruntent et deviennent alors la proie d'un ennemi redoutable, plus nuisible que les sauterelles, le paludisme et les Hadjoutes réunis : l'usurier.

Dans les villages de 1848, encadrés par l'armée, les colons souffrent également de l'attitude des officiers et de leurs mesures disciplinaires. D'une manière générale, les relations sont mauvaises entre civils et militaires. Les premiers reprochent aux soldats de chaparder dans les poulaillers et les surnomment, pour cette raison, les « chacals ». Sans doute, se sentent-ils aussi insuffisamment protégés, leurrés par des promesses fallacieuses et en font-ils grief aux seuls représentants du pouvoir avec lesquels ils se trouvent en contact. Les seconds reprochent aux premiers leur immoralité et leur indiscipline. Les soldats rechignent à payer au prix fort les boissons débitées par les civils et les civils refusent de mener une vie de caserne. Cependant, c'est parfois avec affection qu'ils parlent des « braves zouzous », venus les défendre à l'occasion d'une agression inopinée.

L'hostilité ethnique établit entre les groupes d'origines différentes des relations fondées sur la méfiance, le mépris ou la détestation ouverte. En Oranie, s'affrontent Français et Espagnols qui se traitent respectivement de « gavacho » et de « pepe »[9]. Les Maltais, à cause de leur parler, s'attirent le dédain des autres Européens, tout en risquant de passer pour des renégats aux yeux des autochtones musulmans, d'autant qu'ils continuent à porter la khamsa[10] et à jurer par Allah. Ces relations humaines tendues, conflit larvé avec les populations locales, chicanes entre Européens, multiplient les difficultés des immigrants et leur détresse morale. L'église fait cruellement défaut dans le paysage – surtout celui des villages – et la messe manque au rythme hebdomadaire de ceux qui y attachent quelque importance. Dans les grandes villes, des mosquées sont affectées au culte catholique, remède partiel au malaise moral. La mesure outrage les sentiments religieux des musulmans tout en paraissant blasphématoire à certains chrétiens.

L'ensemble de ces dures conditions laisse aux Européens arrivant en Algérie une impression de terre inhospitalière et déplaisante. Chez les plus enthousiastes, la lutte menée pour franchir les obstacles fait naître un profond attachement au pays. Chez les autres, la défiance domine, tempérée par l'impossibilité de repartir, pour des raisons financières – prix du voyage, dettes contractées, investissements consentis – mais aussi pour des raisons psychologiques. On a trop mis de soi-même, trop fait d'efforts pour lâcher prise. La conquête française s'étendant et se consolidant, les difficultés tendent à se réduire. Les circonstances les plus défavorables valent pour la première vingtaine d'années. Par la suite, on s'accoutume aux entraves naturelles : on a appris à s'en libérer ou à les admettre. Le défrichement reste une tâche ardue et les rendements céréaliers s'améliorent peu. Les banques succèdent progressivement aux usuriers. La sécurité semble s'installer. Les maladies régressent parallèlement à l'amélioration des conditions de vie, d'hygiène et aux progrès médicaux. Le paludisme ne disparaît pourtant pas. Malgré tout, chaque nouvel établissement reproduit la situation pénible des débuts, chaque vague ultérieure d'immigrants expérimente des tourments comparables à ceux des premières. Aux alentours de 1880, on note encore des échecs dans de récents villages de colonisation, des lieux où il est risqué de s'installer, en raison de soulèvements ou de résistances possibles. Même après la Première Guerre mondiale, défricher un nouveau périmètre n'est pas une entreprise aisée et immédiatement rentable. De plus, après une première période de peuplement rural européen, puis une seconde de stagnation, l'exode rural illustre l'échec de la colonisation des petites superficies.

Les sentiments sont, à l'évidence, aussi divers que les origines géographiques ou professionnelles. Ceux qui viennent de pays où les structures politiques, économiques, sociales et culturelles sont, sinon comparables, en tous cas peu éloignées de celles de l'Algérie de 1830, immigrants espagnols, maltais, siciliens ou napolitains, ont trouvé leur terre d'exil moins déconcertante, moins inquiétante, peut-être, que les Provençaux, les Piémontais, les Parisiens ou les Allemands. Les Espagnols, forts d'une belligérance séculaire avec les « Moros », n'ont probablement pas été aussi déçus de les voir hostiles ou rebelles, que certains Français, imbus du droit de conquête ou imprégnés d'un idéal : les uns estimant que la légitimité de leur présence ne se discutait pas, les autres comptant sur l'image du progrès ou des actes charitables pour se faire accepter. Qu'ont pu ressentir le chômeur expatrié, le socialiste banni, amenés à appliquer aux autochtones des méthodes qu'ils réprouvaient et dont ils avaient souffert ?

Si les immigrants s'installent sur la côte, l'état de guerre joue moins pour eux que pour ceux de l'intérieur. Lorsqu'ils résident en ville, ils ne courent pas de risques, mais ressentent tout échec français dans l'arrière-pays comme une menace. Ceux qui se lancent dans la céréaliculture loin du littoral échouent plus fréquemment ou jouissent d'une réussite moindre que les maraîchers du Sahel. Même si la vie des pêcheurs napolitains ou siciliens est rude, elle ne l'est pas plus que dans leur pays d'origine. Dans les villes ou les bourgs, artisans et manœuvres redoutent les accidents de travail, comme ils le feraient partout ailleurs, mais ils méconnaissent le chômage, car il y a toujours à creuser ou à bâtir. Aux tout débuts, les fonctionnaires ne fréquentent guère que les villes et mènent une existence de type européen. A mesure que la conquête et la pacification progressent, ils occupent des postes isolés et connaissent l'inconfort, compensé par des relations conviviales entre collègues.

A coup sûr, exercer le même métier que dans le pays d'origine constitue un puissant facteur d'adaptation. Mais lorsqu'un fabricant d'espadrilles du sud de l'Espagne, un ébéniste parisien ou un tisserand vosgien se convertissent à l'agriculture, ce changement nécessite un effort supplémentaire et rend plus difficile l'accoutumance à l'Algérie. Plus amère encore est la déception, quand on quitte une aisance relative ou un confort oisif pour se lancer dans l'aventure coloniale.

Leur première expérience donne aux immigrants européens une connaissance et une perception mentale de l'Algérie correspondant aux préoccupations immédiates. Dans ce contact initial, il n'est pas question de s'attarder dans la contemplation ou dans l'observation. Les urgences occultent tout. Après avoir symbolisé leurs espoirs ou leurs refus, l'Algérie représente la somme des déboires qu'elle leur a valus et des peines qu'ils y ont éprouvées. Sur cette terre ingrate, tout résiste aux efforts que l'on dispense : le sol est avare, la végétation indomptable, le climat insalubre, la faune agressive, la population imprévue et incontrôlable. Ainsi le résume-t-on dans le langage courant : « Il faut avoir tué père et mère pour venir dans un pays pareil ! »

Pourtant, progressivement, l'horizon s'élargit. Dans le paysage et sur les cartes, on commence à discerner les créations des immigrants. Le pays se couvre de plantes et d'arbres qu'ils connaissent, les noms de lieux, même autochtones, leur deviennent familiers. Les pionniers commencent à lever les yeux vers les montagnes, à regarder les oueds qu'ils traversent. Les relations avec la population originelle se sont accrues. Les dangers menacent encore, mais atténués. Et surtout, ce qu'ils voient maintenant autour d'eux les dissuade de partir.

*Les perles de culture*

Ce qui retient désormais les expatriés sur le sol de l'Algérie, ce sont les efforts et les renoncements consentis depuis leur arrivée et la trace laissée dans leur environnement par ce collier de misère. Même si le résultat est faible, il suffit, s'il leur permet de vivre. Après la désespérance des débuts, c'est presque la félicité.

Les îlots d'implantation européenne, jetés à l'étourdie sur le territoire de la conquête, comme les écailles d'huîtres vidées de leur contenu, se tapissent lentement d'une nacre enrobant les corps étrangers. Ces perles insolites parsèment maintenant le pays, à la manière de points d'exclamation, exprimant la fierté de ceux qui leur ont donné naissance, mais blessant parfois le goût des voyageurs. Ce sont aussi des points à la ligne, car on continue à aller plus loin, et des points de suspension, car l'implantation est discontinue, mais de moins en moins des points d'interrogation, puisqu'on ne songe plus guère à repartir. Cette ponctuation, non fondue encore dans le paysage, est inspirée par des soucis et des habitudes étrangers au pays. Toute fraîche, trop ordonnée, elle n'a ni patine, ni branches folles. Pour ceux qui l'ont tracée, elle représente des points de repère à partir desquels ils se familiarisent avec ce qui leur est encore extérieur, autre : les paysages naturels et la population autochtone.

Comme le dirait Petit-Jean, ce que les ex-immigrants « savent » le mieux, c'est leur « commencement » : la côte qui les a vu arriver. Cette partie du pays les a maintenant complètement apprivoisés et réciproquement. Il est notable, cependant, que ce littoral séducteur et séduit se limite à des secteurs précis, les conques dans lesquelles s'enchâssent les grandes villes. Dès les premières années, Alger émerveillait les voyageurs qui en découvraient, depuis la mer, l'enchevêtrement pyramidal au fond de la baie en demi-lune. La mer joue un rôle essentiel dans l'activité économique de la ville. Le port approvisionne l'arrière-pays en marchandises venues d'Europe – outillage et matériel agricole – mais aussi Alger même en produits de première nécessité et en frivolités. L'ancienne darse turque abrite une importante flottille de pêche. La mer amène toujours des immigrants et, déjà, des touristes aux motivations variées : peintres, écrivains, hivernants anglais. Ces derniers séjournent dans un quartier qui tend à devenir le leur : Mustapha, parmi les vergers qui dominent la ville.

Toutefois, la mer n'est pas le cœur de la ville. Le point névralgique est la place du Gouvernement, ex-place Royale, place du Cheval, pour les familiers. La statue équestre du duc d'Orléans, « sceau de la prise de possession définitive du sol », tourne le dos à la mer, évoquant ainsi l'attitude de la France et des immigrants européens : aller vers l'intérieur. Point de rencontre et de divergence des différentes ethnies, au carrefour des quartiers français, juif, musulman, espagnol, italo-maltais, la place matérialise leur juxtaposition, leurs contacts quotidiens, entérinés par une pratique suffisamment prolongée, et leurs incompatibilités encore très prononcées. Les uniformes dominent largement une foule hétérogène de haïks, crinolines, burnous et redingotes. Le remue-ménage des calèches et des carrioles ajoutent à l'animation que suscitent les nombreux attraits de la place. Les étals de fleurs colorées embaument. Les jeudis et dimanches, le concert des zouaves attire amateurs de musique et badauds. Autour, toutes sortes d'établissements publics offrent à la population européenne d'Alger ses principales distractions. Les boutiques de nouveautés occupent le rez-de-chaussée de l'hôtel de la Régence, ancienne demeure aristocratique. Non loin, le café d'Apollon réunit éclectiquement écrivains de passage et spéculateurs. En face, les élégants se promènent sous la galerie Duchassaing et, tous les soirs, les numéros d'hypnose ou de mime et la présence d'un orchestre de qualité drainent vers le café-chantant de La Perle un public enthousiaste.

Les rues « européennes » débouchent sur la place du Cheval. La très française rue Bab-Azoun loge sous ses arcades magasins de mode, salons de thé et se prête à la promenade vespérale : on y fait le « persil ». Elle donne accès à un opéra tout neuf. A l'opposé, la rue Bab-el-Oued conduit au quartier espagnol. La rue de la Marine traverse le fief italien. Sur les pentes qui dominent le faubourg de Bab-el-Oued, on construit une basilique, non loin d'un lieu de pèlerinage ancien de plusieurs années, une sainte Marie enchâssée dans un tronc d'olivier, connue sous le nom de Notre-Dame-d'Afrique. Toutes les constructions, récentes ou flambant neuves, illustrent le goût du jour et du conquérant : arcades rappelant la rue de Rivoli, style louis-philippard ou Second Empire, plafonds de cafés décorés par Horace Vernet ou réputés tels. Destinée à ces provinciaux que sont devenus ou restés les Européens immigrés en Algérie, Alger reproduit la ville de province, à la française.

Mais elle n'a pu s'édifier que par destruction de la ville ancienne. Au début, les arrivants s'étaient installés dans les constructions préexistantes, se contentant de les modifier à leur guise ou de démolir ce qui s'opposait aux besoins immédiats : loger, administrer, défendre. Les habitations furent aménagées à la hâte et sans soin par des spéculateurs soucieux d'y caser le plus grand nombre possible de candidats à l'immigration. On y adjoignit, inconsidérément, des étages qui les firent s'effondrer. Il fallut alors déblayer et reconstruire. Ailleurs, c'est délibérément qu'on abattit une rue ou un quartier. Impropres à la circulation de tout véhicule, les venelles nuisaient aux préoccupations stratégiques. Les besoins militaires imposèrent aussi l'édification, à la périphérie, de remparts et de glacis, au détriment de vastes cimetières. L'administration dénatura les belles demeures mauresques qu'elle s'attribua pour y installer ses bureaux. Le charme de ces maisons traditionnelles n'opéra que très rarement sur les populations importées, tandis que les logis sommaires de la ville basse ne convenaient pas aux besoins des Européens aisés. C'est ainsi que disparurent rapidement les quartiers les plus proches de la mer. Vers 1860, il n'en subsiste presque rien.

En revanche, la ville haute, la « Casbah », conserve son lacis inextricable de ruelles étroites, parfois couvertes, surplombées d'encorbellements. Les Européens ne s'en écartent pas systématiquement. Au début, Alger n'était que la « Casbah » et tous y logeaient. Le coup d'arrêt donné à sa destruction et à l'ascension des quartiers européens, à partir du Second Empire, préserve la ville haute, établit une séparation entre deux types urbains et assure le maintien d'un quartier historique dont les loyers sont accessibles aux plus démunis. La Casbah offre, dès lors, trois visages. Quartier réservé, elle attire la troupe, en particulier, et l'élément masculin, en général, client ou curieux. Pour ces derniers, tout l'intérêt de la Casbah réside dans la variété ethnique qu'offre la prostitution, dans la provocation aguichante des noms d'établissements et dans le piquant « oriental » de ce lieu de plaisir. Quartier pittoresque, en regard de la ville basse, décevante pour le voyageur en quête de dépaysement, elle draine vers elle les touristes. Ils la traversent comme une réserve folklorique et s'émerveillent des jeux d'ombre et de lumière, d'une porte ou d'une fontaine ancienne, des venelles voûtées, du labyrinthe des passages et des ruelles, de l'agitation intense ou du calme profond, de l'incongruité ou de la poésie des noms de rues. Fromentin fut un de ces visiteurs admiratifs et laissa son nom au carrefour qu'il goûta le plus, pour la fraîcheur de ses cafés. D'une manière générale, les touristes se désintéressent de la vie réelle de la Casbah, négligeant l'intérieur au profit de l'extérieur, les nuisances au profit du charme. Quartier pauvre, en effet, la Casbah accueille les laissés pour compte de la ville nouvelle. Les autochtones musulmans ou juifs, trop impécunieux ou désorientés par l'européanisation, s'y réfugient. Elle abrite aussi les Européens aux faibles ressources, repliés là pour les mêmes raisons. Ce processus favorise l'entassement et détériore progressivement les conditions de vie et d'hygiène. Qu'ils la fréquentent ou s'en écartent, les immigrés d'Europe comptent, désormais, la Casbah au nombre de leurs points de repère, au même titre que Bab-el-Oued, la Marine, Bab-Azoun ou la place du Cheval.

Le même regard s'applique avec des nuances aux autres villes littorales. L'œil y retrouve des jalons militaires : place d'Armes, remparts ; des jalons civils : quartiers neufs rappelant, par leur aspect et leur fonction, l'Europe encore vivace dans les mémoires ; jalons ébréchés de l'ordre antérieur détruit, ville indigène distincte.

Parmi ces établissements côtiers, certains font figure de perles rares historiques ; ils conservent les traces d'une occupation européenne antérieure à 1830. A Oran subsistent, de la période espagnole, le fort de Santa-Cruz, le Château-Neuf, les sources sodiques que Jeanne la Folle aurait fréquentées, « les bains de la Reine ». Sur la côte extrême-orientale, La Calle a également un passé identifiable et français. Le décor est dépourvu d'éléments autochtones, tandis qu'abondent, relativement à la petite taille de la localité, les vestiges de son histoire française : moulin fortifié, remparts, maison du gouverneur, église du XVII$^e$ siècle.

Sur d'autres rivages, les sites de pêche ou de maraîchage servent de coordonnées géographiques privilégiées. Le point de ralliement est ici l'ethnie ; ces lieux se caractérisent par l'homogénéité de leur peuplement. Le village maraîcher de Fort-de-l'Eau est mahonnais ; le port de Chiffalo regroupe des Siciliens, originaires, en grande partie, de Cefalù.

En les rattachant à l'Europe, les villes littorales figurent, donc, pour les immigrés, des amarres qui les rassurent. En même temps, elles conservent suffisamment d'indices du passé pour rappeler qu'elles se trouvent en Algérie. Elles jouent un rôle important dans la vie de tous ces déracinés : lieu d'arrivée, pour tous ; lieu de vie et de travail, pour ceux qui ne les dépassèrent pas ; lieu de ravitaillement où on oublie la monotonie villageoise, pour les plus aventureux.

Dès que l'on déborde la stricte frange littorale, commence l'intérieur. Il est multiple. On distingue les abords immédiats des grandes villes côtières de l'intérieur profond, distant de cinquante à quatre-vingt-dix kilomètres de la mer. Les avancées situées au-delà de cent kilomètres peuvent se définir comme un intérieur pionnier. Ces différents « intérieurs » se ressemblent par leur activité. L'agriculture y maintient les habitants dans des préoccupations purement continentales, terriennes. Ces Européens du dedans dirigent, en effet, tous leurs efforts vers le sol et la plupart de leurs regards vers le ciel.

L'intérieur « littoral », émaillé très tôt de localités à la notoriété bien établie, jouxte la côte proprement dite. Dans le Sahel algérois, « rivage » de l'intérieur, Staouéli évoque le domaine de la Trappe, son exubérance agricole et ses initiatives hardies – indigotier ou cotonnier. Dans la Mitidja prospèrent une quinzaine de villages, autour desquels le tabac, les mûriers, les orangers disputent le terrain aux céréales des débuts. Boufarik développe un artisanat vivace en liaison avec l'agriculture, la charronnerie notamment. Elle exhibe avec fierté son premier monument historique : le café-hôtel « Mazagran » dont l'enseigne porte la signature du client le plus illustre, Horace Vernet. Un escadron de corricolos[11] approvisionneurs subviennent aux nourritures terrestres et s'improvisent corbillards pour assurer le voyage céleste. Le tout se déroule sur le mode plaisant, si l'on se fie aux appellations des véhicules : « La douce heure des dames », « L'arrose blanche »…

L'intérieur profond s'organise autour de villes d'où ont essaimé des villages de colonisation : Mascara, ancien fief d'Abd el-Kader ; Orléansville, création française au milieu de la plaine du Chéliff, torride en été ; Miliana, aux larges rues et aux sources abondantes ; Constantine, encore peu attractive pour les Européens. A mesure qu'on s'enfonce, la présence européenne s'estompe. Quelques centaines de colons se disséminent entre Saïda et Tiaret, tandis que dans les postes avancés de Boghar ou de Batna, les civils sont rares.

L'agglomération-type de l'intérieur n'est d'ailleurs pas la ville, mais le village. Construit souvent sous l'égide du Génie, il s'entoure de fortifications et adopte un plan rigoureusement géométrique. Il repousse à l'extérieur tout ce qui est autochtone, non seulement la population, mais également la faune, la flore, l'oued considéré comme malsain, et néglige parfois la topographie. Le village manque donc de personnalité : alignement de maisons basses aux pièces peu nombreuses et en enfilade, le long de rues droites et sans fantaisie, place centrale regroupant les rares commerces, le ou les cafés et, pour les mieux lotis, l'église, l'école, la mairie. Parfois, les maisons sont disposées par trois autour d'une cour ouverte sur la rue. L'abreuvoir ou la fontaine trônent au milieu de la place ou émigrent vers la périphérie, en compagnie des lavoirs. Le village manque aussi de charme et de désinvolture. Pour y remédier, on y plante des essences diverses et importées : platanes, acacias, mûriers. Dès qu'ils en ont le loisir, les colons agrémentent la façade de leur demeure de fleurs, des roses, le plus souvent.

Le décor serait incomplet sans le spectacle des cultures. Il réjouit après les efforts qu'on y a consacrés. Il inquiète, car on craint toujours une catastrophe qui ruinerait les récoltes. Aussi sont-ils soucieux ces regards que les colons jettent sur leurs céréales mûrissantes, leurs premiers vignobles ou olivettes, leurs jeunes arbres fruitiers, leur horizon le plus cher. Ils guettent fébrilement le résultat de leurs expériences : vers à soie, plantes à parfum, fromages de type français. Rarement leur regard ou leur pensée s'accordent d'autres soucis.

Cependant, l'environnement leur est moins étranger. Ils ont reconstitué un univers familier : la ville ; ils en ont créé un destiné à le devenir, le village de colonisation. Le cadre naturel leur paraît moins insolite. La toponymie s'est normalisée, soit parce qu'elle est française ou francisée, soit parce que les noms arabes ou berbères ne semblent plus étranges. A la campagne, les Européens ont été contraints d'apprendre les rudiments, au moins, des langues locales. Certains lieux tirent leur appellation d'événements dont on garde le souvenir : le Rocher du Lion, près de Mondovi ; le tournant de l'Anglais, dans la Mitidja.

Lentement, les relations entre communautés se détendent. Dans les villes, où la séparation en quartiers est possible et réelle, elles sont sans doute limitées. Dans les campagnes, on s'habitue peu à peu à vivre entre Européens de différentes origines. Quant aux relations avec les autochtones, tout en restant distantes, elles se sont modifiées et améliorées. Dans les villes, les musulmans sont perçus comme acteurs de la vie quotidienne : porteurs d'eau, marchands accroupis, tisserands, écrivains publics, joueurs de dames, danseurs Aïs-saouas. Cette vision ne concerne que l'Européen suffisamment oisif. Les autres, vaquant à leurs occupations nourricières, ne posent sur ces différents personnages qu'un regard machinal et indifférent. Les juifs pauvres se distinguent difficilement des musulmans de même condition. Ce sont les riches personnages, remarquables par le faste de leurs toilettes, qui retiennent l'attention. Dans les campagnes, on s'est habitué à la pratique du khamessat[12]. C'est une des raisons pour lesquelles les colons ont généralement appris l'arabe dialectal. Les relations diffèrent selon les points de vue. Pour certains, les fellah font partie du paysage ; d'autres souhaitent les tirer de leur léthargie. Il en est aussi qui estiment que le principal obstacle entre colons et autochtones est une peur réciproque. De mœurs et de langue différentes, ils s'épient, se méfient les uns des autres, et interprètent mal leurs réactions.

L'état de guerre a cessé, mais coupeurs de route et perceurs de murailles foisonnent encore. Contre eux, on s'accoutume à ne jamais obtenir de témoignages, personne n'ayant jamais rien vu. On s'habitue aussi à la bécharra, procédé selon lequel le voleur propose au volé, par l'intermédiaire d'un tiers, de lui restituer le larcin, bœuf, mulet, en échange d'une somme inférieure à sa valeur marchande. Tout le monde y gagne : le voleur, d'abord, et sa victime qui récupère un animal précieux. En effet, en cas de refus de la bécharra, le volé n'a d'autre solution que de racheter une autre tête de bétail, au prix courant. Bientôt, l'épouvantable famine des années terribles fait affluer la population du sud vers le nord, des campagnes vers les villes. La solidarité s'impose. Riches musulmans et population européenne s'unissent dans une action de secours. L'Eglise accomplit une tâche mémorable. Elle procède à des adoptions, assorties de baptêmes. Des villages, Saint-Cyprien et Sainte-Monique, construits à l'initiative de l'archevêque d'Alger, accueillent les nouveaux catéchumènes.

A l'intérieur de ce pays plus familier qu'autrefois, l'isolement persiste et accentue l'enclavement de chaque portion de territoire. La diligence, principal moyen de transport et de communication est attendue avec impatience. Entre les grandes villes de la côte, les liaisons se font encore par bateau, plus rapide que la voie de terre, en attendant le chemin de fer qui se construit entre Alger et Oran.

Aux environs de 1860, l'Algérie n'est donc plus ni ce qu'elle était dans l'imagination des émigrants quittant l'Europe, ni ce qu'elle a été les premières années. La terre promise, une fois soumise, a dépouillé les charmes dont on la parait. La terre ingrate, une fois domptée, s'apprivoise quelque peu et séduit lentement ses vainqueurs. Les expatriés conservent des souvenirs de leur passé européen, pièce de mobilier ou simple billet de bateau, mais commencent à avoir aussi des fétiches algériens. Une famille garde précieusement le verre dans lequel a bu l'archevêque d'Alger, lors de son passage, sous le nom de « coupe de monseigneur ». Une mémoire algérienne s'est formée. Enfin, les enfants arrivés jeunes dans le pays ou les adolescents qui s'y sont mariés s'y attachent plus profondément que leurs parents. Les traces de leurs premières années sont gravées dans les paysages. Une grande quantité de jeunes Européens sont nés en Algérie et se sentent « Africains », avant tout.

## Chapitre II

## LA TERRE NATALE ET BIEN-AIMÉE

Pour une période, dont le début et la durée varient en fonction de la date d'implantation des familles, l'Algérie devient la terre natale. On y pense et on en parle avec amour. Cette période s'achève, dans les faits, avec l'indépendance. Sentimentalement la coupure peut se situer aux alentours de 1930, à la Seconde Guerre mondiale, en 1954. Au cours de cette phase, l'Algérie est considérée sous un angle nouveau. Les Européens qui y sont nés n'ont pas de terre d'origine à regretter. Ils connaissent la terre de leurs parents, par les récits plus ou moins prolixes de ceux-ci ; mais ils en ignorent les paysages, les sensations et n'y possèdent aucun repère. En Algérie, au contraire, décor naturel ou élaboré, émotions sensorielles, coordonnées affectives ou instinctives imprègnent profondément les enfants, petits-enfants ou arrière-petits-enfants des anciens immigrants, au point de rendre banale la terre aimée. Chacun n'a exploré qu'une infime partie de ce sol et, pour chaque individu ou groupe, l'échantillonnage de paysages est très restreint. Mis bout à bout, ces fragments d'expérience donnent de l'Algérie une image changeante et discontinue, avec de grandes plages d'ombre. Seuls sont mis en valeur certains éléments du climat – en très petit nombre – ou certaines sensations – puisées au contraire dans un registre largement ouvert. Les lieux privilégiés par le sentiment ou le souvenir, limités eux aussi, paraissent insignifiants, voire laids, au profane. Pour l'initié, ces lieux ordinaires symbolisent le pays. Il les traverse quotidiennement, sans y penser, sans les voir, et, inexplicablement, ils se gravent en lui. Avec le paysage, le climat, les sensations, le cadre exigu de la vie quotidienne commune compose cette reconstruction irréfléchie qu'on appelle « terre natale ». Ces détails réunis sont la clé de ce royaume, à la fois partagé et intime.

## *De la mer salée à la mer sableuse*

La Méditerranée représente la seule limite sensible et nettement matérialisée du pays natal. Les deux pays voisins n'apparaissent que de loin en loin à l'horizon. Ils se teintent d'une notion d'étrangeté indéterminée ou de similitude vague, d'où ne se dégage aucune idée de frontière. La limite sud est encore plus floue. En revanche la conscience de la limite nord se manifeste, même chez ceux qui vivent éloignés de la mer. De plus, le paysage maritime occulte souvent tous les autres. Il se borne à la bordure immédiate de l'eau, de part et d'autre de son liseré mouvant : plages de sable, rochers, falaises, caps, dunes, trous d'eau divers, îlots très proches. Seuls les pêcheurs professionnels et, plus rares, les amateurs de voile dépassent ce cadre étroit. Il est pourtant démesuré par la place qu'il occupe dans les esprits. Instable aussi, ce paysage maritime se superpose à une réalité et lui emprunte des éléments tangibles. Il s'appuie sur des saillants visibles sur les cartes ou les photographies aériennes, tels que caps et pointes : cap Matifou, Pointe-Pescade, presqu'île de Sidi-Ferruch dans l'Algérois, cap Falcon dans l'Oranais, cap de Garde près de Bône. Cependant, par rapport au paysage maritime rationnel, le paysage maritime mental opère une sélection, met en lumière certains détails, en atténue d'autres et raye de la carte de larges secteurs. Pour suivre le processus de ce choix, il faut se référer aux activités liées à la mer. Leur absence évacue la mer du paysage, leur faiblesse la minimise, leur importance amplifie celle des flots dans le décor. Au cours de la période définie, le paysage maritime varie donc avec les fonctions de la mer. Les fluctuations du mode de vie et de la mode font surgir des stéréotypes différents, lorsqu'on parle de rivage ou de plage, selon qu'on se place à la fin du XIX$^e$ siècle ou après la Seconde Guerre mondiale.

En Algérie, la mer reste longtemps cantonnée dans ses fonctions utilitaires : pêche professionnelle, transport de voyageurs et de marchandises. Si la physionomie des ports commerciaux se modifie au gré des progrès économiques, techniques et de l'extension qui en résulte, certains spectacles semblent s'y être maintenus durablement. L'arrivée des gargoulettes et des éponges, ainsi que le campement qui s'établit à proximité des quais, à cette occasion, devient pour certains une distraction saisonnière. L'embarquement des moutons, arrivant des hauts plateaux, et le chargement des grosses barriques de vin, quelque peu teintées par leur contenu, attirent également les badauds. La venue de voyageurs ou le départ des pèlerins pour La Mecque retient les curieux le long du boulevard à Alger. Longtemps, le guet des navires reste lié à l'attente du courrier ou de main-d'œuvre d'Espagne. Les habitués connaissent le nom de tous les bâtiments et des compagnies de navigation. Parfois une escadre mouille dans le port ; le dimanche, on peut en visiter une unité.

Le décor des ports de pêche change peu. Le cadre naturel y occupe plus de place que dans les grands ports commerciaux ; les constructions, modestes, l'entament à peine. Les maisons ou autres édifices conservent leur physionomie d'origine. A Stora par exemple, l'anse régulièrement arrondie de la montagne et sa marbrure de maquis envahissent le paysage. Le village se blottit dans le creux de l'arc de cercle, mi-étagé : l'église et ses abords ; mi-linéaire : les logis égrenés le long de la plage. Ce sont des constructions basses et blanches, embellies par le cintre des portes et des fenêtres qui échancrent largement les façades. Les bâtisses les plus élevées – deux étages – s'élèvent à proximité de l'église qui se perche au-dessus de l'ensemble. Les toits à double pente douce complètent l'impression de sérénité générale et contribuent à donner au port de pêche un air d'Italie : les pêcheurs qui l'ont créé étaient napolitains, siciliens et sardes. Les barques sont ancrées tout autour de la plage ou tirées sur le sable.

Dans tous les ports de pêche, de semblables taches de couleur viennent compléter cette marine : rouge des toits, vert ou bleu des portes et volets, polychromie des chalutiers et des barques, interrompue par le noir des embarcations en deuil. Sur ce fond tranquille et multicolore, on imagine aisément le spectacle de la vie quotidienne. La flottille sortie, on s'active au ralenti ; quelques vieilles femmes confectionnent encore des tramails ; les vieux inspectent les filets et les étalent pour qu'ils sèchent ou conversent entre eux, assis devant les maisons sur des chaises basses. Une partie des travaux féminins s'exécute aussi sur le pas de la porte : écossage de petits pois, tricot... Au retour de la pêche, la fièvre gagne le petit port ; les jeunes filles se hâtent vers la sardinerie ; les femmes et leurs enfants viennent solliciter, auprès des pêcheurs, leur part de poisson. Les citadins de quelque ville voisine fréquentent aussi le village, pour les petits restaurants – bien souvent de simples baraques – où la friture de rougets, la sépia en sauce ou la bouillabaisse sont incomparables.

Car, lentement, la mer devient un lieu de loisirs : pêche distractive dont poulpes et oursins sont les vedettes, collecte des arapèdes agrippés à la roche, nage et plongeons de tout style. Le bord de mer reconnu et familier s'allonge. Presque désertes au début du siècle, les plages se couvrent de monde et de parasols après la Seconde Guerre mondiale. Depuis longtemps, déjà, l'habitude d'aller au bord de la mer, à l'occasion des fêtes, s'était établie. La faveur des plages grandissant, s'épanouissent à proximité petits restaurants et cabanons, constructions peu coûteuses de bois sur pilotis, sans recherche esthétique. Les stations huppées, Sidi-Ferruch ou les Deux-Moulins, s'enorgueillissent de belles villas. La fréquentation du bord de mer n'entraîne pas de longs déplacements, car le séjour au cabanon suppose, le déménagement du mobilier et des ustensiles essentiels. Les charrettes débordant de ce chargement d'abord, les automobiles, curieusement habillées de tout ce matériel, plus tard, sont l'élément amovible du paysage côtier. Elément estival aussi, car, généralement, on repart après le 15 août.

Aux évolutions des pêcheurs, plongeurs, baigneurs, estivants s'ajoutent, vers la fin, celle des bateaux de plaisance, voiliers ou hors-bord. Ils ne sont pas pléthore, mais en nombre suffisant pour donner lieu, ici ou là, à des régates. A ce moment-là, le paysage marin est achevé et, bientôt, les embarcations ne serviront plus qu'à le fuir.

L'aire méditerranéenne n'est pas familière à tous les pieds-noirs. Elle est le spectacle quotidien des habitants du littoral. Pour ceux de l'intérieur proche, elle n'est que le décor estival des mères et des enfants, et pour les pères le cadre dominical de juillet et d'août. Il est vrai qu'après la Première Guerre mondiale, les pieds-noirs étant de plus en plus nombreux sur la côte, la vue qu'ils ont sur la mer tend à masquer les autres paysages. De plus en plus, aussi, les pieds-noirs sont des citadins, Algérois, en priorité. La conception de la mer qui domine est la leur. De ce fait, les plages mêlées de végétation – ajoncs, typhas, hautes herbes fleuries d'escargots blancs, caroubiers –, les ribambelles de rochers isolés, les îles « maudites » ou plantées de vestiges romains, les dunes et les bois de pins, la Côte turquoise et la baie des Jeunes Filles laissent place aux rivages domestiqués et policés, chéris des gens des villes. Tout enfants, ils faisaient la manca hora[1] pour admirer les cachalots échoués ou, la classe achevée, s'accordaient un détour pour lancer, dans la mer, des pierres plates. Adultes, ils la longeaient journellement, sans la remarquer, mais la recherchaient comme le cadre favori de leurs fêtes et de leurs dimanches.

Chaque ville avait son réseau de plages, plus ou moins prisées : Canastel, Aïn el Turk, les Andalouses, pour Oran ; Stora et Jeanne d'Arc, pour Philippeville et pour ceux qui pouvaient accomplir le voyage depuis Constantine ; la Grenouillère, Saint-Cloud, pour Bône. Les plus illustres se situaient à l'ouest d'Alger, sorte de chapelet ininterrompu, immanquablement égrené par le souvenir. Viennent d'abord les plages aménagées, les « bains » : Padovani – le « Sidi-Ferruch des pauvres » – Matarèse. Suivent les plages de Saint-Eugène, entre la pointe des Deux-Chameaux et celle des Deux-Moulins : petites grèves caillouteuses d'accès malaisé. La corniche, couronnée par son casino, précède la grande descente de Pointe-Pescade. Le parcours s'achève par la ligne incurvée des bains Franco, Baïnem-Falaise et sa forêt, la Madrague de Guyotville et la vue sur le cap Caxine, la presqu'île de Sidi-Ferruch, éclatée dans les flots.

La côte illustre, également, la rencontre de la mer et de la terre maternelle : confrontation brutale de l'à-pic de Canastel près d'Oran ; retrouvailles convenues et préparées par une suite de paliers, telles qu'on les observe du balcon de Saint-Raphaël, au-dessus d'Alger ; cinq à sept libertins du Chenoua s'accroupissant dans la mer, à Tipasa. Falaises ou descentes alanguies vers la Méditerranée ne sont que l'épilogue d'un long chant intérieur, brusquement tu, à la rumeur des vagues. C'est que l'Algérie continentale a aussi son poème, composé de stances peu connues et peu courues – on n'en parle pas ou par vagues allusions –, où elle apparaît sous la désignation déjà ancienne et mystérieuse d'« intérieur », ou, sous celle plus précise, mais partiellement inexacte, de « hauts plateaux », ou encore, sous celle apparemment plus adaptée, mais impropre et sujette à interprétations diverses, de « bled ».

En effet, si la mer est peu familière aux pieds-noirs de l'intérieur, celui-ci est encore plus méconnu des pieds-noirs de la côte. Echappent à cette ignorance de l'Algérie continentale ceux qui, par profession, doivent la parcourir, soit régulièrement – transporteurs, commerçants ambulants – soit épisodiquement, au gré des mutations – fonctionnaires, militaires. Font également exception, ceux qui disposent d'assez de loisirs et de fortune pour pratiquer le tourisme, ou ceux qui, curieux et instruits, découvrent les territoires lointains dans les livres. Quant aux sédentaires, ils ne connaissent que leur région immédiate. Tous ont conscience d'un « intérieur », plus ou moins défini. De cette masse floue, se dégagent des aires particulières, mieux connues que les autres. On se réfère, pour les désigner, aux formes de relief élémentaires : montagnes, plateaux, plaines. On en décrit surtout la spécificité économique ou émotionnelle, plus que les caractéristiques géographiques. Parfois, on assortit le nom de la région d'un sobriquet allusif. Certains ne parleront du Djurdjura qu'en y joignant l'expression « Suisse algérienne » ou ne verront dans la

Mitidja qu'un « Jardin des Hespérides ». Le Sersou deviendra un « Texas africain » et les plateaux du Constantinois se convertiront en « Beauce ».

La montagne par excellence est la Kabylie et, plus particulièrement, la partie du massif visible d'Alger, le Djurdjura. Par temps clair, en effet, on en voit les neiges éternelles de la Bouzaréah ou de la mer. Par temps couvert, une masse nuageuse ou des brouillards signalent l'emplacement des crêtes. Cet ensemble montagneux culmine en un bloc pyramidal dont la silhouette est familière, le Lalla Khadidja. L'Ouarsenis, « œil du monde », le balcon du Zaccar jouissent d'une notoriété moindre. Pour le citadin, la montagne est toujours l'éminence la plus proche, même de faible altitude, parce qu'on la voit, qu'on s'y rend en pique-nique ou en promenade : montagne des Lions à Oran, de l'Horloge à Tébessa, Gouraya à Bougie. Rares sont les séjours d'été en montagne, pour raisons de santé ou en quête de fraîcheur ; exceptionnel, le ski à Chréa, dans l'Algérois.

Les plateaux, peu distincts des hautes plaines, semblent disloqués et fondus dans l'imprécision. La « Rocade Sud »[2], lentement vidée de ses rares colons ne retient plus que les modestes qui aiment contempler l'horizon et « estiver au bord des mirages ». Car, les plateaux plongent énigmatiquement dans le grand inconnu du sud, dont on ne connaît que le rituel envoûtement. Son mystère fascine. Peu fréquentés avant 1954, le sud et le Sahara sont le domaine des militaires, des transporteurs, des prospecteurs, des médecins, des Pères blancs et des Sœurs blanches. Les écrivains ou les rares touristes y découvrent un monde qui, ailleurs, a partiellement disparu. Cette exploration méridionale s'arrête à une ligne joignant, d'est en ouest, Djebel-Onk, Biskra, Bou Saada, Djelfa, avec des pointes vers Touggourt, Ouargla, Ghardaïa, Aïn Sefra.

Beaucoup ne connaissent du sud que ses portes : Saïda ou Boghari, et plus nombreux encore sont ceux pour qui la notion de sud est mouvante. Le flou de la limite sud est accentué par le fait qu'elle a longtemps coïncidé avec celle de l'intérieur, toujours reportée plus loin par la route ou le chemin de fer. La distinction entre Algérie et Sahara intervient aussi dans la détermination de la frontière. Enfin, qu'on y englobe le Sahara ou qu'on l'en exclue, le sud est symbolisé davantage par ses personnages que ses paysages, dont le stéréotype se réduirait à la dune et aux sables.

Dans les plaines, la juxtaposition du blé, de la vigne, du tabac et des vergers d'oranges, de clémentines ou de nèfles, masque le relief. Les alentours d'Alger passent pour posséder les plus beaux fleurons de l'agriculture, en vertu du droit d'aînesse et de la proximité de la plus grande ville du pays : le Sahel, couvert de cultures maraîchères, et la Mitidja, plantée de vignobles et d'orangeraies. Les plaines intérieures, celle du Chéliff notamment, étalent une abondance comparable. Partout, les cultures et plantations offrent l'image immuable de rangées régulières, fuyant vers l'horizon. Toutes les plaines se ressemblent, enfin, par le spectacle qui s'y déroule : vendange animée et sonore, battage soulevant une poussière d'or dont se nimbe le dragon-locomobile.

Les aires de cultures se quadrillent de haies protectrices de roseaux, de cyprès, de figuiers de Barbarie. L'eucalyptus règne en maître incontesté sur les essences importées. Il est l'ornement végétal de tous les récits, avant le palmier, enfant du pays. Tous deux bordent les allées qui mènent aux bâtiments d'exploitation, les routes et les rues, concurremment avec les caroubiers, les acacias, les mûriers, les aloès, dans les campagnes ; avec les ficus, les faux-poivriers, les platanes, les arbres de Judée, les bellombras, dans les villes. L'implantation, à côté d'espèces locales, d'arbres européens et « exotiques » correspond à diverses préoccupations : recréer un cadre européen, boiser un espace dénudé, lutter contre le paludisme, tester la possibilité de cultures tropicales. Des parcs réunissent des spécimens d'une extrême variété et de toute provenance : hévéas et chênes, mélèzes et cocotiers, arbres-bouteilles et dragonniers... La bougainvillée est la reine des jardins particuliers, enclos exubérants débordant de roses pompon, de roses thé, d'où jaillissent figuiers et grenadiers, où des vérandas se cachent sous les glycines, les jasmins et les chèvrefeuilles.

L'omniprésence de cette flore n'éclipse pas les forêts majestueuses de cèdres de Kabylie ou de l'Ouarsenis, ou de chênes-lièges de M'sila, près d'Oran. Les genêts épineux, jujubiers, arbousiers, lentisques envahissent les espaces vierges. Les lauriers-roses s'isolent, petites touffes, au milieu des oueds. Les fleurs des champs et les légumes sauvages foisonnent au printemps : iris, jonquilles, glaïeuls, lys, jacinthes, narcisses, vinaigrettes, soucis, marguerites, pâquerettes, « crachats du bon dieu », « gouttes de sang », asphodèles, ravenelles, mâches, fenouil, asperges, artichauts. L'automne s'égaye de cyclamens.

La faune grouille également : sangliers et chacals, guêpiers[3] et cigognes. Parmi les animaux domestiques, le mouton à la queue adipeuse, la chèvre maltaise, le petit âne alerte, le cheval rivé à sa charrette animent scènes champêtres et urbaines. En ville, canaris et chardonnerets captifs enchantent les quartiers pauvres. Mouches, fourmis et cafards importuns se mêlent, pour la gâter, à la vie quotidienne. Tandis que de petits scarabées noirs deviennent, malgré eux, sur le sable des plages, les partenaires de jeu des enfants.

Parti de l'eau salée, le parcours serait inachevé, s'il n'effectuait un détour pour rencontrer l'eau douce. L'hydrographie urbaine dévoyée emprunte des lits encaissés, ravin de la Femme Sauvage à Alger ou de Ras el Aïn à Oran ; à sec – « oued seco » – ou encombré de détritus nauséabonds – « oued merda ». Bône, Guelma et leur région ne se conçoivent pas sans la Seybouse ; Souk-Ahras, sans la Medjerda et l'Aïn Zerga ; Constantine, sans les gorges du Rhummel ; Bougie, sans la Soummam ; Fort-National, sans l'oued Sebaou ou Orléansville, sans le Chéliff. A la fonte des neiges ou lors des fortes pluies, l'oued répand des eaux rageuses, teintées de terre, impossibles à traverser, charriant branchages et cadavres d'animaux. Mais habituellement, hospitalier aux broussailles et aux lauriers-roses, il se fraye une place fugitive dans un lit ample et poudreux, lissé par la croûte sableuse datant de la dernière crue. Ce spectacle banal éveille moins l'intérêt que les inondations ou les eaux vives des cascades.

La mémoire du paysage est à l'image de l'oued. Le plus ordinaire disparaît derrière le plus remarquable. La reconstruction mentale exclut l'évidence. Il en résulte un instantané, surexposé ou troublé par l'affectivité, ignorant le grand angle. Une affiche, s'inspirant de ce cliché, montrerait une montagne plongeant dans la mer, un eucalyptus, une bougainvillée, une cigogne et un âne. Il y manquerait de la couleur, liée aux conditions climatiques et aux sensations visuelles, et des constructions, indiquant l'existence de rapports historiques ou économiques, entre les pieds-noirs et leur paysage.

*Une terre riche en sensations contradictoires*

Les sensations forment, contrairement aux paysages, un tissu serré et solide, non pas uniforme, mais rugueux et bariolé. Etroitement imbriquées de par leurs origines, ces sensations s'individualisent difficilement et c'est par un artifice qu'on parvient à les arracher du paysage auquel elles donnent corps.

Tout un faisceau de sensations – chaleur, froid, humidité – se rattache indubitablement au climat. Ces trois notions sont aisément repérables dans l'univers climatique des pieds-noirs, avec sans doute, une prime pour l'humidité. Ce n'est guère surprenant, si on considère, une fois de plus, que la majorité des intéressés vivent au bord de la Méditerranée ou dans une zone interne qui n'en est pas très éloignée. L'humidité dont il s'agit n'est pas ce crachin obstiné ou cet état de vapeur constante que le mot pourrait évoquer. Il s'agit des précipitations groupées et saisonnières des pays méditerranéens : celles de novembre et de mars, ainsi que les orages de la fin de l'été.

La violence des pluies d'automne revient dans l'évocation des incidents climatiques avec la même fréquence que ces pluies elles-mêmes et peut-être avec une plus grande régularité, car ces averses ont quelques caprices. Avalanches diluviennes, cataractes du ciel fouaillent les sols des campagnes, dévalent les rues en pente des villes de la côte pour s'engager avec fracas dans les bouches d'égouts grandes ouvertes à cet effet. Lorsqu'on a omis cette précaution ou qu'on n'a pas eu le temps de la prendre, les grilles s'obstruent et les rues inondées deviennent des torrents de boue. Ce type d'inondation n'épargne pas les villes de l'intérieur. Car, même là où l'Algérie a dépouillé partie ou tout de ses caractéristiques méditerranéennes, la pluie s'exprime toujours avec brutalité.

Il faut imaginer, accompagnant ces implacables ondées, la grêle, parfois, et le vent, obligatoirement. Un souffle puissant agite la mer et la fait écumer ; il arrache les feuilles, courbe ou casse les branches. C'est au cours des orages d'été que le couple pluie-vent se montre le plus redoutable. Des éclairs traversent un ciel d'un noir uniforme, le vacarme des vagues et des rafales est effrayant. La mer envahit les plages ou les quais, brise des digues ou des embarcations. C'est la bafane ou le bafougne, qui ne dure pas plus d'un quart d'heure. Après une « bonne bafougnade », le ciel est clair et l'air frais. Mais pendant, il vaut mieux ne pas être dehors, surtout en mer.

L'humidité se manifeste aussi par des brouillards ou des ciels couverts, assez fréquents dans le ciel d'Alger. Un ciel « blanc », « crayeux » ou voilé de jaune est un signe annonciateur du sirocco et de la chaleur bouillante qui l'accompagne. Cependant, les journées torrides peuvent tout aussi bien s'écouler sous un soleil éclatant, qui réchauffe également les beaux jours de février. De même, on peut avoir un « sirocco du diable », un 24 décembre.

Sur la côte, les hivers sont plutôt doux et, si on a pu, à titre d'événement, photographier la place du Gouvernement – à Alger – sous la neige, celle-ci demeure exceptionnelle. On la connaît de loin, pour l'avoir aperçue en regardant les sommets. Quelques-uns sont allés la toucher à l'occasion d'une sortie dominicale : on frissonne rien qu'à la pensée du climat rude des hauts plateaux. Ceux qui l'ont expérimenté confirment : pendant l'hiver, le chasse-neige est indispensable et l'été, le paysage vibre dans l'air surchauffé.

Les échantillons de couleurs, de formes et de mouvements, photographiés d'un œil machinal et insouciant, réapparaissant lorsqu'on essaie de recréer l'environnement familier, baignent généralement dans la lumière. Bien que le soleil fasse parfois défaut, c'est toujours lui qui révèle et nuance les couleurs, selon son intensité ou l'opacité des écrans qui s'interposent entre lui et ce qu'il éclaire. C'est à sa lumière qu'on doit l'intensité des bleus : azuré du ciel, qu'une luminosité excessive peut aussi voiler, outremer ou turquoise de la Méditerranée, qui devient verte et même jaune sous l'éclairage hivernal, ou violette lorsque l'orage y reflète ses ténèbres. C'est au soleil de l'après-midi qu'on doit de rechercher la protection des feuillages qui projettent sur les objets des formes singulières et en modifient l'aspect et le volume, ainsi que l'obscurité striée des persiennes opposées aux rayons de midi. C'est encore à lui que l'on doit les aubes éclatantes et les crépuscules dorés, aussitôt moribonds, qui rendent la nuit encore plus sensible.

D'une manière générale, les teintes sont toujours très accusées : rouge de la terre, des falaises, du soleil couchant, des mares prisonnières des dépressions. La poussière ne se réfugie pas dans la transparence : rarement blanche, on la voit plutôt bistre, dorée, d'un ocre soutenu ou formant un éventail vermillon, au-dessus des collines. Les roses et les violets habillent les plateaux, les montagnes, les ciels, les cyclamens et les bougainvillées. Le vert est plus timide et plus fragile, sous ce climat ; c'est celui des céréales et des prairies, au début du printemps, et des collines d'Alger, à l'automne. Pour le reste, il vire à une couleur proche : au noir, sur les montagnes couvertes de forêts, et parfois au bleu, ou au gris, s'il s'agit d'oliviers ou d'eucalyptus. Ces coloris se retrouvent dans les jardins maraîchers ou d'agrément, dans les pyramides de légumes et de fruits des marchés, habillent les poissons et les oursins bariolés.

A ces nuances se juxtaposent les lueurs métalliques des montagnes, porteuses ou non de minerai, des oliviers ou des eucalyptus aux reflets argentés, des fers des chevaux ou de la mer. Couleurs et lueurs se plaquent sur les formes qui résultent d'une schématisation du relief : plaines désolées, pyramide d'une montagne, colline maigre et râpeuse, plateau caillouteux, amas de roches.

L'œil saisit aussi tout un assortiment de mouvements inséparables de son champ de vision. Dans ce cas, la sensation visuelle s'accompagne, presque toujours, d'une sensation auditive. Font exception, le mouvement de l'air, lorsqu'il fait très chaud, ou la vapeur qui monte du sol après la pluie. Et dans cet ensemble mouvant et sonore, animaux et êtres humains interviennent fréquemment.

En effet, les bruits naturels manquent souvent de puissance et pêchent par subtilité, auprès des bruits nés des déplacements et de l'activité humaine. Aussi, ce sont surtout les ruraux qui les perçoivent. On a déjà écouté le vacarme de la bafane. Les bruits de la campagne sont plus ténus : sifflement de l'air dans les céréales, bruissement des feuilles de l'eucalyptus ou craquement de son tronc, friselis délicat des aiguilles de pin, annonciateur de vent. Les caroubes tombées et les boules de ficus craquent en éclatant sous les pas des enfants qui s'en amusent. L'été, le bourdonnement des insectes ne cesse pas, celui des mouches, essentiellement. Les cigales s'obstinent dans leur chant stridulant. Autour des places ombragées, le pépiement des oiseaux étourdit. Mais ces cris n'ont qu'un faible pouvoir évocateur comparés aux claquements de bec et d'ailes des cigognes. Ils sont familiers aux oreilles des villes comme à celles des campagnes. En revanche, rares sont ceux qui connaissent encore le jappement des chacals. Le mouton et la chèvre sont, parmi les animaux domestiques, ceux qui se font probablement le plus entendre. Les vastes étendues, comme les rues, retentissent des mêmes bêlements.

Les bruits humains sont presque toujours liés à une besogne, à l'exception de la musique et des chants. Celui du muezzin se remarque surtout le matin et le soir. On peut y associer, pour son caractère religieux, le canon du Ramadan. Leur répondent, du côté chrétien, les cloches dominicales et pascales. La plainte des flûtes ou le grondement des derboukas ont pour écho la chanson traditionnelle du jardinier espagnol ou du pêcheur italien, qui, le soir, s'accompagne d'un accord de guitare ou de mandoline. Les airs du répertoire lyrique français ou italien fusent aussi par les fenêtres ouvertes, en même temps que les bruyantes ou violentes conversations. Près des jardins maraîchers, la noria grince doucement et régulièrement. Les charrettes lancées à grande allure composent un singulier tintamarre mêlant au grondement des roues le choc des sabots ferrés et le brimbalement du chargement. Sans aucun doute, les marchands ambulants mènent le plus grand tapage : ils se doivent d'attirer la clientèle. Le marchand de calentita[4] tambourine sur son plateau de zinc, avec la lame de son couteau. Les marchands de crème glacée lancent des « glace à la vanille ! ». Les vendeurs de journaux vantent « L'Echo » ou « La Dépêche ». Les fripiers scandent « ha-bits... », tandis que les raccommodeurs de casseroles frappent à coups redoublés sur un vieil ustensile. Dans les quartiers indigènes ou dans les quartiers mixtes, on entend aussi le marchand d'eau : « Ma ! » ou de pain : « Khobz ! ». Sur les places, les marchands de fleurs, de gâteaux ou les cireurs prennent la relève, le slogan des derniers étant « la glace de Paris ! », garantie d'un brillant incomparable. Dans les villes littorales, le tumulte du port plus ou moins prononcé, selon les quartiers, enveloppe le tout. Des rues animées de toutes les villes, s'élève une rumeur de foule, caractérisée par un mélange de langues et brisée, de temps à autre, par une interpellation tonitruante.

A la campagne, la saison sonore est celle des récoltes. Ainsi, pendant les vendanges, le vignoble bruit des conversations des vendangeurs, entrecoupées de rires brefs. Les assoiffés appellent le porteur d'eau qui, lui-même, lance de grands cris pour signaler sa présence et sert d'intermédiaire à ceux qui n'arrivent pas à saisir les propos de leurs voisins de rang. Les interjections des charretiers jaillissent, çà et là. Cependant, le bruit le plus authentique des campagnes, mise à part la mélopée de la flûte, différente ici de ce qu'elle est en ville, ne se rencontre que dans les endroits les plus reculés et réclame une certaine altitude. Il s'agit du téléphone des crêtes, appelé aussi « téléphone kabyle ». Il sert à propager une information ou à commander du ravitaillement. Il consiste à se placer sur une éminence, le soir, vers dix-huit heures, lorsque la brise se lève, et à hurler à pleins poumons le message à transmettre.

C'est aussi à ce moment-là, que, le long des terres littorales, on entend le mieux la mer, devenue plus grave. C'est l'heure où les odeurs montent du sol et s'échappent des arbres avec la plus grande intensité, comme si, avant que la nuit ne masque les couleurs, l'harmonie s'établissait entre les sons et les parfums, dans le calme qui gagne les grèves, les plaines et les sommets, dans le murmure gai et persistant des villes.

Au-dessus de l'agitation, de la polychromie, de la cacophonie, planent des effluves variés, allant du parfum à la puanteur.

En dehors de la senteur du sol, discrète et indéfinissable, différente avant ou après la pluie, les fragrances émanent essentiellement des arbres ou des plantes. L'eucalyptus exhale une odeur moins prononcée que celle des produits pharmaceutiques qui en contiennent, mais cependant envahissante car diffuse et portée par le vent. Le jasmin obsède par son parfum lourd, que certains trouvent sensuel et enivrant et d'autres insupportable. Le même désaccord se rencontre au sujet du caroubier dont la senteur est, tour à tour, douce et sucrée ou infecte. L'âcreté de l'absinthe sauvage ne rebute pas ; on la célèbre souvent, particulièrement celle de Tipasa.

L'eucalyptus, le jasmin, le caroubier et l'absinthe symbolisent le mieux l'éventail des odeurs végétales, si on en juge par leur fréquence dans les descriptions sensorielles. Une foule d'autres existent, pourtant, même si on y pense moins souvent : l'encens des pins, l'odeur de résine, l'émanation « sauvage » des lentisques, l'acidité des aloès et des citronniers, l'arôme séducteur des orangers et des acacias, le parfum sirupeux du raisin mûr, l'effluence pernicieuse des lauriers-roses. Les promenades et les pique-niques sont embaumés par les aubépines, les genêts, le thym, la verveine, le romarin, la menthe. Les jardins eux aussi regorgent de senteurs fruitées, comme celle du figuier ou du néflier, ou fleuries, comme celle du chèvrefeuille ou des cannas. Si on fait un détour par la mer avant de pénétrer dans une ville, on respirera le sel humide, les coquillages séchés, les algues échouées. S'il s'agit d'une station de pêche, la fraîcheur de la marée combattra les relents écœurants des pêches anciennes.

Dans les villes, persiste le bouquet des arbres et des plantes qui s'épanouissent sur les places et dans les jardins. Néanmoins, les odeurs de la vie quotidienne, agréables ou non, le supplantent.

Le goudron, le vernis ou le vin imprègnent les quartiers portuaires, de même que le minerai, plus terne, mais suffocant, la poussière de céréales chaleureuse ou la laine en suint. Dans les rues populeuses, la puanteur des ordures ne réussit pas à couvrir celle de l'urine, bien que, de bon matin, on tente de les combattre à grand renfort de crésyl. Parfois, c'est cette odeur de propreté qui triomphe, ainsi que d'autres, voisines : celle de la javel, de la soude, de la lessive qui bout. L'eau répandue suffit parfois, alliée à la tiédeur ou à la chaleur de l'air, à vaporiser une senteur à peine perceptible. Le lavage d'un carrelage, la pluie sur une terrasse ou sur le pavé, l'arrosage des rues et des trottoirs font s'élever du sol ce parfum chaud et pénétrant, malgré sa discrétion.

Les vapeurs de cuisine sont diversement appréciées. Celles des épices – safran, cumin surtout – semblent flatter toutes les narines. Certains parlent avec gourmandise du fumet de la bouillabaisse, des brochettes ou des sardines grillées. L'odeur de friture ou de beignets allèche les uns, et rebute les autres. On aime généralement l'arôme du café qui envahit la rue, tôt le matin, ou les effluves de l'anisette, le soir ou le dimanche.

Bien que la terre et les plantes dégagent plus de parfums que les activités urbaines, dont certaines sont nauséabondes, on ne peut pas faire une classification entre odeurs naturelles et odeurs « humaines ». Si les oueds « merda » sentent le pourri à cause des déjections dont on les accable, la nature contribue aussi aux émanations désagréables. Le vent les répand et le dicton veut qu'un vent d'est accentue la puanteur de l'Harrach : « Oued Merda, vent d'Azazga » (venant de la ville du même nom). Le sirocco donne une mauvaise haleine aux géraniums et les nuages de sauterelles exhalent une fétidité qui prend à la gorge.

Si donc, on devait ajouter des couleurs au paysage, on y reporterait sans trop hésiter les teintes de la terre, allant du rouge au jaune. Les autres nuances dépendant de l'éclairage, très variable malgré une sensation dominante de luminosité, il serait plus délicat de se prononcer pour la mer, le ciel et les végétaux. Pourquoi ne pas choisir la nuit et un de ces bouleversants ciels étoilés dont le souvenir s'émeut ? La mer, le ciel, les arbres s'assombrissent. Après s'être, tout le jour, « donnés au plus fort d'eux-mêmes ». Dans le noir de la nuit, constructions et édifices disparaissent. Ils confèrent au pays natal une ambiguïté que les paysages et les sensations n'ont pas encore révélée. Car ils établissent une sorte de juxtaposition de la Grande Ourse et du Chariot de Sidi Okba, qui paraît insolite, absurde ou impossible.

*Une terre ponctuée de lieux communs*

Les lieux de la vie commune se conforment aux grandes lignes fixées dès la conquête. Villages et petites villes communient inévitablement autour du kiosque à musique « réglementaire », de l'esplanade périphérique, des rangées d'arbres trop élagués. La photographie n'en retient généralement que l'église, la mairie et la route principale, désespérément semblables. Cependant, chaque localité tend à gommer la morne uniformité initiale et à s'individualiser en s'évadant du plan primitif, avec la complicité éventuelle de la topographie. El Arrouch, dans le Constantinois, a adopté une forme ovale au sommet du mamelon qu'il occupe. Tigzirt, village côtier de Kabylie, étale ses maisons le long des branches d'un « y ». L'activité spécifique, mieux définie maintenant, distingue les uns des autres bourgs et bourgades : villages de maraîchers ou de pêcheurs préexistants, villages de viticulteurs, abondamment fleuris, villages de céréaliculteurs, plus dépouillés, stations balnéaires, centres miniers sinistres que saupoudre la poussière de phosphate. Des origines ethniques nettement affirmées font l'originalité de certains d'entre eux. Ils conservent le patois de Haute-Garonne, le dialecte et la choucroute d'Alsace, les proverbes et chansonnettes siciliennes. Ainsi fleurit l'esprit de clocher et s'établissent des réputations.

La renommée des villes supplante désormais celle de l'intérieur rural. Lorsque les noms originels n'ont pas été conservés, leur toponymie prestigieuse emprunte aux généraux de la conquête, à l'histoire de France, histoire militaire, révolutionnaire, napoléonienne de préférence, aux écrivains et savants français, aux hommes d'Eglise, aux villes françaises et à la famille d'Orléans. Elle ne se rattache pas à une longue tradition. Au lieu de se former et de se déformer avec le temps, de s'enraciner dans un passé immémorial, de s'identifier à un site, de se référer à une langue caduque, ces appellations résultent d'un choix récent et délibéré. Lavoisier ou Voltaire, par exemple, font l'effet d'un placage artificiel. Moins factice, le surnom, généralement flatteur, tient lieu de devise, pour la localité concernée. Il implique un certain renom et sa contrepartie de préjugés de la part des cités rivales. « Ville de l'artiste », Alger « la blanche » s'enorgueillit de sa baie, la deuxième du monde, quand ce n'est pas la plus belle. Traditionnelle jusqu'à la caricature, une concurrence chauvine l'oppose à la deuxième ville du pays, Oran « l'espagnole ». Constantine « la juive », plus belle que Tolède, se dresse sur un roc vertigineux, au-dessus de l'abîme du Rhummel, franchi par un pont suspendu célébrissime. Philippeville « la radieuse » serait la plus française des villes d'Algérie ; les authentiques Philippevillois pratiqueraient un français sans accent, ce que dément l'énonciation locale du nom de la ville : on dit « Philiville ». Souk-Ahras trouve vulgaire Bône « la coquette ». Pour la tranquillité de son existence sans scandale, ses voisines surnomment Guelma, avec une dérision un peu aigre, « la vertu ». La beauté de Blida, restée la « petite rose », ne fait pas l'unanimité ; tandis que le charme incontesté de Bougie, de Miliana et de Tlemcen en fait, respectivement, « la perle de l'Algérie », « la reine du Zaccar », « la fleurie ».

Certaines villes arborent des armoiries reproduisant leurs caractères distinctifs : la cigale de Philippeville, le phénix et le corail de La Calle, le dauphin et la vigne de Guyotville. Car chacune possède une particularité emblématique : l'olivier toujours vert de Souk-Ahras, le pont romain de Philippeville, le cimetière de Bône, les cerisiers de Tlemcen. En effet, plus que la localité elle-même, le territoire affectif privilégie les lieux de la convivialité.

Dans un jeu de Monopoly, accommodé « à l'algérienne », la rue Michelet remplacerait les Champs-Elysées ; l'avenue du Telemly, la rue de la Paix ; tandis que les rues Kataroudjil et de la Lyre usurperaient les fonctions de la place Pigalle et de la rue de Belleville[5]. La rue est le vrai visage des villes ou des bourgades. La côte se caractérise par ses chaussées en pente, en escaliers, aux angles aigus desquelles trônent, paquebots figés, des immeubles pointus. Ses quartiers vétustes se serrent autour de ruelles sans trottoirs, dont les façades décrépies s'ornent de géraniums et de cages à oiseaux. L'intérieur est coutumier des plans au cordeau, plus ou moins déformés, dans les faubourgs par les débordements de l'essor démographique et économique. Toutes les villes ont leurs rues-symboles. Pour Alger, l'énumération en serait interminable. Néanmoins, on ne peut éviter la rue d'Isly, la rue Michelet et le boulevard de la République. Les artères vitales sont, à Constantine, la rue Caraman ; à Oran, la rue d'Arzew ; à Bougie, la rue Trézel ; à Philippeville, la rue Nationale ; à Bône, le cours Bertagna ; à Sidi-Bel-Abbès, la rue Catinat ; à Blida, la rue Couloughli ; à Souk-Ahras, la rue Victor-Hugo.

Les places animent aussi le décor quotidien. Bien que le cœur de la ville tende à s'éloigner vers l'est, malgré la déchéance progressive des vieux quartiers qui l'entourent, la place du Gouvernement exprime toujours la quintessence d'Alger. On y boit de la citronnade fraîche, on y recherche l'ombre. La statue équestre s'est fondue dans son environnement et le cheval ne folâtre plus que dans les calembours populaires. On aime aussi le square Bresson, cher aux enfants pour ses promenades à dos d'âne, la place de la Grande-Poste, où on se fixe rendez-vous, la place Bugeaud, où se trouve le mont-de-piété. Les places d'armes d'Oran et de Blida se distinguent l'une, par ses lions de bronze, l'autre, par ses lampadaires vieillots et son kiosque néo-mauresque enserrant un palmier central. A Constantine, la place de la Brèche commémore un épisode décisif de la prise de la ville par les Français. La place Thagaste de Souk-Ahras rappelle que Saint-Augustin y naquit.

Plus simplement et plus solidement, le décor s'organise autour de la rue et du quartier où l'on vit. Les quartiers-vedettes sont des aires populeuses, vibrantes de bruits et de couleurs : le quartier Saint-Charles à Souk-Ahras, le faubourg de l'Espérance à Philippeville, la Colonne et le Pont-Blanc à Bône, la Blanca, la Calère, le quartier « bien femmé » des rues de l'Aqueduc et du Mont-Thabor, le Village nègre à Oran. Alger envahit encore l'espace avec Bab-el-Oued et la Casbah, petites villes dans la ville.

Bab-el-Oued ou Bablouette, pour les uns réceptacle de tous les vices de l'Algérie, pour les autres seul quartier intéressant de la ville européenne, doit son nom à une porte ouvrant autrefois sur l'oued M'Kacel, dans le ravin de Frais-Vallon. Presque caché au fond de cette petite vallée, le quartier contraste avec l'étagement des autres secteurs de la ville, « l'étranger ». Il se divise en parties dont les noms correspondent à une activité désuète : les carrières de la Cantera, l'abreuvoir aux chevaux de la Bassetta, le Moulin et la Pompe, les Messageries – ancien bain des chevaux de cette compagnie – la Consolation – théorie de cafés, remplis au retour des enterrements, reliant le faubourg au cimetière de Saint-Eugène. Bab-el-Oued possède aussi son jardin public : le jardin Marengo, et ses places : place Lelièvre, square Nelson. Sur celle des Trois Horloges, aucune ne donne jamais la même heure. Sur la place Duterte, trône le buste du chantre du quartier : Musette. Parmi les nombreuses rues célèbres, la rue Montaigne, la rue du Roussillon, la rampe Valée paraissent les plus cotées.

La Casbah n'est plus que le royaume des filles de joie et des mauvais garçons. Les rues de la prostitution sont les plus renommées : de la plus prestigieuse – la rue Kataroudjil – à la plus ignominieuse – la rue des Zouaves – celle des courtisanes vieillies ou malades. Les maisons de tolérance, « magasins », portent des noms surprenants : « La patte du Chat », « Le 6 Français », « Les Andalouses », « Le Sphinx », « Le Palmier ».. Quant aux « maisons honnêtes », elles ne retiennent que l'attention des plaisantins doutant du qualificatif ou raillant ses orthographes fantaisistes.

Plus encore que les rues et places familières, que les quartiers de prédilection, le lieu de vie et de contacts par excellence est la maison familiale. Dans les villes, il s'agit le plus souvent d'appartements, situés dans des immeubles à cour intérieure, d'ordinaire plus anciens que les maisons individuelles. Parfois désertés au profit de constructions récentes, ils s'étiolent et ce début de déchéance accroît le charme démodé de leur pierre de taille, de leurs entrées de sous-préfecture et de leurs escaliers de marbre. Les logis collectifs n'occupent pas toujours de vastes et hauts édifices. Dans le quartier Saint-Charles à Souk-Ahras, des maisons basses réunissent chacune sept appartements exigus et sans commodités autour d'une aire cimentée. Immeuble à étages ou à rez-de-chaussée, la maison respire par la cour centrale. Les enfants s'y retrouvent, les mères de famille y conversent, de fenêtre à fenêtre, d'une galerie à l'autre. Elle est le théâtre des quatre cents coups, concurremment avec la terrasse. Ce sommet de l'univers familier se prête à la rêverie et à la méditation des enfants calmes, aux aventures des turbulents. Fief des ménagères, le jour de la lessive le transforme en terrain de retrouvailles ou en pomme de discorde, selon son étendue. A mi-chemin, le balcon se fait, tour à tour, grande hune pour les curieux et les inquiets, chaire pour interpeller les passants de connaissance ou l'épicier du bas, machicoulis pour les espiègles. Style de prédilection des grandes familles et des riches Anglais en villégiature, la maison mauresque symbolise le faste. Cependant, dans le centre des villes, ces demeures traditionnelles ont perdu leur lustre et sont quelquefois divisées en appartements minuscules, inconfortables et bon marché.

Dans les villages, les maisons basses de colonisation se sont patinées, agrémentées de vignes grimpantes et de pots de fleurs. Les premiers occupants, leurs enfants ou petits-enfants leur préfèrent souvent des maisons neuves, sises à l'extérieur du village primitif, entourées ou longées par un jardin et pourvues d'une véranda. Les « fermes » ne sont pas toujours des habitations permanentes. Parfois, on y séjourne uniquement à l'époque des récoltes et aux heures de travail. Celles devant lesquelles on passe en rêvant, quand on n'a pas l'heur d'y vivre – les « châteaux » – n'abondent pas. Implantée au milieu d'une propriété rurale, cette habitation s'agrémente tantôt de colonnes, tantôt de balustrades, tantôt de tonnelles ou d'un jardin à l'anglaise ; on y accède par une allée majestueuse. Une description, venue de l'enfance, en donne une vision éblouissante. Ancienne terre d'église, dans le Constantinois, le parc, sillonné d'allées d'amandiers et d'oliviers, enchante par la profusion des fleurs débordant de jarres de terre cuite, le bassin rempli d'eau de source et la statue de Saint-Augustin, colonisée par un essaim. A l'ombre d'un bois de pins, de vastes bâtiments déploient un perron à galerie, devant une lourde porte sculptée, encadrée de colonnes toscanes et surmontée d'un fronton[6]. Une photographie, prise à Lambèse, permet d'établir un portrait moyen du château et de minimiser la portée du terme. Le noir et blanc austère de l'image met en évidence une grande bâtisse, sans style véritable, sorte de mas à la provençale, flanqué de tourelles d'angle et coiffé de chiens assis[7].

Dans la plupart des cas, la disposition de la ferme obéit aux besoins de l'exploitation. Autour d'une cour carrée, s'élèvent les logements des ouvriers, les granges, écuries, bergeries, remises. La maison du maître occupe le fond de la cour, face aux deux battants d'un portail ouvrant sur les rangées de cultures. Au milieu de la cour, un bouquet d'arbres, une citerne ou un abreuvoir. Dans les régions viticoles, les caves complètent les bâtiments utilitaires. Fréquemment, ces fermes s'édifient sur un mamelon d'où on voit la campagne environnante ou la ville proche. Elles peuvent affecter des allures de fortin, en raison de hauts murs, de fenêtres étroites ou de contreforts soutenant une maçonnerie déficiente. La simplicité fleurie domine et suffit à donner un sentiment de plénitude.

Les lieux d'étude et de prière se fondent plus discrètement dans le décor quotidien. On leur réserve une affection plus recueillie. La silhouette massive du Lycée Bugeaud, allégée par de grandes ouvertures cintrées se dresse à la lisière de la Casbah et de Bab-el-Oued. Symbole de l'enseignement secondaire algérois, il voile, en partie, les autres : lycées huppés de garçons – Gautier – et de filles – Fromentin et Delacroix – institutions religieuses de Notre-Dame-d'Afrique ou de Sainte-Marcienne. Les écoles primaires restent souvent dans l'anonymat, comme les établissements rudimentaires ou flambant neufs des montagnes kabyles. Les écoles algéroises de Bab-el-Oued font exception : celles de la place Lelièvre et de la rue Franklin, ainsi que l'école du Faubourg-de-l'Espérance, à Philippeville.

Situés sur de hautes collines, les édifices religieux les plus illustres sont des lieux de pèlerinage : Notre-Dame-d'Afrique à Alger, Notre-Dame-de-Santa-Cruz à Oran,

Saint-Augustin à Bône. L'ancienne cathédrale d'Oran, devenue église Saint-Louis, se caractérise par les quatre statues bordant son parvis surélevé. La cathédrale Saint-Philippe et Notre-Dame-des-Victoires, à Alger, se distinguent par leurs façades mauresques qui témoignent de leur origine[8]. A Bougie, la vieille église s'élève à l'emplacement d'une mosquée, elle-même continuatrice d'une basilique chrétienne et d'un temple romain ; un clocher rond surmonte sa tour carrée. Presque tous ces sanctuaires présentent une particularité dont les paroissiens tirent quelque fierté : les deux clochers de Saint-Cyprien bien surprenants dans une petite ville comme La Calle, les quatre toiles peintes décorant le chœur de Saint-Roch à Guyotville, l'autel en marbre rose d'Italie dans l'église de Bourkika, le vieux chemin de croix et la statue de Jeanne d'Arc dans celle de Renault.

Les cimetières, avec leurs allées bien tracées, leurs cyprès bien droits, leurs nombreuses tombes de victimes des guerres mondiales, sont tous beaux. Les monuments aux morts bénéficient d'une égale considération : ici, trois poilus s'appuient sur la liste des disparus ; là, un coq doré trône au sommet d'une colonne bleue, blanche et or ; là-bas, quatre cavaliers soutiennent les civières des combattants défunts ; plus loin encore, une colonne romaine, entourée de géraniums, commémore, en toute simplicité, les victimes des conflits. A leurs pieds, se rejoignent le parcours individuel et familial et le parcours social, tout comme dans les cimetières, les églises et les écoles.

Dans les lieux publics où l'on achète, consomme ou se divertit, la rencontre, l'échange et le partage se diversifient. Les très nombreuses épiceries mozabites embaument les fruits secs et les épices. Les épiceries européennes sont parfois bien pittoresques. A Tizi-Ouzou, la mère Ponsardin entasse dans le plus grand désordre, au milieu des bidons de pétrole, des sacs béants de sucre et de légumes secs. A Rio Salado, l'épicerie Clinet respire l'ordre et la netteté. Les reflets métalliques du comptoir de zinc, des pelles d'aluminium, des plateaux de cuivre de la balance, de la grille du garde-manger protégeant fromages et charcuterie, éclairent le brun des sacs retroussés, le gris du papier granuleux destiné à l'emballage de certaines denrées, le marine de la portière qui éloigne les mouches[9]. Certains marchés spécialisés ont une notoriété particulière. Le marché de la place de Chartres à Alger se transforme l'après-midi en marché aux puces et étale un invraisemblable bric-à-brac de ferrailles et de vieux vêtements. Le marché de gros de Maison-Carrée, qui approvisionne notamment en légumes et en fruits, est synonyme de bonne qualité. Les marchés de campagne hebdomadaires, éponymes de certaines localités – Souk-el-Arba, Souk-el-Khemis[10] –, sont des points de rencontre et d'information. On y trouve, à même le sol, des fruits frais et secs, des légumes, des produits de la cueillette, des gâteaux, des vêtements, au milieu d'une foule d'artisans, de mendiants et de clients. Le tout se déroule dans un concert de cris, de hurlements, de piaillements, dans une nuée de mouches et un parfum de crottin que les encenseurs sont impuissants à combattre.

Des cafés entourent le marché. On y parle « affaires ». Il ne s'agit parfois que d'un espace limité au comptoir, longé par un passage étroit, contenant une trentaine de consommateurs debout. Ces minuscules débits de boisson, qui usurpent le patronyme de leur tenancier, où on se retrouve pour jouer à des loteries de toutes sortes, pullulent. Moins abondants, mais plus célèbres sont les grands cafés ou les grandes brasseries : observatoires de jolies femmes, rendez-vous des amateurs de billard, quartiers généraux de courtiers divers, spécialistes d'apéritifs musicaux ou mondains, paradis du poisson grillé et du vin rafraîchi. Les établissements algérois illustres éclipsent tous les autres : le Tantonville, le Coq Hardi, le Milk-Bar, la Cafétéria, l'Otomatic. Ceux de Bab-el-Oued sont réputés pour leurs spécialités de kémia, leurs réfugiés politiques espagnols, leurs supporters sportifs. Dans la Casbah, le bar des Bas-Fonds, au bout d'une impasse sombre, passe pour le rendez-vous de la pègre, mais accueille aussi des portefaix, des marchands de volailles et des amateurs de pittoresque. Des attributs virils en carton-pâte garnissent les murs et le brouhaha de la clientèle étouffe le chant napolitain du mandoliniste aveugle[11]. Les autres villes possèdent aussi des bars ou des cafés à la réputation bien établie : le Cintra à Oran, le Saint-Hélène et le Maxeville à Bône, le Saint-Augustin et le Sainte-Monique à Souk-Ahras, le bar des Cheminots à Tébessa, le Grand Café de l'Oasis à Laghouat. Dans les villages, le café cumule fréquemment les fonctions d'hôtel-restaurant. A Zéralda, le café-hôtel de la Paix présente une façade toute simple, percée de deux grandes ouvertures à rideaux de fer, éclairée par une lampe en tôle émaillée. Un footballeur peint sur le mur et une plaque de Byrrh composent toute la décoration extérieure. Le seul luxe est l'ombre dispensée par un grand arbre, abondamment feuillu. Les gourmands se retrouvent chez les glaciers, « Princesse » et « Grosoli » à Alger, dans les pâtisseries : « Fille » à Alger, « Olcina » à Boufarik, « Princière » à Blida, « Billa » à Philippeville. Plus effacée, mais non négligeable, la boutique du marchand de beignets, carrelée, contient à peine la bassine de friture bouillante et l'officiant.

Une communication tacite s'établit dans les lieux de divertissement. De taille imposante, le théâtre d'Alger fait aussi office d'opéra. Certains se souviennent y avoir fait de la figuration, enfants ou adolescents ; d'autres, de mémorables chahuts, au cours de représentations scolaires. Les villes importantes, Oran, Bougie, possèdent leurs théâtres. Mais, le cinéma les supplante, dans le cœur du public. Les déchets de cacahuètes pleuvent parfois dans ces salles bruyantes, où fusent les quolibets. A Alger, les plus connus sont la Perle, le Marignan, le Majestic – le plus grand d'Afrique du Nord ou de France, selon les versions. Dans les petits centres, le cinéma est ambulant ou amovible ; dans ce cas, il lui arrive de partager le même local que la chapelle.

Les véhicules usuels traversent l'espace familier : charrette de laitier, fourgonnette bleue et rouge de l'EGA, calèches de Blida aux rideaux de toile cirée, autobus bleus et blancs de Guyotville et Sidi-Ferruch. Les tramways d'Alger se répartissent en deux catégories : ceux « d'en haut » et ceux « d'en bas ». Les uns desservent les beaux quartiers ; on les reconnaît à leur couleur verte. Les autres, rouges, sont réputés pour leur inconfort, leurs virages brutaux, leurs fortes pentes et l'entassement des voyageurs. Des récriminations y jaillissent de toutes parts, ainsi que les cris rituels du contrôleur et des abonnés. Les coups stridents du klaxon à pédale ponctuent le brouhaha. Pour parfaire la confusion générale, des garnements agrippés aux tampons décrochent les perches. Abandonnant sa machine, le wattmann les poursuit vainement. Dans les petites villes vouées à l'ennui en raison de leur isolement, on attend avec impatience l'autocar ou le train, pour le courrier, les journaux, l'approvisionnement et, également, pour le spectacle.

La promenade favorite brasse un plus grand nombre de personnes, inconnues les unes des autres. Elle sert souvent de prétexte pour lier connaissance. Toutes les villes, bourgades et tous les villages possèdent un boulevard, une avenue ou une rue que l'on « fait » le soir, en été, ou le dimanche : à Blida, le boulevard des Orangers ou le boulevard Trumelet, bordé de murs éclatants de blancheur et fleuri de cannas. Le jardin de prédilection peut être, pour les citadins, le but de cette promenade : promenade de Létang à Oran, parc de Galland à Alger. L'excursion dominicale lui préfère généralement une forêt ou un bois : forêt de M'sila pour les Oranais ; des curiosités naturelles : chutes de l'oued Tifrit, voilées de verdure, pour les habitants de Saïda ; une plage attitrée : Port-aux-Poules, pour ceux de Perregaux ; des sources thermales : Hammam Meskoutine, près de Guelma. Ce choix de promenades montre un intérêt pour l'espace réel supérieur à celui de la première génération. Les plus fortunés commencent à pratiquer un tourisme algérien qui atteint rarement le désert, mais dépasse la simple promenade distractive. Il s'intéresse au cadre géographique et aux vestiges d'un passé antérieur à la conquête française : préhistorique et antique, romain surtout. On recherche et protège les vestiges de ce passé latin : Tipasa, Timgad, Djemila, Hippone. Le tombeau de la Chrétienne, dominant Sahel et Mitidja, fascine bien des imaginations. Le passé musulman s'impose à tous les regards. Les mosquées urbaines sont souvent anciennes, les koubbas des marabouts ponctuent la plupart des horizons campagnards. Certaines sépultures saintes sont très connues : à Alger, celle de la Princesse, à Tlemcen, celles de Lalla Setti et de Sidi Bou Médiène. Parmi les édifices militaires, le fort l'Empereur, élevé par le dey d'Alger sur l'emplacement du camp de Charles Quint, au XVI$^e$ siècle, pérennise les affrontements entre monde musulman et chrétien, de même que la citadelle de Santa-Cruz, construite à la même époque par les Espagnols d'Oran.

En un siècle environ, l'Algérie a acquis, aux yeux des Européens qui y sont installés, sinon de l'homogénéité, au moins une certaine cohérence. L'acquiescement irréfléchi aux conditions dictées par la géographie apporte une certaine unité dans cet espace hétéroclite, qui juxtapose des décors sensoriels et matériels, issus de la chrétienté d'Europe, de l'islam et du judaïsme d'Afrique du Nord. Les montagnes familières à tous les regards, les intempéries équitables dans leur violence, le frémissement impartial de la mer et de la lumière agissent comme autant de liants pour la mosaïque instable du paysage mental.

Fruit d'expériences diverses, il diffère selon elles, autant que la vitalité de ses villes s'oppose à la torpeur de ses plateaux. Il en émane une impression de déchirement et l'aimer, c'est « aimer les bûchers devant la mer »[12].

Chapitre III

# LA CARTE FORCÉE DE LA MÈRE PATRIE

Bien que lointaine, la France meuble l'univers des pieds-noirs. Omniprésente, elle est inconnue d'une partie des immigrants de la première heure. Par la suite, les récits des parents ou des grands-parents ou les leçons de l'instituteur la révèle aux jeunes nés en Algérie. Avant 1962, rares sont ceux qui s'y rendent. Et, dans la plupart des cas, le séjour trop bref ne permet pas de saisir la réalité quotidienne du pays. L'image de la France dépend, plus que de la connaissance qu'on en a, des données historiques du moment et de l'origine ethnique. L'émotion y participe aussi. Les dangers courus par la France ou par l'Algérie française remettent toujours en évidence leurs liens réciproques.

Il en résulte une France élastique, plus ou moins précise et plus ou moins proche selon les circonstances. La pénétration française en Algérie, mouvante elle aussi selon les dates et les lieux, les hésitations politiques accentuent la perception d'une métropole ondulante, dont de hautes vagues masquent fréquemment les rivages brumeux.

Parfois inattentive, la France se révèle, cependant une mère abusive, ne permettant à quiconque de l'oublier. Par toutes sortes de manifestations matérielles, d'incitations impératives ou persuasives, elle s'impose inexorablement. Si bien qu'il devient impossible aux pieds-noirs de concevoir leur existence sans la France. Celle-ci leur inspire des sentiments excessifs : amour démesuré ou rejet. Celui-ci se manifeste avec une force particulière après les accords d'Évian. La France, haussée en des moments paroxystiques au rang de marraine-fée, se mue en la plus cruelle des marâtres. Les pieds-noirs perdent leurs pantoufles de vair dans une fuite éperdue à l'issue de laquelle ils rencontrent enfin la France, mais pas sous les meilleurs auspices.

*Une France élastique*

Dans un premier temps, la France représente la carte qu'il faut jouer pour tous les Européens immigrant en Algérie. La présence française garantit la leur. L'afflux massif et spontané d'immigrants d'origines diverses, après le 5 juillet 1830, en témoigne : 602 en 1830 ; 3 228 l'année suivante ; plus de 115 000 en 1848. Ce lien, entre l'implantation de populations européennes et la prise d'Alger par une puissance chrétienne d'Europe, s'accompagne d'emblée, qu'on la connaisse ou non, qu'on la vénère ou pas, d'un intérêt pour toute action de la France en Algérie. Les immigrants ne sont là ni en voyageurs, ni en spectateurs, mais en acteurs. A leur manière, par le biais du commerce, de l'artisanat et de l'agriculture, ils entendent participer à la conquête du pays. Tout ce qui peut consolider ou compromettre leur établissement en Algérie les concerne directement. Plus qu'un vague concept, la France est leur carte maîtresse.

Pour ceux qui en viennent, elle est encore plus indissociable de l'Algérie. Cette terre attise depuis longtemps l'intérêt ou la vigilance des autres immigrants. Les Français, eux, ne vont en Algérie que pour la France et à cause de la France. Dans le premier cas, il s'agit de

« l'étendre » et d'en accroître le prestige. Dans le deuxième cas, les situations varient. Certains trouvent la France trop étroite. D'autres fuient les persécutions politiques. C'est moins vers l'Algérie qu'ils se dirigent que de la France qu'ils s'éloignent. Beaucoup se laissent séduire par les incitations officielles à la colonisation. Il s'agit, en 1848, pour la jeune République Française, convertie au conservatisme, de se défaire d'éléments turbulents. La même motivation conduit à des déportations manu militari. La notion de France contraignante domine donc parmi les immigrés français. Malgré tout, tous regrettent le pays quitté. Ils en parlent à leurs enfants, à la veillée. Certains conservent l'accent du terroir jusqu'à leur mort, comme cette grand-mère arrivée à l'âge de sept ans, en 1849, et disparue en 1924. D'autres transmettent leur patois, us et coutumes à leurs descendants. Ils s'efforcent de maintenir les habitudes « françaises ». Ne pas lutter contre le découragement accentué par l'abattement dû aux fièvres, en se raccrochant aux gestes banals, équivaut à sombrer dans l'alcoolisme ou à s'abandonner à la mort. C'est pourquoi l'épouse du pionnier, même sous la tente et malgré le rationnement en eau, malgré l'éloignement et les dangers de l'oued, exige une propreté méticuleuse et entretient soigneusement le linge des siens. Telle femme, venue du sud-ouest, parvient en dépit de la parcimonie et l'insipidité des vivres distribués, à cuisiner conformément aux traditions gastronomiques de sa région d'origine. Avec des couvertures, des chiffons, on arrive à donner à l'abri de toile un semblant de confort. Négligeant les obstacles et la faiblesse prévisible des résultats, on s'acharne au travail et on pratique la persévérance. On surveille l'éducation des enfants et, bien que les conditions soient fondamentalement différentes, on la conçoit comme avant, lorsqu'on vivait en France. L'école du village de Jemmapes, par exemple, existe avant les maisons du village et sa fréquentation journalière préoccupe les parents au premier chef.

Cet attachement à des pratiques importées peut passer pour de l'incapacité à s'adapter. C'est surtout une ruse pour ne pas désemparer et retourner en France, et, en fait, un procédé d'adaptation. Enfin, comment oublier la France, pour ces immigrés des villages de colonisation, alors qu'ils sont tout le jour environnés d'uniformes, qu'ils sont sous la tutelle de l'armée française et que flotte sur le fortin voisin le drapeau tricolore ? L'omniprésence de l'armée française est tout aussi évidente en milieu urbain et pour les immigrés de toutes origines. Jusqu'en 1848, les militaires dépassent le nombre des civils ; ils sont, respectivement, en 1839, 50 000 et 25 000. Par la suite, l'armée se maintient encore en force sur le sol algérien ; en 1856, le rapport est encore de 74 000 pour 167 000. Dans les villes et dans les villages, l'expansion rapide d'une architecture imitée du pays conquérant ne cesse d'évoquer la France, dans sa familiarité, pour les uns, dans son étrangeté, pour les autres. Le quadrillage routier et, après 1850, la voie ferrée qui boursoufle la terre, s'étire et se ramifie, diffusent plus vite et plus loin l'influence de la métropole. C'est par la route et le chemin de fer qu'arrivent les marchandises françaises et les journaux : donc, les idées.

Les immigrés « étrangers », ni sollicités, ni poussés par la France, sont minoritaires, les premières années, sauf en Oranie submergée par les Espagnols. Cette position grossit, pour eux, l'importance de la France, déjà au premier rang en sa qualité de conquérante et de détentrice de l'autorité. Les Espagnols ressentent avec amertume cette situation, car ils se prévalent toujours de l'ancienne possession d'Oran. Ils considèrent la France comme une spoliatrice. A l'inverse, la superbe française engendre un complexe d'infériorité dans leur communauté, ainsi que dans les communautés italiennes ou maltaises. Cette difficulté à se situer par rapport à la France ne pousse pourtant pas ces immigrés à revendiquer la naturalisation. Car leur opinion de ce pays, liée à des épisodes historiques encore frais dans les mémoires, n'est pas nécessairement flatteuse. Achevée en 1813, l'occupation napoléonienne marque encore profondément les Espagnols qui pendant six ans lui opposèrent une résistance farouche. Dix-sept ans représentent une bien courte période pour oublier les 108 000 morts de la prise de Saragosse, les terribles « désastres de la guerre », la propagande anti-française de milliers de moines fustigeant la diabolique nation révolutionnaire, le chant des guerilleros criant dans les sierras que la Virgen del Pilar ne sera pas française. Les Espagnols se souviennent avec orgueil que, les premiers, ils ont fait capituler une armée française. Le terme méprisant d'« afrancesado » et la recrudescence du mot « gavacho » montrent assez le peu d'estime qu'ils témoignent, alors, à leurs voisins d'outre-Pyrénées. En 1823, la France s'est rappelée au souvenir des Espagnols, lorsque l'expédition chargée de rétablir le roi Ferdinand VII dans ses pouvoirs, a pris le fort de Trocadéro, refuge des libéraux. Dans la première moitié du XIXe siècle, la France paraît aux Espagnols l'ennemie de la nation, de la religion et de la liberté.

Pour les Italiens, les dernières relations avec la France remontent aussi à la période napoléonienne. Entre 1799 et 1814, toute l'Italie, Sardaigne et Sicile exceptées, a subi la domination et l'influence françaises. Partout, ont été appliqués les codes français et la centralisation administrative. Il n'en résulte pas les mêmes traumatismes qu'en Espagne. Bonaparte, « libérateur », suscite un certain enthousiasme, puis « occupant », stimule le réveil du sentiment national dont découle, à terme, le rejet de l'étranger foulant la terre des ancêtres. La France devient l'adversaire national. Cependant après le Congrès de Vienne, la restauration du morcellement territorial et des monarchies absolues redore l'image de la France. N'a-t-elle pas réalisé un semblant d'unité ? Le règne de Murat à Naples ne fut-il pas plus clément que celui du despote Ferdinand IV ?

Reste le cas des Maltais. Leurs derniers contacts avec la France sont une conséquence de la politique bonapartiste. Sur le chemin de l'Egypte, les Français s'emparent de l'île en 1798, mais doivent se rendre deux ans plus tard aux troupes anglaises appelées par les Maltais révoltés. L'occupation française, malgré sa brièveté, s'illustre par deux mesures mémorables : l'expulsion de l'Ordre, fait sans précédent depuis son installation à Malte en 1530, et la libération des esclaves musulmans. La francophobie, née quelques années auparavant de l'impopularité d'un Grand Maître français, s'en trouve accrue. En 1830, trois décennies d'administration anglaise ont modifié l'opinion des insulaires. Les anti-Français les plus farouches manifestent une vive satisfaction à la nouvelle de la prise d'Alger.

Les autres Européens – Allemands, Belges, Suisses, Britanniques – moins nombreux à immigrer en Algérie, sont également marqués par la période napoléonienne. Dans l'Europe de 1830, en raison de ces antécédents, la France reste un pays dont on doit modérer les appétits extérieurs.

Quels que soient leurs sentiments vis-à-vis de la France, les divers arrivants, en s'installant sur un territoire conquis et aménagé par elle, s'en rendent dépendants. Ils cohabitent désormais avec une langue officielle, une toponymie, un décor imposés par la France, et surtout avec son administration. Dans les méandres de celle-ci, il est malaisé de se repérer, tant la situation change avec les régimes. Car, si une partie des Européens d'Algérie éprouve quelques difficultés à se situer par rapport à la France, elle-même n'en a pas moins à se déterminer au sujet de l'Algérie ; d'où les hésitations de la conquête et les tâtonnements du statut.

L'expédition d'Alger n'a pas fait l'unanimité en France. Au milieu des difficultés politiques du moment, son retentissement est faible. Conçue comme une mesure de politique intérieure, elle n'atténue pas la gravité de la conjoncture et ne parvient pas à faire diversion. Les Trois Glorieuses la suivent de près et le roi de Juillet est pris au dépourvu. Que faire de ce fretin bien encombrant, quoique menu ? Faut-il le rejeter à la mer ? Sinon, comment l'accommoder ? Aucune politique algérienne n'a été prévue. Mais on ne doit pas risquer de mécontenter l'armée en abandonnant la prise, ni l'Angleterre en s'implantant trop solidement en Algérie. L'éloignement de cette possession, surgie à l'improviste ne permet pas d'en fixer aisément les limites, d'imaginer pour elle des structures administratives originales ni de faire face, financièrement comme intellectuellement, aux obligations qu'elle implique. Cette extension trop soudaine de la géographie nationale demeure longtemps incommensurable et toujours imparfaitement évaluée.

La question des limites se pose avec urgence. Sur place, l'armée bout de continuer la conquête. La France n'a pas face à elle un état de conception européenne centralisé et national, mais un pays où l'autorité s'émiette, dont les contours fluctuent. Une fois la puissance turque expulsée, rien de précis ne venant la remplacer, le sentiment d'anarchie se répand vite parmi des populations privées d'allégeance. Effrayés par l'attitude guerroyante de Clauzel, Louis-Philippe et son gouvernement optent rapidement pour « l'occupation restreinte ». Celle-ci englobe, outre Alger, quelques villes littorales, à conquérir pour la plupart : Oran, Bône, Bougie, Mostaganem et Arzew, La Calle. On donne à cet ensemble le nom d'« Établissements français d'Afrique ». Conformément à cette appellation vague, l'occupation se montre plus imprécise que limitée, lorsqu'elle s'octroie une avancée vers Constantine, en 1837, et entraîne ainsi tout l'est du pays dans la mouvance française. A l'ouest, cependant, la paix ne règne pas. Le traité de la Tafna, conclu en mai 1837, entre Bugeaud, hostile à la conquête et à sa conservation, et Abd el-Kader, soucieux d'une trêve, définit l'aire de la domination française en des termes fort spécieux. En devenant casus belli, le passage des Portes de Fer, en 1839, souligne dramatiquement le caractère insidieux de ce texte. La guerre reprend et, cette fois, l'objectif de la France est de tout conquérir. En sept ans, le territoire français s'étend considérablement. Dès 1844, tout est conquis d'ouest en est, au nord d'une ligne allant de Sebdou à Batna, en passant par Saïda, Tagdempt, Tiaret et Téniet-el-Had. En 1847, après la reddition d'Abd el-Kader, le territoire atteint l'Atlas saharien et l'Aurès. Restent à l'écart l'extrême-sud, au contact du Sahara, et les Kabylies. En 1852, la limite sud atteint Laghouat, Djelfa, Ouargla, Touggourt. A l'ouest de Laghouat, la situation reste confuse. Le traité de 1845 avec le Maroc n'a fixé la frontière que sur cent kilomètres à partir de la côte et les Ouled Sidi Cheikh résistent encore. L'îlot de Petite Kabylie n'est absorbé qu'en 1851, celui de Grande Kabylie qu'en 1857.

Au cours de ces péripéties, le terme d'« Afrique » tend à s'effacer devant celui d'« Algérie », employé pour la première fois dans un texte officiel en 1831. On renonce aux périphrases telles qu'« Alger, Oran, Bône et leurs territoires » ou « possessions françaises d'Afrique ». La longue conquête du Sahara, de 1882 à 1903, n'est pas conçue comme l'achèvement du territoire. Elle découle néanmoins de la présence française en Algérie.

Les troubles bordiers, l'insécurité des expéditions et la volonté d'établir une liaison avec l'autre pôle de l'Afrique française l'expliquent. Les difficultés frontalières, entretenues à l'est par les Kroumirs, à l'ouest par les tribus du Tafilalet motivent en partie les protectorats voisins. Sahara, Tunisie, Maroc consolident la position acquise en Algérie.

La conception française de l'Algérie se montre, donc, très mouvante. Archipel littoral, vaste agglomérat continental isolant la Kabylie, territoire définitif en 1857 seulement, elle évolue au gré des nécessités de l'occupation dont chaque étape contraint à aller plus loin. De même, l'administration mise en place varie en fonction de l'extension territoriale et des progrès de la démographie ; selon, aussi, les variations de régime, en France même. De 1830 à 1870, un général assume l'administration de l'Algérie qui dépend du ministère de la Guerre. De juin 1859 à décembre 1860, ce gouverneur général disparaît à l'occasion d'une brève expérience centralisatrice au profit d'un éphémère ministre de l'Algérie et des colonies. Avec la III<sup>e</sup> République, le régime civil remplace le régime militaire. Le gouverneur civil dépend du ministre de l'Intérieur. Le système se perpétue avec des fluctuations du pouvoir du gouverneur, jusqu'en 1956. A cette date est nommé, dans l'espoir de résoudre les graves difficultés du moment, un ministre résident ; doté des pleins pouvoirs, il dépend directement du Président du Conseil. L'apparente simplicité de l'évolution administrative, passage d'un statut militaire à un statut civil, masque donc des nuances. L'application sur place se traduit par une réalité plus complexe et plus mouvante encore, liée à l'élasticité du territoire et de la politique algérienne de la France. Jusqu'en 1848, le débat porte surtout sur le maintien ou l'abandon, l'occupation restreinte ou totale. Cette dernière l'emportant, la question de l'administration se pose avec acuité. On ne peut plus se contenter de solutions hâtives ou provisoires. Les tentatives assimilationnistes fleurissent alors, sur des rameaux divergents.

L'acception d'« assimilation » peut être restreinte – ne concernant que les Français d'Algérie – ou large – s'appliquant à tous. Cette interprétation dualiste complique la situation locale et son évolution. Les Républiques et Napoléon III se veulent également assimilationnistes, mais différemment. Pour les unes, l'Algérie toute entière doit être rattachée au territoire français et à sa législation. Pour l'autre, l'assimilation suppose une partition entre régions où les Européens dominent, totalement réunies à la France, et régions où les autochtones l'emportent numériquement, formant le royaume arabe. Ces deux politiques n'ont pas été appliquées dans leur intégralité. C'est pourtant dans une perspective assimilationniste que sont créés trois départements, avec préfets, sous-préfets et députés, dès la IIe République. Tous trois correspondent à la fraction des anciennes provinces militaires où les Européens sont plus nombreux que les autochtones. De ce fait, leur territoire manque de cohésion, puisqu'il se compose des grandes villes : Alger, Oran, Constantine, de leurs abords immédiats et de communes disséminées à l'intérieur de l'espace non assimilé et administré par les militaires.

Le passage au régime civil ne modifie pas l'organisation départementale. Les territoires sous autorité militaire deviennent communes mixtes administrées civilement, puis petit à petit des communes de plein exercice. Les départements se scindent jusqu'à être treize en 1956. Mais, alors, l'assimilation est révolue. Pour faire pièce à la revendication d'indépendance, les théories vont bon train : autonomie relative, régionalisation ou intégration. La première de ces solutions a reçu, dès 1898, un début d'application : les délégations financières assurent, en théorie, une gestion indépendante. En réalité, la France fournit des subventions « d'équilibre » croissantes. En 1947, une Assemblée algérienne dont les décisions sont contrôlées par le pouvoir central remplace les délégations. L'Algérie continue d'envoyer des députés à l'Assemblée nationale et à élire des sénateurs.

Une grande flexibilité et une extrême rigidité caractérisent le comportement contradictoire de la France en Algérie. La capacité d'extension et de rétractation de l'occupation restreinte, ainsi que la longue expansion qui l'a suivie justifient la première de ces impressions. Les variations administratives, irritantes pour les immigrés français, incompréhensibles pour les autres Européens ou les autochtones, l'accentuent. L'impression de raideur découle de la brutalité des décisions centralisatrices, en matière de conquête et d'administration, et de l'application à l'Algérie de schémas établis pour la métropole. Les Français et Européens d'Algérie en retirent la vision d'une France malléable et pourtant étriquée, floue et pourtant précise sur des points de détails. Leurs réactions, vis-à-vis de ce pays qui tend à devenir la patrie de la plupart d'entre eux, n'en paraissent que plus excessives sur le rivage nord de la Méditerranée. Comment saisir l'intérêt que des étrangers portent au maintien de la France en Algérie ? Comment interpréter, si ce n'est par de louches desseins, l'attachement de concitoyens, récemment émigrés, pour une terre qu'on dit ingrate ? Comment, plus tard, comprendre la réticence de ces Africains turbulents devant les mesures gouvernementales ? Comment admettre que ces curieux compatriotes, frais émoulus parfois, se veuillent meilleurs défenseurs de la patrie et se prétendent enfants plus aimants que les enfants légitimes ? Pourtant, leur adhésion à la France n'a été que rarement spontanée.

*Une France inculquée*

La question d'adopter ou non la France, par le biais de la naturalisation, se pose pour les autochtones et les immigrés non-français. Or, dans leur grande majorité, ils n'opèrent pas ce choix. Lorsqu'ils ont voulu le faire, les autochtones se sont heurtés à des conditions rédhibitoires. La France a été imposée aux non-Français de multiples façons.

Maîtresse du pays par la conquête, la France propose, dès 1865, la citoyenneté à qui la sollicite, mais assortie d'une clause inacceptable pour les musulmans et les juifs : l'abandon de leur statut personnel, c'est-à-dire la renonciation à leur législation religieuse pour la législation civile française. Le résultat se fait attendre : en 1870, 250 naturalisations de musulmans, pour une population supérieure à deux millions, 172 pour 34 000 juifs. Cependant, ces derniers tendent, dans les milieux aisés, à franciser leurs mœurs. Dotés de prénoms français, leurs enfants fréquentent les écoles françaises. Les familles résident dans des quartiers « français » où elles calquent leur mode de vie sur celui des conquérants. Les anciens réprouvent ces pratiques ; elles risquent de détourner progressivement leurs adeptes de la religion. Cette évolution n'implique pas la fusion avec l'élément français. Les mariages mixtes restent exceptionnels entre juifs autochtones et chrétiens venus d'Europe.

Bon gré, mal gré, le décret Crémieux du 24 octobre 1870 naturalise collectivement les juifs d'Algérie. Crémieux est alors ministre de l'Intérieur, mais aussi président de l'Alliance israélite et ancien président du Consistoire de France. La mesure s'intègre dans tout un processus entrepris par les rabbins de France pour occidentaliser les juifs d'Algérie et les éloigner des pratiques maghrébines jugées fâcheuses. C'est ainsi qu'on s'est empressé de faire adopter l'orgue à la synagogue et le mot « temple » pour désigner cette Maison d'assemblée. Pour dissuader les juifs d'Algérie des vieux usages, notamment la polygamie, les juifs de France les fustigent comme contraires à la civilisation. En contrepartie, le judaïsme algérien dénonce la débauche de luxe des temples français et l'imitation des pratiques catholiques. Progressivement, néanmoins, la francisation fait son chemin. De génération en génération, les habitudes se modifient, sans que se perdent les pratiques para-religieuses, ni l'observance du culte qui conserve son particularisme algérien. Vers la fin de l'Algérie française, se manifeste, dans les milieux cultivés, une certaine rancune vis-à-vis de la naturalisation massive, usurpatrice d'identité.

Pour les musulmans, le faible bilan des naturalisations n'entraîne pas la même conséquence. Aucun décret ne leur impose de naturalisation collective. Elle aurait pour eux le même inconvénient que pour les juifs : la privation du statut personnel. Bien que ce ne soit ni la principale, ni l'unique cause de l'insurrection de 1871, cette différence de traitement entre musulmans et juifs a joué un rôle dans son déclenchement. Après les excès de la répression, aucune mesure n'est prise pour en supprimer les mobiles. Jusqu'en 1947, la naturalisation, toujours subordonnée au renoncement partiel à l'identité religieuse et culturelle, ne fait guère d'adeptes. Même à cette date tardive, la citoyenneté accordée maintient une distinction entre les musulmans et les autres citoyens : le système des deux collèges électoraux se traduit pour les premiers par une représentation moindre. Il faut attendre 1958 pour que la citoyenneté devienne « totale » avec le collège unique. Contrairement aux juifs qui se voient imposer la France, les musulmans se la voient refuser ou accorder à contrecœur, comme une friandise qu'il faudrait se hâter de saisir et à n'importe quel prix, avant qu'elle ne soit prestement retirée.

La situation paradoxale des deux communautés religieuses autochtones se clarifie si on examine celle des immigrés non-français, vis-à-vis du même problème. Leur infériorité numérique tend à s'effacer grâce à un afflux qui ne tarit pas. Les régions pourvoyeuses jouissent d'une très forte natalité. Ces « étrangers » ne sollicitant pas la nationalité française, il devient urgent de lutter contre leur progression. La naturalisation collective des juifs est l'une des armes de ce combat. Celle des musulmans semble une arme à double tranchant : d'une part, apport massif de citoyens, devant lequel Espagnols, Italiens et Maltais réunis n'auraient plus constitué une menace ; mais, d'autre part, communauté trop nombreuse pour accepter docilement l'abandon du statut personnel et dont les aptitudes à la francisation inspirent des inquiétudes. On tente plutôt de rallier à la France les immigrés méditerranéens... par des mesures coercitives. En 1885, une loi réserve la pêche dans les eaux algériennes aux bateaux français. Les naturalisations italiennes s'accroissent massivement, mais insuffisamment. Le raz de marée espagnol en Oranie continue. On se résout à la naturalisation collective. En 1889, une loi impose la nationalité aux enfants dont le père étranger est né en Algérie ou en France. Pour ceux dont le père est né à l'étranger, la naturalisation est automatique, avec possibilité d'opter pour la nationalité d'origine dans l'année suivant la majorité. Ce choix n'est pas fréquent. A la suite de cette loi, la part des étrangers dans la population non-musulmane diminue régulièrement. Dans les premières années de son application, cependant, cette mesure apporte plus d'arguments à ses détracteurs, en France, qu'à ses zélateurs : faible avantage numérique et forte hétérogénéité.

Obligatoire, la France n'est cependant pas gratuite. Ubiquiste, elle force l'attention de tous par le spectacle qu'elle donne, les obligations qu'elle crée, les rites qu'elle institue. La gent militaire sillonne le pays et ses manifestations périodiques, pleines d'éclat, constituent pendant longtemps la seule distraction accessible à tous. Les concerts publics, donnés sous les kiosques, sont l'apanage de l'armée, si bien que les autochtones appellent toute musique européenne « musique des zouaves ». Le 14 juillet devenu fête nationale, sa revue rythme régulièrement le déroulement temporel et attire bien plus de spectateurs qu'il n'y a de citoyens. Cette foule célèbre par sa présence la France née de la Révolution, quelle que soit son appartenance ethnique. Par la suite, les anciens combattants, citoyens ou non, commémorent solennellement le 11 novembre devant des monuments aux morts comparables à ceux de France. A Sidi-Bel-Abbès, chaque fin avril, la fête de Camerone perpétue l'héroïsme de la Légion dans la guerre du Mexique. Le tout se déroule sous l'ombre flottante du drapeau français. Les spectacles guerriers rappellent à tous le service militaire obligatoire ou volontaire, autre type de contact avec la réalité française. L'existence uniforme à laquelle on est soumis durant cette période agit à la manière d'un bain culturel, plus tangible encore lorsque le service militaire s'accomplit en métropole.

Devoir et droit du citoyen, le vote est sans doute ressenti comme un privilège distinctif par les bénéficiaires des naturalisations collectives. Ceci vaut surtout pour les élections législatives. Car, dans les communes de plein exercice imitées du modèle français, les non-citoyens participent, avec certaines restrictions, aux élections municipales. Pourtant, celles-ci sont considérées comme un « rite » civique plus important que les élections législatives dont l'enjeu échappe à la compréhension d'une partie des citoyens. Chez ceux-là, la pratique du suffrage universel et de la représentation nationale n'est pas enracinée dans un usage et un débat séculaire. Car la majorité de ces citoyens ignore la métropole.

La France n'est, pour la plupart, qu'une carte de géographie apprise à l'école ou se réduit aux clichés des livres scolaires et aux photographies délavées, plaquées sur les murs des salles de classe. En cela l'image que l'écolier d'Algérie se fait diffère peu de celle de l'écolier de la métropole, rivé à son village, sa ville ou son département. Le climat océanique lui est aussi étrange qu'à un enfant provençal. Même s'il vit sur la côte, il ne se représente pas exactement le milieu méditerranéen français, les différences annulant les similitudes. S'il vit à l'intérieur ou, dans une région montagneuse, il connaît les rigueurs de l'hiver et de la neige, mais n'a pas le sentiment exact du milieu continental ou montagnard français. La France semble surtout une silhouette harmonieuse. Ne peut-on l'inscrire dans un hexagone et l'équilibre des distances, nord-sud, est-ouest, et diagonales n'est-il pas remarquable ? Pour parfaire cet ensemble plaisant, les eaux se répartissent équitablement autour du Massif Central, véritable « château d'eau ». La résonance magique inhérente au mot « château », dans un pays où il n'en existe pas d'authentiques, ajoute du merveilleux à la perfection. Egaux dans la distribution, les cours d'eau conservent, pourtant, leur personnalité : Rhône impétueux, Seine raisonnable, Loire languissante...

Comment ne pas être fier d'appartenir à un pays dont la géographie même paraît un chef-d'œuvre de méthode et de bon goût ? Cette France lointaine, si différente des excès naturels quotidiens, figure bien la mère ou la femme idéale. Les photographies n'en ternissent pas la représentation mentale. Le plus souvent, elles montrent de beaux paysages : Mont Blanc éclatant, cirque de Gavarnie mystérieux, torrent montagnard guilleret, ou des monuments historiques, tels que Versailles et les châteaux de la Loire. L'amour que l'on porte à cette France sans tache s'apparente à celui du chevalier pour sa dame inaccessible ou de celui naissant d'un échange épistolaire.

Lorsqu'il s'agit de la défendre, on n'hésite pas. L'appartenance à ce pays ne se discute pas et l'affection qu'on lui voue est inconditionnelle. Si on n'a pas effectué son service militaire en France, les guerres mondiales fournissent l'occasion de la connaître. La terre que l'on découvre déçoit. La boue des tranchées, les ruines des villages, le sang des cadavres, le fracas des armes s'accordent mal avec la douce vision d'un pays aux vallons réguliers, paisible et toujours vert, dont seul le murmure discret de cours d'eau généreux troublerait le silence. La France qu'on imaginait si puissante est donc vulnérable. Ses frontières paraissent moins naturelles qu'on ne le disait. La carte verte et rose des murs de la classe laisse place à une austère carte d'état-major, enserrée dans un cadre étroit, à l'intérieur duquel tout a un goût de danger et de mort. La France, pour les combattants pieds-noirs de la Première Guerre mondiale, se limite à la Marne et à Verdun, à la Somme et à la Champagne, à l'Argonne et au Chemin des Dames. Au moins partagent-ils cette image avec tous les autres Français, soldats comme eux. Pour les familles restées au pays, ces noms éveillent le même écho sinistre, que l'on soit dans l'Algérois ou en Bretagne, dans le Constantinois ou l'Oranais, en Savoie ou dans le Roussillon.

En même temps, les combattants d'outre-Méditerranée prennent conscience de la diversité de leur patrie ancestrale ou adoptive : non de la variété physique, mais des disparités régionales, presque ethniques, et sociales.

Parallèlement, ils réalisent leur originalité en entendant des accents si divers et si différents du leur, des patois ou des régionalismes si éloignés du français scolaire et de leur propre parler, encombré d'hispanismes, d'italianismes et d'arabismes. La confrontation de la complexité française et de leur pluralité les convainc de leur appartenance légitime à l'ensemble français.

Aux combattants de la Seconde Guerre mondiale, la France présente une image moins bigarrée et moins statique. Elle est avant tout la patrie à libérer. La progression, de la Provence à l'Alsace, ne se dissocie pas des campagnes de Tunisie et d'Italie, prologues de la Libération, et de l'Allemagne, son aboutissement. Parfois, la vision de la patrie refleurissant sous les pas de ses sauveurs est ternie par des spectacles ressentis comme des règlements de compte. Certains soldats pieds-noirs n'ont pas admis qu'on les assimile à des mercenaires, alors qu'ils considéraient le sol libéré comme le leur. D'autres ne conservent que le souvenir ému et heureux d'avoir été accueillis en libérateurs. Les phénomènes politiques du moment, perçus comme facteurs de division nationale, les heurtent quelquefois profondément et leur révèlent une France insoupçonnée qui les laisse insatisfaits.

Les rares pieds-noirs qui se sont rendus en France, à l'occasion de soins médicaux, d'une pratique régulière de cures thermales, ou de vacances, manifestent aussi des sentiments ambivalents. Seules les familles aisées et celles des fonctionnaires bénéficient généralement de cette opportunité. Quelquefois, on séjourne dans la région d'origine, hébergé par des parents. L'espace connu se limite au parcours suivi et au lieu de séjour. Devant des campagnes dont ils découvrent la verdure tendre, les bois touffus, les pieds-noirs s'émerveillent. Certains s'étonnent de ces horizons finis, des clôtures compartimantant le paysage. L'arrivée par mer, à Marseille, ne se conçoit pas sans la silhouette de Notre-Dame-de-la-Garde, fréquemment comparée à Notre-Dame-d'Afrique. La Bonne Mère est le pendant de la Vierge Noire ; elle fait office de point de repère rassurant sur une terre mal connue.

Bien que diverse selon les régions visitées, l'image de la France des vacances tient toujours de la carte postale. Le texte qu'on pourrait inscrire au dos du paysage idéal exprimerait l'étrange fierté qu'on éprouve à se trouver, enfin, dans cette patrie dont on a tant entendu parler ou qu'on a tant évoquée soi-même. Quelques déceptions jettent une ombre sur le décor paisible : le mécontentement de ne pas être perçus comme des compatriotes, l'irritation due aux remarques maladroites sur le parler ou la couleur de l'épiderme, les étranges questions sur les us et coutumes de l'Algérie. L'ignorance témoignée à leur égard heurte bien des pieds-noirs. Le mal du pays se mêle au mécontentement furtif pour tempérer l'admiration et permet de s'arracher sans trop de mal à la France que l'on vient de découvrir.

Plus rares encore que les malades, les curistes ou les vacanciers sont les étudiants. Les études supérieures en France, à Paris principalement, permettent aussi de découvrir la métropole. Le ravissement et l'émotion, nés du premier contact avec le royaume des lettres et des arts, s'évanouissent après les premières journées d'automne. Ne demeurent plus que l'épuisant affrontement avec le froid, la tristesse incoercible communiquée par la grisaille, la solitude enfantée par l'incompréhension ou l'incompréhension surgie de la solitude et, par-dessus tout, la nostalgie. Car, quelle que soit la joie de découvrir la France, elle n'a de raison d'être que dans le retour en Algérie. Sans lui le voyage en métropole perd tout son sel. Revoir du bateau les collines râpeuses, sous la lumière impitoyable du ciel, est un bonheur inégalable. L'immense majorité des Français d'Algérie l'ignorera toujours et continuera à vénérer de loin la belle inconnue, parée par l'imagination d'un voile de pluie et de scintillants frimas.

## Une France marâtre

Le portrait de cette mère idéale se ternit durablement pendant la guerre d'Algérie. D'abord la confiance subsiste. Comme d'habitude, la France trouvera une solution. Ses gouvernants font clairement connaître leur détermination à conserver l'Algérie. Insensiblement, les rapports se dégradent. Les faits ne semblent pas confirmer les paroles. Leur situation s'aggravant au fil des mois et des années, leur existence frôlant le drame, chaque jour plus proche, pour y sombrer parfois, les pieds-noirs sentent venir l'abandon de l'Algérie et leur propre délaissement. Ancien alibi du maintien, ils deviennent celui de la « sale guerre », ceux qui l'ont provoquée et ceux pour qui on s'y enferre. Ils ne peuvent comprendre le revirement d'opinion qui s'effectue entre 1954 et 1962, où l'on passe d'une appartenance indiscutée de l'Algérie au territoire national à une indépendance massivement plébiscitée.

Plus que cet aboutissement, le cheminement qui y a conduit, a marqué définitivement les consciences. Tout au long de cette marche inexorable, au cours de laquelle ils tombent pour être aussitôt remis debout, les pieds-noirs sont tiraillés entre l'espoir et le désespoir et ont la sensation de voir disparaître leurs appuis. Leurs compatriotes d'outre-Méditerranée se détournent d'eux, tandis qu'une partie de la presse métropolitaine les calomnie, leur attribuant tout à la fois de scandaleuses fortunes et les méfaits de la torture. Plus éprouvant encore : en France, le FLN bénéficie de complicités morales et matérielles. Sur place, dans les villages isolés où les pieds-noirs ne se sentent pas suffisamment protégés, on leur intime de rester, en comparant un éventuel départ à une désertion, mais en leur refusant des garanties supplémentaires. Ils se sentent l'objet d'une suspicion qu'ils ne comprennent pas et à laquelle ils ne peuvent échapper.

Leur seul recours est le pouvoir établi qui ne saurait faillir. Mais son prestige s'use à l'épreuve d'une situation si corrosive. Le changement de république, auquel les pieds-noirs contribuent quelque peu, beaucoup moins qu'ils ne l'ont cru, ramène l'espérance. Mais bientôt l'évolution du discours officiel la réduit à néant. Perçus comme des gêneurs, submergés par la détresse et la colère, c'est au nom de leur attachement à la France que les pieds-noirs se livrent désormais à des excès de langage et de comportement. Ils ne parviennent qu'à accroître la désaffection de leurs compatriotes à leur égard, en sont partiellement conscients et presque satisfaits, puisqu'on les renie enfin pour quelque chose de tangible.

En même temps que le pouvoir, des alliés proches de celui-ci ont fait défection. Puis, voici venir le temps où l'armée française se retourne contre eux, où les gardes mobiles les regardent avec suspicion, les maltraitent, perquisitionnent brutalement. Des barbouzes, envoyés par Paris, torturent leurs héros. L'indépendance arrivée, on refuse de les protéger contre les exactions, les tueries perpétrées par des éléments incontrôlés. Des édifices encore français leur restent obstinément clos tandis qu'on les pourchasse. Ces enfants adoptifs font figure de souffre-douleur. Et dans ces circonstances affligeantes, propres à les détourner à jamais de la marâtre patrie, ils décident, au contraire, d'aller s'y installer sans espoir de retour, car la France demeure, malgré tout, leur seul refuge.

Pourtant, son accès ne leur est pas facilité. Cet exode massif n'est ni prévu, ni vu d'un œil favorable. Officiellement, on affecte de croire à un afflux de vacanciers. Voilà qu'ayant franchi l'obstacle des jours d'attente à la belle étoile, en plein soleil ou dans un campement installé par l'armée et trop vite exigu, ces « estivants » arrivent mal coiffés, le visage creusé par l'angoisse, chargés de couffins et de paquets hétéroclites maintenus par des ficelles. Il faut bien admettre la réalité et y faire face, en improvisant un accueil, dont la qualité est variable. Les conditions matérielles, étant donné la soudaineté de la situation et l'urgence des difficultés à résoudre, sont fréquemment rudimentaires. Dans certains cas, les pieds-noirs sont hébergés dans des internats vidés par les vacances scolaires. Parfois, on les loge dans des garages individuels, dépourvus de fenêtres. Certains, laissés à eux-mêmes, bénéficient de l'hospitalité de parents ou d'amis qui les ont précédés. Les plus mal lotis doivent aller à l'hôtel ou louer un appartement. Cette dernière solution se révèle extrêmement coûteuse. L'afflux inespéré de ces désespérés donne, en effet, la fièvre aux prix et des idées aux propriétaires.

Hospitalité et solidarité ne sont pas toujours au rendez-vous. Certaines municipalités, certains groupements où, simplement, des personnes isolées se dévouent pour assurer aux réfugiés une assise matérielle et leur prodiguer un réconfort. Les pieds-noirs qui ont joui d'un tel accueil s'en souviennent avec reconnaissance. Une femme, réinstallée dans le nord, en est suffisamment touchée, pour exprimer, quelques mois plus tard, alors que ses difficultés sont loin d'être résolues, sa compassion à l'égard des mineurs en grève. Trop souvent, cependant, c'est l'attitude inverse qui domine. L'abord est réservé, voire froid, sinon franchement hostile. Les pieds-noirs n'ont pas perdu leur réputation d'importuns, de spoliateurs, en passant la Méditerranée. Leur comportement naturel ou outré achève de les brouiller avec leurs détracteurs. Leur parler haut, relevé par l'accent, leur désillusion et leur rancœur à fleur de peau dérangent l'oreille métropolitaine et les bonnes consciences. Leur exode désordonné perturbe l'euphorie des congés et la quiétude estivale. Aussi, ne leur sont épargnées ni les répliques acerbes, ni les jugements méprisants. Une telle atmosphère de défiance n'est pas faite pour faciliter la réconciliation des pieds-noirs avec leur mère patrie, ni leur adaptation à la France.

Sur cette terre d'exil, même la nature leur est hostile. L'automne, puis l'hiver sont vite arrivés, et ce premier hiver français se montre particulièrement rude. Dans leurs logements de fortune, précairement chauffés ou totalement dépourvus d'équipements calorifères, les pieds-noirs grelottent, font connaissance avec les engelures ou les gerçures. Certains, inconscients des dangers d'un poêle improvisé, s'asphyxient. Tous n'ont pas trouvé d'emploi ; il faut alors mesurer la nourriture, d'autant qu'ici, tous les aliments sont beaucoup plus coûteux. En outre, on ne trouve pas sur les marchés, ni dans les boutiques, les légumes colorés et savoureux auxquels on est accoutumé, ni les senteurs qui s'y rattachent. Les enfants rencontrent parfois, à l'école, les mêmes difficultés que leurs parents dans la rue, chez les commerçants ou dans les administrations. Jeunes ou vieux, rares sont ceux que Paris prend dans ses bras. Cependant, peu à peu, en quelques mois, la volonté de s'agripper à ce sol nouveau l'emporte, ainsi que l'idée qu'il faut se montrer digne des ancêtres pionniers. La France devient une terre à conquérir par le biais d'une réussite quelconque : réussite de l'adaptation, de la vie professionnelle, des enfants à l'école. Il faut relever la tête et montrer à la marâtre que ses enfants reniés sont pourtant les meilleurs et les plus beaux. Malgré elle, elle bénéficiera de leurs talents.

Comme leur Algérie, la France des pieds-noirs correspond à une aire limitée et parcellaire. Dès le début de l'exode, le sud a connu une affluence particulière, pour des raisons circonstancielles. C'est là qu'arrivent les navires et l'incertitude de l'avenir, l'ignorance de ce qu'on peut trouver plus au nord, la lassitude font qu'on hésite à dissiper en billets de chemin de fer les ressources qui fondent rapidement. Par la suite, au gré de la quête des emplois et des regroupements familiaux, une redistribution s'effectue, à l'issue de laquelle le Midi concentre près de la moitié des réfugiés et la région parisienne plus du quart ; l'Aquitaine arrive en troisième position, tandis que le reste du pays recueille des fragments épars et infimes de la communauté dispersée.

Les grandes réussites politiques, artistiques, médiatiques ne manquent pas. Elles ont pourtant moins de signification, du point de vue communautaire, que la réinsertion de certains agriculteurs dans le Midi méditerranéen. La majorité d'entre eux renonce d'emblée à une réinstallation rurale, pour une retraite médiocre ou une reconversion aux résultats mitigés. Les agriculteurs qui ont repris une exploitation ne donnent pas tous l'image d'un succès spectaculaire. Les difficultés qu'ils rencontrent, moins redoutables que la malaria, les fauves ou les perceurs de muraille, freinent, sinon leur ardeur, du moins les résultats qu'ils en escomptent. Ils doivent remettre en état des domaines à l'abandon, dont le prix d'achat surestimé les engage à des remboursements élevés. S'ils sont éleveurs ou céréaliculteurs, ils doivent s'initier aux méthodes intensives. Les conditions climatiques désorientent les maraîchers. Lorsqu'ils surmontent tous ces obstacles, ils exercent une influence sur les régions dans lesquelles ils se sont installés. Les autochtones, stimulés par leur exemple, adoptent les techniques de pointe et les innovations culturelles lancées par les pieds-noirs. Ceux-ci modifient le paysage. Ils créent des vergers sur d'anciennes friches, édifient des serres vitrées, des hangars, des maisons neuves entourées de fleurs et de verdure, de petits villages. Ils apportent les notions de compétence et d'efficacité, comme en Provence intérieure où ils valorisent leurs domaines au maximum en multipliant les travaux d'appoint, tels que production d'arbustes destinés aux résidences secondaires, aménagement de terrains de camping ou vente de fagots de chênes verts aux pizzerie des localités voisines. C'est en Corse, sans doute, que cet esprit pionnier trouve les conditions les plus propices, grâce à la mise en valeur de la plaine orientale et à l'accueil favorable de la population. Ainsi, se développent les plantations d'agrumes, le maraîchage, la production de vins comparables à ceux de l'Algérie. Mais une telle évolution accentue aussi les déséquilibres économiques de la Corse et tend à replacer les pieds-noirs de l'île dans une situation semblable à celle qui était la leur en Algérie, d'autant plus qu'ils conservent un style de vie différent.

Si, passé le premier désarroi, les pieds-noirs semblent, à quelques exceptions près, se fondre sans trop de dommages dans la norme métropolitaine et si certains d'entre eux rêvent d'y imprimer leur marque, les plus âgés, sans famille et économiquement faibles, sont laissés pour compte. Leur vie s'achève misérablement, dans la solitude et la tristesse. La France les rejette définitivement en toute conscience, tandis que les plus désespérés se suicident ou ne se défendent plus contre la maladie, que les harkis sont parqués dans des sites isolés et inhospitaliers, le plus loin possible des regards. Certains pieds-noirs ont paré préventivement au rejet de la France, en refusant dès leur départ d'Algérie de rallier cette terre honnie. Puisqu'il faut vivre sur une terre inconnue et tout recommencer, surtout que cela ne se fasse pas en France. Le choix est vaste, mondial, mais il s'opère toujours en vertu d'un rapport existant entre l'Algérie et la terre d'exil.

Les DOM-TOM entretiennent avec la métropole des relations comparables à celles qui rattachaient les départements algériens à l'Hexagone. On y retrouve aussi un style de vie assez proche de celui pratiqué en Afrique, des conditions climatiques, sinon semblables, au moins acceptables. On peut espérer y recréer un univers moins déconcertant que celui qu'offre la France et rencontrer, parmi la population d'origine européenne, une sympathie née de préoccupations voisines. A Nouméa, un groupe d'Algérois reconstitue un cercle amical nommé la Sépia, sous l'égide de l'écrivain Jean Brune qui, pourchassé dans un premier temps par la police française, renonce ensuite délibérément au sol métropolitain.

Le Canada est une ancienne terre française perdue et oubliée. En ce sens, il représente le refuge idéal pour quelques milliers de pieds-noirs. De plus, dans ce pays, il faut vraiment tout recommencer, comme les ancêtres pionniers : s'adapter à une autre civilisation – même si on s'établit au Québec –, à un climat très rude, bien plus que celui de la métropole ; mais il existe une contrepartie, celle de vastes horizons géographiques et relationnels. La réussite n'est ni immédiate, ni nécessairement spectaculaire. Les uns trouvent un emploi rémunérateur le jour de leur arrivée, les autres doivent accepter de dures besognes, comme abattre des arbres au milieu d'étendues neigeuses, parmi les ours, avant de se fixer de manière satisfaisante. Néanmoins, ces aléas leur conviennent probablement davantage que la rou-

## LA CARTE FORCÉE DE LA MÈRE PATRIE 109

tine hexagonale, puisque la plupart de ces Canadiens de fraîche date ont transité par la France.

L'Argentine fait figure de pays neuf où tous les recommencements sont aussi possibles. C'est dans l'enthousiasme que plusieurs familles s'embarquent vers cette destination. Des déceptions les y attendent, comparables à celles que l'Algérie avait réservées à leurs ancêtres : promesses non tenues quant à l'état des terres et au logement, manque de matériel, précarité de la situation financière.

L'émigration vers d'autres pays s'assimile à un retour aux sources, détournées parfois. Israël symbolise la terre promise pour les quelques dizaines de milliers de juifs algériens qui s'y réfugient. Cependant, ils ressentent vivement le fossé qui les sépare de leurs frères européens. Les zones où ils choisissent de s'installer coïncident fréquemment avec des terres de colonisation, le Néguev, par exemple. L'Espagne, terre ancestrale d'une partie des pieds-noirs, devient le seul havre acceptable pour beaucoup d'autres. D'une part, le régime sympathise avec la cause de l'Algérie française et n'en repousse pas les parias ; d'autre part, la ville d'Alicante, qui accueille la plupart des pieds-noirs immigrant en Espagne, est jumelée depuis dix ans avec Oran. Le pays présente bien d'autres atouts : la proximité, non négligeable, si l'on considère la précipitation des départs ; la ressemblance avec l'Oranais. Reçus dans l'allégresse, les pieds-noirs alicantins s'établissent en quelques mois dans la ville et y installent leurs points de repères : école, collège, bulletin de liaison, restaurants, brasserie et café, ainsi que leurs rites quotidiens ou hebdomadaires. Quelques milliers essaiment encore dans le reste de l'Espagne : dans la région de Barcelone, aux Baléares, à Madrid.

Malgré cette dispersion et ce refus délibéré de la métropole, ces protestataires ne renoncent pas toujours à la nationalité française et y tiennent parfois beaucoup, comme ce médecin qui, plutôt que de l'abandonner, préfère ne pas exercer et ouvrir une boîte de nuit. Car, ils ne renient pas la France idéale et séculaire, mais celle, éphémère, qui a fait leur malheur.

En un siècle, la vision que les pieds-noirs ont eue de la France a subi bien des métamorphoses, et suscite des sentiments contradictoires.

D'abord permissive et indifférente vis-à-vis des immigrants non français, indigne aux yeux de ceux qu'elle a chassés ou qu'elle soutient insuffisamment, cette mère lointaine finit par se montrer rigide sur le chapitre de l'organisation du pays et, finalement, arbitraire dans ses adoptions.

Elle demande beaucoup, mais accorde plus qu'on ne veut le reconnaître. Pourtant, elle semble toujours refuser ce dont les pieds-noirs sont le plus avides : l'affection et la compréhension. Cette quête d'amour agace et paraît primaire au nord de la Méditerranée, où les relations avec le pouvoir ont évolué plus vite et se sont codifiées. Au sud du « grand fleuve », les rapports avec l'État demeurent sentimentaux, à cause de l'origine des populations et de l'influence du milieu. Or, précisément, au moment où les pieds-noirs ont eu le plus besoin de cette affection et de cette compréhension – parce qu'ils devaient choisir entre la France et l'Algérie et refusaient de le faire –, lorsqu'ils auraient eu besoin d'être guidés avec délicatesse et fermeté, ils ont, au contraire, connu le traitement le plus dur et le plus implacable de leur histoire. Alors que, tournant le dos à leur pays, ils allaient vers leur patrie comme vers un refuge, ils se sont vus traiter en intrus et en boucs émissaires. S'ils expiaient, c'est qu'ils avaient péché. Les rapports des pieds-noirs avec la France en sont restés ambigus.

## Chapitre IV

## LA DERNIÈRE CARTE

Le jeu définitivement battu et coupé, il ne reste plus qu'à abattre la dernière carte. L'espace des pieds-noirs se confond avec la mémoire des survivants de la grande aventure, désormais achevée. Eux disparus, leurs enfants et petits-enfants, même entretenus dans le souvenir d'une Algérie qu'ils ignorent et imprégnés de certains rites, oublieront ce qu'ils n'ont pas vécu. Depuis l'arrachement, la mémoire collective ne peut plus se constituer pour une communauté dispersée et dépourvue de réels fondements.

L'Algérie dont les pieds-noirs se souviennent n'existe plus que dans les récits, l'iconographie et le mental. Elle n'éveille l'intérêt que d'un cercle restreint d'initiés. Néanmoins, chez ceux-là, la volonté de ne pas oublier et de transmettre reste vivace. Perpétuer et faire connaître ce qu'a été « leur » pays perdu leur paraît essentiel, précisément parce qu'il a disparu et qu'avant de disparaître à leur tour, ils tiennent à lui bâtir un mausolée. L'Algérie reconstruite par cette mémoire autarcique confine à la nostalgie. Ce qu'elle perd en réalité, elle le gagne en stabilité. Aucune modification de statut, aucune revendication d'indépendance ne peut plus l'atteindre.

Cela n'implique pas que tous les pieds-noirs se désintéressent de l'Algérie ou de la France actuelles mais leur rapport avec ces deux pays passe par le tamis de leurs souvenirs. Toutes deux sont perçues en fonction de ce qu'elles ont été et de leur différence avec ce passé.

*Les paradis perdus*

Depuis qu'elle a disparu, l'Algérie est devenue paradisiaque. Ses imperfections, ses laideurs, ses nuisances n'ont plus cours. La schématisation du décor atteint son paroxysme : soleil, printemps triomphants, terre rouge, eucalyptus suffisent à le dresser ; cigognes et cigales à l'animer. Le territoire se resserre, limité par Bab-el-Oued, la Mitidja, l'Oranais. Un brouillard de rêve enveloppe la terre natale d'une nappe imprécise, d'où surgissent, çà et là, des détails que leur banalité ou leur futilité rend saugrenus. Dans ce canevas, tous les pieds-noirs ne se reconnaissent pas. Il ne concerne que des groupes majoritaires, parvenus à une suffisante concentration régionale, comme à Paris, dans le sud-ouest ou le sud-est. Il ne traduit que la vision de ceux qui ont une propension à s'exprimer. Les minorités pieds-noirs, provenant des villes de faible importance ou de l'intérieur, sont maintenant trop dispersées pour former une communauté cohérente, propre à imprimer sa touche particulière à l'esquisse stéréotypée de l'Algérie. Les métropolitains, abusés par une cinématographie unilatérale, abondent dans le sens du cliché, ce qui contribue à détourner de cette image simplifiée ceux des pieds-noirs qu'elle déconcerte ou irrite. Ils n'en ressentent que davantage la perte subie et reconstruisent un territoire plus sensuel et usuel que géographique.

En effet, désormais, il leur manque un « chez eux », une terre dont ils puissent dire « mon pays ». La France reste l'univers d'autrui auquel ils se sont adaptés, certes, mais qui demeure étranger pour toujours. En Algérie, les pieds-noirs vivaient quotidiennement au milieu de leur propre communauté, douillettement et inconsciemment, car ils n'en avaient jamais été arrachés. Tous les jours, l'œil enregistrait, sans les voir, scènes et gestes familiers ; l'oreille s'emplissait, sans les entendre, de mots ordinaires et de sonorités banales ; les narines se gorgeaient, sans les humer, d'odeurs triviales. Le corps tout entier se drapait dans la sueur du pays natal. Maintenant, l'univers n'est certes, ni vide, ni silencieux, ni inodore, mais on regarde, on écoute et on respire à une certaine distance, celle qui sépare de ce qui est exotique.

L'Algérie où on se sentait bien, c'est l'Algérie heureuse, paisible et tranquille, celle que la fureur guerrière n'avait pas encore dérobée, celle du bonheur perdu. Souvent, on tait son nom, comme par crainte de le détériorer, et on préfère des circonlocutions : « là-bas », « de l'autre côté de la Méditerranée », « sur l'autre rive ». Tous ces termes servaient autrefois pour désigner une autre terre précieuse, la France, quand on ne l'appelait pas par son nom, ni « métropole ». Cette France-là aussi est un paradis perdu, avec l'Algérie. Quant à l'Algérie actuelle, elle recouvre une autre réalité qui ne saurait remplacer l'Eden évanoui.

Ce pays neuf, qu'on lui soit hostile, indifférent ou qu'on lui manifeste une sympathie lointaine, est devenu, malgré la géographie, une contrée différente. Il est impossible de s'y retrouver comme avant et on sait ne jamais le retrouver comme avant : c'est une terre étrangère, presque inconnue. Dans les premiers temps qui suivent l'indépendance, l'Algérie paraît un enfer dont on fuit les excès sanguinaires. Quelques mois plus tard, tracasseries administratives et brimades diverses confirment l'opinion défavorable qu'elle inspirait. Plus tard, des voyages occasionnels ou des récits mettent en lumière des altérations du décor autrefois familier :

murs lézardés, terres et plantations à l'abandon, cimetières en ruine, édifices disparus ou reconvertis, quartier résidentiel mué en décharge. Cette accumulation de constats négatifs amplifie la défiance et le pessimisme que d'aucuns nourrissent à l'égard de l'Algérie nouvelle. Elle tend à devenir synonyme d'échec et de gabegie.

Tandis que l'Algérie passée tombe en déliquescence, la nouvelle lui substitue ses propres réalisations. L'Algérie « de Pouillon » détruit la notion que l'on avait des plages. Trop somptueuse, elle défigure le pays tel qu'on le concevait. Elle n'attire pas non plus, car on n'aime pas être touriste dans son pays, quand il est devenu étranger. L'Algérie moderne, où on n'a plus sa place, blesse, déconcerte et bouleverse avec ses autoroutes, ses aciéries. On ne reconnaît plus rien de ce qu'on est venu revoir. Tous ne s'offusquent pas de cette frénésie d'innovation. Certains pensent que, pour satisfaire son besoin d'authenticité, le peuple algérien se doit d'élever ses propres édifices et d'effacer les constructions antérieures, trop symboliques. La compréhension de ce comportement implique l'incompatibilité entre le paysage des pieds-noirs et celui de l'Algérie nouvelle.

Même si on considère qu'elle n'est pas défigurée, mais restaurée dans son identité, l'Algérie garde au visage une cicatrice destinée à s'atténuer et à disparaître. C'est la trace de la rupture entre deux communautés accoutumées à vivre côte à côte. Certains pieds-noirs estiment qu'ils ne sont pas les seuls à avoir perdu cet univers particulier qui ne fut pas seulement le leur, mais aussi celui des Algériens demeurés sur l'autre rive. Il arrive que les frères antagonistes se regrettent, maintenant qu'ils sont séparés. Ce regret n'est pas unanime. Cependant, il est des pieds-noirs pour souligner le plaisir qu'ils ont à rencontrer un « Arabe », à parler du pays et surtout la relation de complicité qui s'établit alors.

Cette connivence leur est, au contraire, interdite avec la plupart de leurs compatriotes métropolitains.

Les pieds-noirs ont souffert d'avoir été rejetés des deux côtés de la Méditerranée, et s'ils comprennent pourquoi ils l'ont été de la rive sud, ils n'admettent pas de l'avoir été de la rive nord. La mère-patrie tendrement aimée a jeté bas le masque et s'est révélée sous son vrai jour. Des années après, le souvenir du « rapatriement » sans chaleur conserve son amertume. Les pieds-noirs ne veulent ni entrer dans l'anonymat, ni se couler dans le portrait-robot tracé par les métropolitains. Ils ne goûtent ni la sympathie condescendante, ni le refus sectaire. Le contentieux avec la France n'est pas réglé, parce que la France ne reconnaît pas ce contentieux. A ce pays, dans lequel ils ont appris à vivre, les pieds-noirs ne demandent même plus affection ou compréhension ; ils veulent seulement que leur existence soit reconnue.

Puisque les paradis sont perdus, il faut trouver sa place dans le vaste monde. Le besoin d'enracinement se fait sentir. Les pieds-noirs tendent alors à se poser comme une minorité régionale comparable à d'autres, à revendiquer une sorte de droit à la différence afin de déterminer leurs repères à l'intérieur du territoire français. Ils se heurtent inévitablement à la question de l'assise territoriale. Déniée aux pieds-noirs par une partie des métropolitains, alors que l'Algérie était encore française, peut-elle leur être concédée, maintenant que l'indépendance est acquise ? A quel territoire raccrocher ce régionalisme particulier ? Il ne peut être question de l'ancrer dans une des régions où les pieds-noirs sont particulièrement nombreux. Ces terroirs possèdent leur personnalité propre. Tous les dispersés resteraient à l'écart et la « pied-noiritude » en serait amputée. L'évolution divergente des familles ou des individus, selon le lieu et les conditions d'implantation, dresse un autre obstacle à un régionalisme pied-noir. Certains ne tiennent pas à être reconnus comme tels ; pour d'autres, cette identification est essentielle. L'âge d'arrivée en France joue également un rôle, ainsi que le regard porté par les métropolitains. Les plus jeunes ne se révèlent pas toujours les moins imprégnés du bain communautaire, les familles ayant tenu parfois à entretenir une atmosphère algérienne. Ainsi, bien que nés en métropole, certains enfants se déclareront « pieds-noirs fœtaux ». A l'opposé, parmi ceux qui s'exilèrent en pleine maturité, on rencontre, parfois, un refus total de regarder vers le passé, voire d'en parler. Enfin, l'observateur extérieur, par des remarques anodines et réflexes, encourage, à l'occasion, le recours au régionalisme. Par exemple, après l'énoncé du lieu de naissance, un métropolitain laisse échapper, sur les tons les plus divers, un « ah ! vous êtes pied-noir ! », peut-être comme il dirait : « Ah ! vous êtes normand ! ». Pour son interlocuteur, cependant, cette exclamation apparaît comme une mise à l'écart.

Interdits de séjour dans une Algérie et une France disparues, les pieds-noirs, au cours des premières années d'exil, tournent eux-mêmes le dos à leur ancien univers. Les urgences de la réinsertion expliquent cette attitude, ainsi que l'atmosphère peu favorable et la crainte, après quelques rebuffades, de passer pour impudent en évoquant le « pays du bonheur ». Un sentiment de culpabilité et une impression de suspicion ambiante les engagent à refouler l'Algérie de leurs souvenirs. Puis, l'envie de faire revivre le paradis par le témoignage, afin d'en sauver des fragments, s'éveille peu à peu. Cependant, en dehors des tentatives de récupération politique, cet effort pour reconstruire un territoire mental, s'il ne déclenche plus l'hostilité ouverte, ne rencontre, chez les interlocuteurs métropolitains, qu'indifférence, ennui ou agacement. Il serait temps de tourner la page, pensent-ils. Seulement, le régionalisme exige d'être entendu et de susciter l'intérêt, même celui des profanes. C'est sa raison d'être. Sur ce plan-là, les pieds-noirs peuvent encore se sentir frustrés.

Alors, pourquoi s'obstiner à faire vivre un univers caduc, dont les représentants sont en voie de disparition et auquel nul autre qu'eux ne s'intéresse ? Un puissant besoin d'ancrage justifie cette obstination. Et si ce régionalisme particulier est en mal de terroir, il lui substitue des succédanés. Le regroupement familial peut être un de ces palliatifs, le plus efficace sans doute. Orphelins de leur petit Liré, de leur métropole merveilleuse, de leur communauté, les pieds-noirs le sont encore plus de leur famille, lorsque celle-ci se trouve éparpillée dans l'Hexagone. Leur souci le plus cher est de rétablir la cohésion de la parentèle ou de la maintenir, lorsqu'elle existe encore. C'est à l'intérieur de cette cellule, souvent très étendue, car la notion de parenté englobe les cousinages les plus lointains et les belles-familles, que le régionalisme pied-noir peut s'épanouir. Dans ce contexte privilégié, les jeunes, parfois las des souvenirs ressassés, se laissent cependant séduire par les gâteries culinaires et, implicitement, par le substrat qui les sous-tend. Ivres du brouhaha des réunions familiales, ils écoutent complaisamment les propos des plus âgés. Des gendres et des brus métropolitains, leurs parents parfois, sont enjôlés à leur tour, se sentent « annexés » et deviennent partie prenante.

Lorsque l'assise territoriale n'est pas la région où se trouve la plus grande partie de la famille, celle-ci étant trop dispersée ou peu nombreuse, le soleil peut servir de prétexte à l'ancrage régional. C'est également un élément de cohésion, bien que les liens conviviaux qui en découlent soient autres et plus lâches que ceux de la parenté. Une véritable course au soleil rassemble certains pieds-noirs pour qui il s'agit, soit d'aller s'installer définitivement dans une région ensoleillée, soit de s'y rendre immédiatement et le plus rapidement possible dès que les loisirs le permettent. Quoi de plus banal, est-on tenté de penser ? N'est-ce pas également le comportement d'une large fraction des métropolitains ? En apparence, il en est ainsi. En réalité, le mobile de ces attitudes comparables diffère ; pour les pieds-noirs, il s'agit de retrouvailles avec des conditions climatiques « normales » ; pour les métropolitains, il s'agit de vacances. La jouissance du soleil n'est pas la même non plus. Pour les uns, vivre au soleil, le voir briller et le sentir tandis que l'on accomplit les tâches quotidiennes les plus fastidieuses ou les plus répétitives, est une satisfaction qui apporte au monde sa plénitude. Pour les autres, le plaisir du soleil réside dans le dolce farniente dont il est synonyme ; il n'est pas rare de les entendre se plaindre d'avoir à travailler quand il fait beau.

Les éléments propres à favoriser l'éclosion d'un régionalisme pied-noir sont donc ténus. Néanmoins, le phénomène existe et connaît un regain d'ampleur à l'occasion des anniversaires décennaux de l'exode. A défaut de territoire réel, les tenants de ce régionalisme ont réussi à délimiter une province fictive, fondée essentiellement sur le souvenir. Tous les pieds-noirs n'ont pas le sentiment d'y appartenir, mais tous pourraient y retrouver le patrimoine commun.

*Une contrée de mémoire*

La terre des pieds-noirs est désormais inaltérable. Ce que la mémoire a sélectionné a été soigneusement engrangé et fixe les limites de l'espace reconstruit mentalement. Plus aucun souvenir algérien ne viendra le modifier. Il n'est cependant pas indestructible ; il durera aussi longtemps que le souci de le transmettre. A la première défaillance de la mémoire, dès que tomberont dans l'oubli les préoccupations auxquelles il se rattache, il s'évanouira. Pour désigner ce territoire imaginaire et instable, on emploie parfois la contraction : « Nostalgérie ». Antérieur à la période 1954-1962, ce barbarisme avait été créé à l'usage de ceux qui avaient le mal du pays. Maintenant que le nom d'Algérie est équivoque, il prend toute sa signification. Il s'applique parfaitement à cette province impalpable, cernée par le souvenir, aux confins de la nostalgie. Il introduit, également, la distinction entre l'Algérie d'autrefois – la « nôtre » – et celle d'aujourd'hui.

La Nostalgérie est surtout une terre de papier. Les livres de référence qui servent à la définir ne sont pas nécessairement des œuvres de pieds-noirs. En effet, il s'agit d'un sol stratifié dont les couches ne relèvent pas de la géologie, mais de l'histoire. Or, pour les cinquante premières années de « leur » Algérie, les pieds-noirs ne peuvent compter que sur les témoignages d'observateurs extérieurs, en poste ou en voyage dans le pays de leurs ancêtres. D'autre part, ils tirent un certain orgueil de l'intérêt porté par des célébrités à leur pays. Sa beauté et sa singularité en semblent rehaussées. C'est pourquoi les relations dues aux militaires, élus métropolitains, fonctionnaires et écrivains de passage en Algérie sont prises en compte dans la construction de l'univers imaginaire. D'une manière générale, tout ce qui concerne l'Algérie d'autrefois, en matière de recherche historique, linguistique ou littéraire, intéresse les pieds-noirs. Parfois blessés par les conclusions de ces ouvrages, ils les utilisent néanmoins pour découvrir ce qu'a été leur pays.

Les livres observant l'Algérie française de l'intérieur, grands classiques de la littérature d'identification ou récits de vie, leur importent cependant, davantage. Les guides édités autrefois par les syndicats d'initiative constituent également des auxiliaires précieux. Les écrits de l'exil surabondent, publiés par des éditions spécifiques ou à compte d'auteur. Les bulletins associatifs, les annuaires, les albums consacrés à une ville contribuent plus largement encore à l'édification du territoire de papier. A la limite du mental et du matériel, l'iconographie favorise l'évocation du paysage disparu. Les dessins de Charles Brouty réédités font renaître le milieu urbain, celui d'Alger essentiellement, ainsi que ses figures familières, saisies dans leurs occupations quotidiennes, leurs attitudes et leurs gestes spontanés. Les albums de photographies, composés récemment à l'aide de collections privées ou des Archives d'Outre-Mer, les vues illustrant les rééditions d'ouvrages anciens privilégient encore la ville. A l'intérieur de celle-ci, le choix porte sur les monuments, les édifices célèbres, les rues et les places les plus fréquentées. A l'extérieur, les lieux de promenade habituels, les sites grandioses, les vestiges romains ont la faveur. Viennent ensuite, mais moins fréquemment, les scènes de la vie courante et les personnages du folklore. Cette sélection ne fait que reproduire celle opérée autrefois par l'artiste et le photographe.

La Nostalgérie ne se réduit pas aux textes et images figés sur le papier. Elle est aussi une terre conviviale. Les associations et amicales foisonnent. Elles opèrent essentiellement des regroupements à caractère géographique, lorsque les anciens d'une localité donnée sont suffisamment nombreux dans une ville ou une région. L'ouest de l'Algérie bénéficie de la représentation la plus large. L'est le suit de très près. En revanche, Alger et l'Algérois font, pour une fois, pâle figure. De toutes les villes, c'est Bône qui suscite le plus d'associations. Cependant, dans l'ensemble, les bourgades manifestent un enthousiasme associatif plus prononcé que les grandes cités. Leurs anciens, en effet, se connaissent mieux les uns les autres, pour avoir vécu dans un cercle restreint. Ceux d'Alger ou d'Oran, la dislocation communautaire aidant, restent anonymes. Il se passe, donc, pour les associations, un phénomène inverse à celui observé dans les récits anciens ou récents et dans l'iconographie. Les petites villes éclipsent les grandes, l'Oranais et le Constantinois supplantent l'Algérois. Dans tous les cas, l'intérieur garde ses secrets.

Les associations échappant à une classification géographique répondent à une classification thématique : anciens combattants, anciens élèves ou plus rarement, groupements professionnels, sportifs, paroissiaux. Certaines d'entre elles sont nées d'activités spécifiques, apparues depuis le rapatriement : activités culturelles du Cercle algérianiste et de ses ramifications à l'étranger, Centre de documentation historique sur l'Algérie à Aix-en-Provence et à Paris, recherches généalogiques. Lorsque l'association n'obéit pas à des motivations de ce type et lorsque l'origine des pieds-noirs est trop diverse, on adopte les appellations commodes de « rapatriés d'Afrique du Nord » ou « Français d'Outre-Mer ».

Le but de ces associations est essentiellement de rétablir les contacts et de rassembler périodiquement les membres de la communauté éparpillée. Les bulletins entretiennent régulièrement la communication par de fréquents articles sur la région d'origine, des informations sur les personnalités « locales » – les distinctions obtenues, les naissances, les mariages, les décès, les avis de recherche. Les rassemblements annuels prolongent ce travail constant de liaison et en sont le sommet. La forme la plus courante est la journée champêtre ou « Saint-Couffin » de la Pentecôte. S'y ajoutent des repas pour les plus âgés à l'occasion de Noël, des « galettes des rois », des bals. Les cérémonies commémoratives réunissent une assistance plus réduite. Il s'agit de dépôts de gerbes ou de messes à la mémoire des défunts reposant en Algérie, à l'occasion du 1ᵉʳ novembre ou du 26 mars, date de la fusillade de la rue d'Isly. Les pèlerinages reproduisent ceux d'autrefois ; pour l'Ascension, on se rend à Notre-Dame-de-Santa-Cruz, près de Nîmes ; le 15 août, à Notre-Dame-d'Afrique de Carnoux. Les voyages collectifs peuvent être retour aux sources ancestrales, comme celui des Kébiriens à Procida, en mai 1983, à l'occasion du centenaire de la statue du Saint-Michel de Mers-el-Kébir, ou croisières d'agrément.

Le territoire fictif s'appuie sur des jalons matériels rares et épars à travers la France, dont l'ensemble forme une terre de transfert. Les lieux de pèlerinage en font partie. Parmi eux, Carnoux en Provence concrétise plus que tout autre site français la recherche d'une assise territoriale. Créée avant 1962, à l'initiative de Français du Maroc, cette bourgade accueillit des familles rapatriées de Tunisie, puis d'Algérie. Depuis 1970, le peuplement métropolitain s'y est accru. Installée sur un site considéré comme inhospitalier, car l'alimentation en eau posait problème et parce que le mistral le balayait violemment, elle offrait, dès le départ, les conditions difficiles qui avaient caractérisé autrefois ses sœurs d'Afrique du Nord. Au milieu de la garrigue et des rochers, la petite ville reproduit les schémas d'outre-Méditerranée : rues au cordeau, blancheur des constructions, toits en terrasse, mélange d'immeubles à étages et de villas, modernisme résolu. Les rues se nomment Saint-Augustin, Lavigerie, Charles de Foucauld, Juin, Leclerc… La place centrale est dédiée à Lyautey et ornée de son buste. Les commerces et cafés perpétuent les traditions alimentaires. L'église de béton renferme un autel venu de Bizerte, le carillon de Saint-Denis-du-Sig, deux copies de Notre-Dame-d'Afrique. Carnoux s'apparente encore aux villes d'Algérie par la composition de ses armoiries qui symbolisent l'origine africaine et l'enracinement provençal, en alliant aux trois croissants le lambel sur fleur de lys. Aubagne, toute proche, en se muant en refuge des képis blancs, joue les doublures de Sidi-Bel-Abbès, dont on retrouve l'atmosphère en visitant le musée de la Légion.

Les « monuments en exil »[1], disséminés dans toute la France, prolongent en pointillé cette terre de transfert. Lambeaux de l'ancien terroir, ils paraissent parfois insolites et leur étrangeté semble la garantie de la perte définitive de l'Algérie. Fréquemment, il s'agit d'objets pieux : nombreuses cloches d'église, statues, orgues, chemins de croix. Le bénitier romain de Tigzirt est « recasé » à Tours. Les monuments des places publiques ont été en partie rapatriés. Si leur vue restitue fugitivement l'ambiance d'autrefois, leur emplacement actuel détruit rapidement cette illusion et confirme le dépaysement. La retraite de Bugeaud sur la place herbue et déserte d'un village de Dordogne, l'isolement du duc d'Orléans à un carrefour huppé de Neuilly, le casernement du sergent Blandan à Nancy l'illustrent bien. A Alger, l'un surplombait la rue la plus animée, trépidante du fracas des tramways ; l'autre dominait la place la plus populaire, piétinée tout le jour par une foule composite ; le troisième trônait au centre de Boufarik dont il était le héros. Monuments de l'exil, les mémoriaux où on se recueille en souvenir des disparus tendent à remplacer les cimetières abandonnés. Des détails plus ténus viennent compléter l'univers recréé. Ils sont presque ineffables : fumet de cuisine, losanges de pâte de coing, gestes ou vocabulaire caractéristiques et outrés, parfois, au-delà du naturel.

L'affirmation régionaliste ne fait pas oublier la double appartenance à l'Algérie et à la France. Pour la souligner, on cherche à créer un terme plus significatif que

« Français d'Algérie » et moins frelaté que « pied-noir ». Le néologisme « Algérian », avancé par certains, n'a pas encore fait son chemin. Il s'accompagne de la revendication d'une charte culturelle propre et d'une volonté d'ouverture sur la nouvelle Algérie. Car ce régionalisme ne veut et ne peut pas se fermer sur lui-même. Sous peine de mourir, il lui faut obéir à deux exigences ambivalentes : être identifié, puis intégré. En communiquant aux autres ce qu'il estime être sa richesse spécifique : compétences particulières, enthousiasme, optimisme, il compte réaliser cette fusion, sans y perdre sa personnalité. Dans cette perspective, les associations sont toujours ouvertes aux amis des amis. Quant à l'attachement à la France, s'il a été écorné et démystifié, il s'exprime encore de manière indirecte dans les ouvrages réhabilitant l'œuvre accomplie en Algérie.

Malgré l'effort de mémoire et la volonté de se perpétuer en diluant dans la mémoire nationale la mémoire pied-noir, demeurent l'écueil de l'artifice et celui du vide. Car, en dehors du cadre des associations, finie la lecture du bulletin, refermé le livre rédempteur, terminée l'euphorie de la « Saint-Couffin », la contrée factice des pieds-noirs n'est qu'un triste no man's land. Chacun s'en retourne, isolé, dans un monde qui le touche peu et qu'il ne touche pas. La terre de mémoire déserte n'est traversée que par des ombres du passé. Carnoux exulte le 15 août, mais, quelques jours plus tard, sous le souffle gris et froid d'un dimanche ordinaire, les rues sont désertes et désolées. Dans le café de la place, les makrouds et les mantecaos vieillissent en attendant le client. Une femme, déjà âgée, tente de porter beau et affecte de se croire en Grande Kabylie. Le cœur n'y est pas. Dehors, le béton grisaille et, en blanc sur le goudron, s'étalent des inscriptions hostiles aux pieds-noirs.

*Le rêve passe*

Dans ce monde reconstruit, quelle est la place de l'Algérie présente ? Elle varie grandement, en fonction des sentiments qu'on lui porte et, dans la mesure où c'est un pays autre que celui qu'on a connu, elle est nécessairement réduite.

Un grand nombre de pieds-noirs s'en désintéressent et ne tentent pas d'aller la visiter. Parmi eux, certains veulent avant tout conserver intact le souvenir de leur Algérie. Ils ne se sentent pas du tout concernés par ce qui a succédé. Cette attitude dépasse la simple indifférence ou la neutralité. En effet, ils voyagent volontiers sur le pourtour méditerranéen, séjournent dans les pays limitrophes, mais surtout pas en Algérie. Ils déclarent ne pas en ressentir l'envie. D'autres pensent qu'ils souffriraient trop à revoir l'Algérie : soit parce que ces retrouvailles seraient trop courtes et renouvelleraient les affres de l'arrachement. Enfin, l'Algérie actuelle provoque aussi des rejets insurmontables qui excluent toute relation avec elle, serait-elle touristique. Le sentiment qui domine est qu'on ne lui veut pas de mal, mais qu'on n'a rien de commun avec elle.

Tous les pieds-noirs, cependant, ne se montrent pas aussi résolument abstentionnistes. En conséquence, les retrouvailles deviennent possibles, quoiqu'envisagées sous des angles différents. Les voyages qui en sont l'occasion obéissent, en effet, à des mobiles divers. Le plus fréquemment, à l'occasion de vacances, on éprouve le besoin de renouer avec le pays ou ses habitants. Ce pèlerinage nostalgique prend l'aspect d'un séjour d'agrément individuel ou collectif. Ses participants vivent une existence de touristes et ne prennent pas pied dans la réalité quotidienne du pays nouveau. Seuls des tracas administratifs les y ramènent, mais ils sont le lot des voyageurs de toutes origines. Certes, le pied-noir sera tenté de comparer avec le passé ; le touriste ordinaire compare avec son propre pays : la différence est infime. La relation reste donc superficielle à l'occasion de tels voyages, car les participants ne sont pas impliqués. Si le contact avec l'Algérie nouvelle est faible, le tête-à-tête avec les paysages immuables et les décors fanés, mais reconnaissables, le renouement avec de vieilles connaissances sont empreints d'émotion et de chaleur. L'enthousiasme de l'accueil touche particulièrement les pieds-noirs et ce n'est pas sans tristesse qu'ils repartent alors. La conclusion qu'ils en tirent diffère. Les uns préfèrent ne pas renouveler l'expérience ; les autres se proposent de revenir périodiquement et de ne plus attendre si longtemps. Car, bien souvent, ces pèlerinages s'accomplissent quinze à vingt ans après. Et pour certains, au-delà des bouleversements constatés, la texture de l'air, l'assaut des senteurs, le galbe d'une colline font du premier retour en Algérie une véritable rédemption. Quelque chose leur manquait qu'ils ont retrouvé et ce n'est pas en vain qu'ils ont vécu vingt ans « entre parenthèses ». Pour ceux-là, l'Algérie du souvenir est davantage celle des sensations que celle des édifices, l'Algérie nue supplante l'Algérie française ou l'Algérie algérienne. L'osmose se réalise. Elle n'est que momentanée, car tous repartent, avec espoir de retour, certes, mais ils prouvent ainsi que, même dans son simple appareil, l'Algérie ne leur suffit pas.

Quelquefois, les retrouvailles nécessitent un prétexte : l'exhumation de cercueils familiaux, la rédaction d'un livre ou la réalisation d'un reportage. Dans le premier cas, l'œil est souvent très critique vis-à-vis des transformations du décor. L'émotion subsiste cependant quant à la chaleur de l'accueil ou l'univers sensitif. La jeunesse algérienne suscite un intérêt tout particulier. On admire son aisance et sa beauté. On est touché par son bon usage du français et, quelquefois, du souvenir qu'elle garde des pieds-noirs, grâce aux récits de la génération précédente. On estime que tous ces jeunes représentent la véritable réussite de l'Algérie nouvelle et on s'en déclare heureux. Dans le deuxième cas, l'observation s'aiguise davantage, puisqu'elle est le but du voyage. Malgré cela, les conclusions se répètent, avec un supplément d'emphase, peut-être, aussi bien sur le thème des succès que sur celui des détériorations. Cependant, comme pour le voyage d'agrément, les impressions les plus favorables ne changent rien à la fugacité des retrouvailles. Les plus tièdes précisent que leur admiration pour certaines réussites n'implique pas une adhésion à l'Algérie nouvelle. Les plus enthousiastes n'en continuent pas moins à vivre en France. Ce choix marque-t-il les limites de leur emballement ou la crainte secrète de le voir s'user à l'épreuve du temps ?

La question se pose d'autant plus que s'ébauche vaguement le mythe du retour. Cette chimère est peu répandue. Le sentiment que quelque chose pourrait avoir changé en Algérie, par rapport aux débuts de l'indépendance, l'inspire. Le changement de président après la mort de Boumédiene, le fait que le nouveau responsable de l'Algérie s'adresse aux pieds-noirs, lors d'une visite en France, ont suffi à une certaine époque à éveiller un espoir diffus. Un parallèle établi avec les émigrés de la Révolution Française dont le retour fut possible étaye ce rêve. Une telle extrapolation, de même que la sensibilité à la sympathie des Algériens pour les pieds-noirs, met en lumière le souhait intime de quelques-uns. Mais cette espérance est fragile, tempérée par le souvenir du traumatisme subi et la crainte de le voir se renouveler. Une attitude résolument confiante vis-à-vis de l'Algérie actuelle est exclue et la moindre anicroche suffit à démonter le mythe d'un retour possible.

Ce retour n'est pas toujours conçu comme pacifique et dépendant d'une bonne volonté réciproque. A peu près aussi rare, la fiction du retour offensif existe également. Elle repose essentiellement sur un substrat romanesque et s'accompagne d'un légendaire immuable. L'élément le plus caractéristique de cette fabulation est l'insoumission kabyle au système actuel. Il correspond, à la fois, à une réalité présente et à une constante de l'univers pied-noir. Dans celui-ci, la Kabylie représente le meilleur terrain pour l'expérience française en Algérie et les Kabyles les meilleurs auxiliaires de celle-ci, en raison de leur parenté ethnique, de leur résistance historique à l'islam et de leur aptitude à étudier le français. Une rébellion kabyle favoriserait un retour offensif ; mieux encore : dans la perspective d'une révolte, les Kabyles feraient appel à certains Français, pieds-noirs ou non, disposés à saisir cette occasion. Là intervient un deuxième élément du légendaire, les pieds-noirs déçus par l'« hexagonie » et leurs proches amis. L'opération s'effectue sous forme de commando. Ce petit groupe bien entraîné et résolu réussit son débarquement. Ensuite, soit liberté est laissée d'imaginer la suite, soit la reconquête s'empare d'une portion du territoire et menace de gagner l'ensemble.

Ces conceptions limitées ou utopiques du retour ne doivent pas masquer les liens réellement maintenus, en dehors des voyages ponctuels ou de la rêverie euphorisante. Dans ce domaine, les associations jouent le rôle important de relais. Elles publient, à l'intention de ceux qui sont restés sur la rive nord, le compte rendu des voyages collectifs sur la rive sud. Leurs bulletins donnent des nouvelles des familles algériennes connues de toute l'ancienne communauté villageoise ou urbaine, des champions cyclistes ou footballeurs que tous ont acclamés, transmettent des souvenirs amicaux, des invitations pressantes. Le *Petit Callois* pousse l'esprit de clocher renaissant jusqu'à suivre les élections municipales d'El Kala – alias La Calle –, jusqu'à en informer ses lecteurs et à se féliciter de la victoire d'« authentiques Callois ». Des relations sont entretenues avec les municipalités ou des personnalités locales pour l'entretien des cimetières. Les annuaires comportent parfois les noms et adresses de concitoyens algériens, reconstituant la communauté bicéphale envers et contre la disparition de l'assise territoriale.

Certes, cette ambiance de coopération n'affecte pas l'ensemble des associations. Certaines se montrent résolument hostiles et tournent le dos à l'Algérie nouvelle. Leur terrain d'élection se trouve ailleurs, partout outre-mer où des Français risquent, comme ceux d'Algérie, d'être exclus de leur terre. La Nouvelle Calédonie entre tout à fait dans cette catégorie et donne lieu à des prises de position anti-indépendantistes qui révèlent un transfert de griefs d'une terre perdue sur une terre à perdre. Pour cette tendance, l'amour de l'Algérie est plus possessif qu'affectif ou sensitif. Ce n'est plus un lieu intéressant puisqu'on n'y a plus sa place. En revanche, il faut tout tenter pour éviter aux Français de Nouvelle Calédonie l'épreuve qu'ont subie les Français d'Algérie. Bien que sur cette question, les associations rejoignent les vues de partis politiques, elles ne les suivent pas entièrement. Elles font, en effet, remarquer que des promesses semblables leur ont été faites autrefois par les mêmes hommes et en rappellent les résultats.

Autre grief de la même catégorie d'associations, l'importance accordée à la question des immigrés de la deuxième génération, particulièrement s'ils sont algériens. Ils opposent un tel souci à l'oubli dans lequel ont été et sont toujours laissés les musulmans d'Algérie que leur fidélité à la France a contraints à l'exil. Ils soulignent le peu de cas fait du sort de leurs enfants. Quant à ces Français musulmans par choix, ils s'indignent qu'on qualifie du même nom qu'eux et qu'on fasse passer avant eux les enfants d'immigrés algériens. Pour cette catégorie de Français d'Algérie, la question du retour est exclue. Ils ne peuvent ni aller voir leur famille, ni la faire venir. Les relations avec leurs coreligionnaires algériens sont impossibles. La coupure est totale et beaucoup plus tragique.

La question ne se résume pas, en effet, à savoir si les Français d'Algérie acceptent l'Algérie actuelle. Elle consiste aussi à vérifier si la réciproque est vraie. Individuellement, cela ne fait aucun doute. Les retrouvailles amicales en témoignent. Globalement et officiellement, c'est moins certain. Si des voix se sont élevées parfois pour déplorer le départ des pieds-noirs et pour compatir à leur sort difficile, si des municipalités tentent de remettre à l'honneur le folklore franco-algérien, telle la fête du Corail à El Kala, il est des rappels à l'ordre pleins de morgue. Au milieu d'une émission d'Antenne 2, une personnalité algérienne ne manque pas de faire remarquer sèchement à son interlocutrice pied-noir qu'elle est une étrangère pour l'Algérie. Dans l'ensemble, l'attitude adoptée vis-à-vis des pieds-noirs restés sur place ne peut pas être considérée comme un encouragement à revenir pour ceux qui sont partis. Enfin, au bout de vingt-cinq ans, la cause semble être entendue. L'explosion démographique réduit à une minorité ceux qui ont connu les pieds-noirs avant 1954. La majorité a grandi dans un contexte différent et, malgré les récits des parents ou grands-parents, n'a rien en commun avec les pieds-noirs. En se tournant vers l'Algérie, le régionalisme pied-noir se dirigerait vers une impasse. Ce pays neuf ne peut être qu'un substitut de l'ancien, encore plus illusoire que le territoire de papier iconographique ou convivial, car il est plus difficile de s'y rendre et impossible d'y demeurer.

Pour le reste de son existence, la communauté pied-noir est donc confinée dans un univers limité et parcellaire. La perception de ce monde étant liée à un capital de souvenirs dont une faible partie est commune, tous les pieds-noirs n'y trouvent pas leur compte et certains répugnent à le fréquenter. Ils préfèrent regarder dans une autre direction, même si l'horizon qu'ils fixent ainsi leur est étranger. Ce sont souvent les mêmes qui tournent le dos à l'Algérie. Pour ceux qui persistent à hanter la province fictive reconstruite par l'imagination et la vie associative, la satisfaction n'est pas toujours au rendez-vous. Lectures et réunions ne sont que placebo. Chez certains, elles avivent les démangeaisons de la cicatrice.

Avec le temps, sur cette terre de mémoire, les plages d'oubli s'accroissent, ceux qui ont connu l'Algérie heureuse disparaissant progressivement. L'éventail des sensations se referme, le paysage se rétrécit. Pour ceux qui ne l'auront pas connue, les photos pâlies de l'Algérie passée seront impuissantes à éclipser le soleil triomphant qui éclaire la nouvelle. S'ils se rendent dans ce pays neuf, ils feront un contresens en croyant fouler la terre de leurs ancêtres. Le chemin des pieds-noirs s'est définitivement séparé de celui de l'Algérie. Il tarde à rejoindre complètement celui de la France.

DEUXIÈME PARTIE

*L'AMBIGUÏTÉ D'ACTION*
*OU*
*UNE HISTOIRE XÉROPHILE*

Les difficultés rencontrées pour localiser et limiter le pays des pieds-noirs se reproduisent lorsqu'on veut situer et circonscrire leur histoire. Son début et sa fin bien nets engageraient à la considérer comme un tout fondamentalement différent de toute autre histoire nationale. Sa fulgurance, sa spécificité, sa densité abonderaient dans le même sens. Néanmoins, cette chronique précise et concise peut ne sembler, aussi, qu'une péripétie de l'histoire de France. Nombre d'arguments étayent cette seconde version. La France figure le « deus ex machina » de l'histoire pied-noir. Les événements qui se déroulent dans l'Algérie française s'inscrivent dans la continuité des vicissitudes connues par la métropole. Les Français d'Algérie prennent en compte l'histoire de France antérieure à 1830 et, à partir de cette date, s'en considèrent comme partie prenante. Les deux conceptions ne sont pas inconciliables : l'histoire des pieds-noirs, aventure originale, s'enracine dans l'histoire de France et ne s'en détache jamais totalement.

Cependant, l'origine des pieds-noirs donne à leur histoire une autre dimension, plus complexe. Mieux qu'une épopée inédite, qu'un maillon banal dans une chaîne nationale, l'histoire des pieds-noirs n'est-elle pas le confluent tumultueux de parcours bigarrés, ceux des ancêtres ? A partir de 1830, les diverses histoires ancestrales plongent subitement dans l'histoire française et s'y fondent, donnant naissance à un épisode historique sans précédent. Point de rencontre des histoires ancestrales, lieu de naissance de l'histoire pied-noir, l'Algérie interfère également. La terre dans laquelle s'implante brutalement et arbitrairement le greffon n'est pas une friche historique. Elle hérite d'un riche passé, au cours duquel les transplantations abruptes abondent. En ce sens, l'histoire des pieds-noirs n'est-elle pas une étape de plus dans l'histoire mouvementée de l'Algérie ?

Enfin, s'intégrer dans l'histoire de la France comme dans celle de l'Algérie nécessite d'y être accepté. Pour la France comme pour l'Algérie, l'histoire des pieds-noirs représente, avant tout, un chapitre de la colonisation : elle s'en trouve rejetée. En France, on n'en retient guère que la guerre de 1954-1962. La mauvaise conscience qu'elle engendre contribue à maintenir dans l'oubli total l'histoire des pieds-noirs qui la sous-tend. En Algérie, on ne veut en voir encore que les effets négatifs. Pourtant, les pieds-noirs ne peuvent pas vivre en amnésiques. Continuer à participer à l'histoire de France en faisant table rase de ce qui a précédé ne peut être une solution satisfaisante. Pour avancer encore dans l'histoire, les pieds-noirs ont besoin que l'étape qui leur est propre soit reconnue et adoptée. La reconstitution de leur passé importe donc pour un certain nombre d'entre eux qui s'obstinent à le raconter, à le comprendre et à l'expliquer. Car on ne peut non plus s'accommoder d'une histoire totalement condamnable. Tant que l'insertion de l'histoire pied-noir dans l'histoire nationale n'est pas réalisée, tous les pieds-noirs seront frustrés de la chaleur et du confort d'un passé inaliénable.

Chapitre V

# LE RÊVE DE CRONOS

L'histoire des pieds-noirs se singularise par une chronologie achevée, inscrite clairement entre deux dates très précises : 1830 et 1962. A l'intérieur de ce cadre rigide, une apparente unité préside au déroulement des événements. Tout s'articule, en effet, autour d'une question-clé : la France restera-t-elle ou non en Algérie, doit-elle ou non s'y maintenir ? De la réponse dépendent les tribulations des pieds-noirs. La durée de leur histoire, bien déterminée et fort courte, évoque aussi l'unité de temps. L'abondance des rebondissements et leur complexité contredisent cette cohérence factice. Il ne s'agit pas d'une histoire simple, ni dans ses origines, ni dans ses implications, ni dans son évolution, ni dans son achèvement, ni dans les explications qu'on peut en donner. Bien que son commencement résulte d'une décision délibérée, elle n'obéit à aucune logique. Malgré sa précision chronologique, elle manque de mesure et de clarté. Les événements en apparaissent fréquemment comme autant de heurts et de soubresauts, important plus parce qu'ils symbolisent que par leurs conséquences. Les faits plats de la vie quotidienne les supplantent bien souvent.

*Du sang aux extrémités*

L'histoire des pieds-noirs peut paraître un long entre-deux, commencé par une guerre de conquête et terminé par une guerre de libération nationale. Deux idéologies anachroniques la bornent également : la survivance de l'esprit de croisade et la légitimité du vainqueur en éclairent le début ; la lutte anti-impérialiste et le droit des peuples à disposer d'eux-mêmes en déterminent la fin. Expliquer l'une à la lumière de l'autre ou inversement expose les exégètes à ne pas les comprendre et à errer entre le sermon à rebours et le combat d'arrière-garde. Tenir compte de cette évolution doctrinale permet, au contraire, d'admettre la transformation séculaire d'une bonne cause en une sale guerre. Entre les deux, le beau rôle a changé de protagonistes.

« Il était une fois 1830 », cette entrée en matière classique des contes de fées et, plus récemment, de certains films, pourrait servir de commencement à l'histoire des pieds-noirs. Avant 1830, en effet, eux-mêmes n'existaient pas. S'ils ne sont pas nés dès cette date, c'est à elle qu'ils doivent la formation de leur communauté. En 1830, il était une terre face à la France, de l'autre côté de la Méditerranée. L'armée française y débarqua. Car, dans ce conte, la belle princesse n'était pas consentante. Malgré cela, 1830 est, à n'en pas douter, la date magique de l'histoire des pieds-noirs, le sésame qui leur ouvrit les portes de l'Algérie, avant même qu'ils ne fussent, avant même que ce pays tel qu'ils le conçurent n'existât lui-même. C'est pourquoi leur attitude vis-à-vis de cette date est ambiguë. Ils s'en réclament alors qu'ils ne peuvent s'en attribuer la paternité et pourraient même, à juste titre, en rejeter la responsabilité. Bibliquement, au contraire, ils endossent jusqu'à la quatrième génération la faute des pères, ou plutôt de la mère-patrie. Ils ne considèrent pas 1830 comme un péché, mais comme une entreprise louable et pleinement justifiée. Les arguments sur lesquels ils s'appuient sont ceux de l'époque concernée qui furent aussi, longtemps, ceux de l'historiographie officielle. Plus que la réparation d'une insulte, le fameux « coup d'éventail » de 1827, sorte de « vase de Soissons » de l'histoire de l'Algérie française, l'expédition de 1830 et ses résultats sont présentés comme l'avènement de la liberté en mer Méditerranée. Une stèle, édifiée à Sidi-Ferruch, lieu du débarquement, le rappelait. Certes, dans l'affaire de 1827, la France était dans son tort et la victime du coup d'éventail l'avait mérité. Mais, en s'emparant d'Alger et en en chassant les corsaires qui faisaient régner l'insécurité sur la Méditerranée, l'armée française rendait service à toutes les nations européennes et chrétiennes[1]. 1830 apparaît comme l'aboutissement de nombreuses tentatives historiques visant à supprimer la course barbaresque. A ce sujet, on cite volontiers et fréquemment celle de Charles Quint, en 1541, et en constatant son échec, on ne manque pas de rapporter deux anecdotes. Avant de quitter les lieux, un chevalier de Malte français planta sa dague dans la porte Bab-Azoun et s'écria : « Nous reviendrons ». De leur côté, les Turcs d'Alger auraient prophétisé qu'Alger ne pourrait être prise que par des hommes vêtus de rouge ; une partie des troupes françaises portait un pantalon rouge. La véracité de ces historiettes et leur valeur importent peu. Leur utilisation parle davantage. On les reproduit chaque fois qu'on veut légitimer 1830. Le chevalier de Malte luttant contre les corsaires musulmans perpétue la croisade, qui est sa mission originelle, puisque l'ordre a succédé à celui des Hospitaliers de Jérusalem. Il est français, donc les Français reviendront et reprendront à cette occasion le flambeau de la croisade, justification incontestable de leur action. Les Turcs eux-mêmes le prédisaient, donc admettaient l'éventualité de leur éviction par une autre puissance et reconnaissaient implicitement le bon droit des conquérants. Toute cette argumentation replacée dans le contexte européen et méditerranéen de l'époque ne manque pas de cohérence.

Pour légitimer le début de l'histoire des pieds-noirs, on invoque également la situation de l'Algérie sous la régence turque. On y voit sinon des raisons préalables d'intervenir, au moins une justification rétroactive à l'intervention française. L'argumentation utilise trois thèmes. Premièrement, en 1830, l'Algérie n'existait pas, ni en tant qu'Etat, ni en tant que nation. La régence turque d'El Djezaïr ne contrôlait que le littoral, une faible partie de l'intérieur et recevait tribut du reste, souvent turbulent. Le territoire n'était ni unifié, ni gouverné de manière homogène. De plus, le peuplement n'en était pas uniforme et la population obéissait à une hiérarchie condamnant toute notion de communauté nationale. Les Arabes avaient asservi les Berbères avant d'être asservis à leur tour par les Turcs. L'islam s'était imposé par la force. Sur ce fond d'hétérogénéité ethnique, de coercition et de cloisonnement social, se détache le deuxième argument : la situation particulière des juifs sous la régence turque. Soumis à des obligations spécifiques et à diverses vexations, ils étaient maintenus au niveau le plus bas de l'échelle sociale. L'injustice de cette ségrégation semble amplifiée par le fait que la présence de nombre d'entre eux était antérieure à la conquête musulmane. Celle-ci est d'ailleurs responsable d'autres maux qui sont la teneur du troisième leitmotiv. Il s'agit de l'abandon économique dans lequel demeurait le pays. Dans cette perspective, on oppose volontiers la richesse de l'Afrique romaine, corne d'abondance de l'empire, à la décrépitude de l'Afrique musulmane, vaste terrain de parcours pour un bétail nomade où achèvent de se décomposer les fières cités marmoréennes et les voies édifiées par l'antique conquérant. Là encore, l'authenticité de cette triple argumentation compte moins que l'usage qui en est fait. La légitimation de 1830 implique la condamnation de la situation antérieure. L'expédition d'Alger est un bienfait non seulement pour les riverains chrétiens de la Méditerranée, mais pour l'Algérie elle-même Celle-ci, véritable création de la France, lui exprime sa reconnaissance sur la stèle de Sidi-Ferruch[2].

Pourquoi ces efforts de légitimation ? Une conquête est une conquête et, dans l'orbe méditerranéenne de 1830, n'a nul besoin de se justifier. Avec cette sujétion, commence aussi l'histoire d'une communauté ethnique particulière, les Européens d'Algérie, un peu comme, avec la création des royaumes francs de Terre Sainte, s'était développée la communauté des « Poulains ». Or, l'histoire d'une collectivité repose toujours sur un début et, ordinairement, pour les grands ensembles nationaux, on s'évertue à déterminer ce commencement fondamental. Celui-ci se dégage rarement avec précision. Après avoir été légendaire, il s'identifie généralement au peuple le plus anciennement implanté sur le territoire national, non sans artifice. Ceux qui peuvent se réclamer de ces grands ancêtres, à titre plus ou moins fallacieux, font figure d'initiés par comparaison aux allogènes. Ces précurseurs immémoriaux cimentent l'histoire communautaire. Ils constituent le point commun primitif et le point de départ. Cependant, ce grand commencement reste flou quant à sa datation. Ce n'est pas le cas de l'histoire des pieds-noirs. La date de départ est trop récente pour être oubliée. Les origines trop proches et chargées de tout leur sens ne disparaissent pas encore sous la patine des siècles, propre à les entériner. Il faut donc les ratifier d'une autre manière, car aucun peuple ne peut se satisfaire d'origines discutables.

Les pieds-noirs, loin de nier la coupure nette de 1830, la soulignent au contraire, en opposant les avantages de la période postérieure aux tares de la période antérieure. Ils distinguent particulièrement deux journées dans l'expédition d'Alger, premières pierres incontestées de leur histoire : le 14 juin 1830, date du débarquement de l'armée française à Sidi-Ferruch, et le 5 juillet 1830, date de la prise d'Alger. Les sites de ces deux événements deviennent, de ce fait, des lieux historiques privilégiés. Deux incidents cristallisent principalement l'intérêt. Un des premiers morts de la prise fut le fils même du maréchal commandant l'expédition, Bourmont. L'ingratitude que l'on témoigna à celui-ci, après les Trois Glorieuses, en lui retirant son commandement, atteignit son comble avec la fouille du cercueil de son fils ; on y recherchait le fameux « trésor du dey ». Ainsi, l'origine de l'histoire des pieds-noirs est consacrée par deux dates significatives, deux lieux symboliques et deux héros fondateurs, l'un effectif, l'autre sentimental.

A ce début aisément datable et guerrier, certains pieds-noirs préfèrent les balbutiements de la colonisation rurale, signalant qu'ils identifient leur histoire, non à la conquête, mais à la mise en valeur du pays. Les efforts et les affres de la première génération de colons leur paraissent une légitimation plus solide que les exploits militaires dans lesquels ils ne se reconnaissent pas. Ces origines plus authentiques s'apparentent également davantage aux origines classiques des histoires nationales. Elles possèdent une base ethnique : non pas le peuple le plus ancien, modifié par des apports ultérieurs, mais les différents groupes dont la fusion devait aboutir à la formation d'une communauté originale. Elles disposent d'un berceau : la Mitidja et plus particulièrement les entours de Boufarik. Leur datation est moins précise que celle de l'expédition d'Alger et se noie dans toute une mythologie qui la rend mineure. Le cadre de ce légendaire se situe aux antipodes de l'Eden. Au milieu de marécages putrides, traversés de fauves, de Hadjoutes coupeurs de têtes et de larrons coupeurs de routes ou perceurs de murailles, les fièvres guettent les premiers colons, tandis que la sécheresse ou les sauterelles menacent leurs récoltes. Dans ce monde hostile, des êtres ordinaires, humbles parfois, se révèlent des héros. Il s'agit de ceux qui ont encouragé la colonisation de la Mitidja : Vialar, Malglaive ou Clauzel, – héros éponyme puisqu'un temps Boufarik s'appela Médina-Clauzel. Mais on compte surtout parmi eux les anonymes, qui s'acharnèrent à cultiver leur terre, envers et contre tout ; ceux qui défendirent bravement leur sol, comme Joseph Pirette luttant contre un millier d'assaillants, ou leur drapeau, comme le sergent Blandan ; ceux qui simplement contribuèrent à réconforter les autres par les soins qu'ils dispensaient à « l'ambulance » de Boufarik, comme le docteur Pouzin, ou par leur inoubliable tête de veau, comme le colon Girard, ou en assurant les relations avec le reste du monde, comme les rouliers. La fondation du village, généralement entre 1848 et 1852, dépasse en importance la « création » de l'Algérie. Réalisée sur un site inoccupé, elle est le fait marquant et initial de cette histoire de pionniers.

La fin s'apparente au début puisque l'histoire des pieds-noirs s'achève par une guerre. La tentation est grande de pousser plus loin le parallèle, en assimilant le combat de 1962 à celui de 1830. S'il était légitime au début, il l'est encore à la fin ou, inversement, s'il était injuste, il l'est resté. Ainsi, les arguments destinés à justifier l'expédition d'Alger resurgissent-ils abondamment lorsque, au crépuscule de l'Algérie française, on se propose de la sauver ou de la prolonger. De nouveau, des chrétiens sont menacés par des musulmans. Quant au départ de la France d'Algérie, il se soldera par une décadence semblable à celle qui suivit la disparition de l'empire romain et surtout la conquête arabe. L'argumentation s'attachant à la colonisation se reconvertit également pour la circonstance. Les sacrifices consentis par les pionniers rendent impensable et inadmissible le départ de leurs descendants. A l'opposé, les adversaires de cette Algérie-là, démontrent l'évidence : la racine du mal remonte à 1830. La dénonciation ne porte par tant sur le phénomène de conquête, que sur la notion de « mauvaise conquête ». Les conditions dans lesquelles elle s'est déroulée l'ont rendue inacceptable. A cela, s'ajoutent les « erreurs » qui ont suivi, auxquelles, sur l'autre bord, on réplique par l'œuvre accomplie. Les arguments utilisés ne sont pas faux ; leur usage est fallacieux. Les preuves pullulent, quoi qu'on veuille démontrer, lorsqu'on veut le démontrer. Les tenants du bien-fondé de l'Algérie française négligent les injustices au profit de bienfaits. Les avantages de l'appartenance française estompent, jusqu'à le nier, le fait national. Pourtant, ils ne poussent pas jusqu'au bout cette logique, puisqu'ils présentent toutes les tentatives historiques pour étendre la citoyenneté à toute la population d'Algérie comme prématurées. Allant plus loin dans la contradiction, parfois, ils soulignent l'irréductibilité des autochtones et leur résistance opiniâtre à la francisation. Au contraire, ceux qui justifient 1962, tout en mettant en lumière le fait national et sa continuité depuis 1830, estiment que le choc final eût été évité, si la nationalité française avait été largement octroyée et plus tôt. Ces deux tendances négligent la chronologie et le contexte historique propre à chacune des dates concernées. Ils ratiocinent comme si l'histoire obéissait à un processus logique ou moral, dans lequel, en respectant les règles, on évite les fautes et on gagne la partie. Légitimer ou condamner 1830, justifier ou incriminer 1962 relèvent davantage de la volonté de conforter une théorie, un tout cohérent, que de l'analyse historique.

La mise en accusation de 1962, fin injuste, ou sa défense, fin méritée, ne s'appuie pas toujours sur des raisons obsolètes ou sur des charges rétroactives. Pour beaucoup, 1962 n'est qu'une fin absurde dont l'impact est plus affectif que rationnel. Que certains admettent avoir compris la lutte du FLN, ne les empêche pas d'avoir souffert de leur éviction et de considérer comme incompréhensible, intolérable, l'attitude de leur patrie. Si le conte ne se termina pas par un mariage, les résistances de la belle princesse n'y contribuèrent pas plus que l'aveuglement maladroit du prince charmant. La guerre de 1954-1962, appelée pudiquement « événements », n'a pas, pour la plupart des pieds-noirs, le visage d'une guerre de nation à nation, ni de décolonisation, ainsi que pour les métropolitains. C'est pourquoi certains d'entre eux ne peuvent lui donner une signification nationale, ni même lui accorder le rang de guerre. Lorsqu'ils le lui reconnaissent, ils conçoivent ce conflit comme une autre « Iliade », une autre guerre de Sécession, toujours une lutte fratricide.

Cependant, 1962, pour les pieds-noirs, n'est pas tant la fin d'un long combat pendant lequel leur histoire a continué, se nourrissant des épisodes du conflit, mais précisément et essentiellement, la fin de cette histoire, leur fin. Les termes employés pour désigner cette année traumatique montrent nettement ce sentiment de disparition irrémédiable. Le terme de « rapatriement » est repoussé avec énergie, pour des raisons étymologiques, certes, mais plus encore pour des raisons sentimentales, émotionnelles. On le remplace par « exil », « exode », pour traduire l'impression de départ définitif, obligatoire et massif. « Expatriation », « arrachement » « re-patriement » et « transplantation » s'utilisent pour évoquer la sensation physique née de la perte brutale de la terre aimée. On compare aussi cette privation irrémédiable à « l'amputation d'un membre sans anesthésie ».

La dispersion de la communauté pied-noir « de Valence à Dunkerque » est ressentie comme un « bouleversement », un « déchirement », un « éclatement ». Ces termes peuvent paraître excessifs. S'ils n'ont pas la froide commodité du mot rapatriement, c'est qu'ils cherchent à condenser le fait et la commotion qui en résulte. Tous les raisonnements ne peuvent rendre acceptable la disparition des points de repère et des références, ni le vertige nauséeux qui l'accompagne, même pour les plus endurcis. 1962 est pour les pieds-noirs une pirouette accomplie sans point fixe. Le temps écoulé en atténue les effets, mais n'aide guère à mieux comprendre ce qui s'est produit. La perception de 1962 reste dramatique. La cessation d'une histoire en pleine course n'apparaît pas conforme. Généralement, les histoires ne s'achèvent pas ainsi mais ne finissent pas d'en finir. Elles se dégradent lentement.

Si 1962 est bien l'année terminale, plusieurs journées sonnent le glas de l'histoire pied-noir au cours de cette période. Le 18 mars, la signature des accords d'Evian est aussi celle de l'arrêt de mort. Le 24 mars, surnommé le « Budapest » des pieds-noirs, en raison du blocus de Bab-el-Oued, et le 26 mars, leur « Saint-Barthélémy », en raison de la fusillade de la rue d'Isly, donnent le coup de grâce. Pourtant, ce n'est pas tout à fait fini. Le jour du référendum et celui de l'indépendance, les 1er et 3 juillet, ont eu peu de retentissement pour les pieds-noirs. Mais, ils se souviennent avec douleur et colère de « l'agonie d'Oran », c'est-à-dire des massacres qui ensanglantèrent la ville, le 5 juillet. Cet épisode coïncide avec le 132e anniversaire de la prise d'Alger. La boucle est bouclée, les extrêmes se touchent. Les ancêtres partirent de rien en 1830, leurs descendants arrivent nulle part en 1962.

*Le cœur ici, la tête ailleurs*

Une apparente unité caractérise l'histoire des pieds-noirs. D'un bout à l'autre, un souci permanent l'anime : le maintien ou non de la France en Algérie. Considéré comme garant de celui des pieds-noirs et de la poursuite de leur histoire, il tend à en devenir le thème principal. A l'ombre de ce schéma simple et rassurant, les événements essentiels, c'est-à-dire ceux du quotidien, s'accomplissaient paisiblement. Ainsi, les intérêts de la France se confondaient avec ceux des pieds-noirs, sans controverse possible, mais non sans contradictions.

Dans les premières semaines, les premiers mois de l'histoire des pieds-noirs, cette connivence entre les deux parties – France d'un côté, communauté européenne de l'autre – s'impose sans concertation préalable. Si on peut parler de « France », bien que celle de la fin juillet 1830 ne soit pas la même que celle du 5 juillet, doit-on réellement parler de « pieds-noirs » ? Le restaurateur de la rue Bad-el-Oued, les deux hôteliers de la rue de la Marine et de la rue des Consuls, installés dans les jours qui suivirent la prise, les 300 Européens établis à Alger dès janvier 1831 concordent-ils avec le stéréotype pied-noir ? D'après une description de la même année, ils en réunissent les éléments principaux. Ils se composent « de toutes nations » – les pieds-noirs sont issus du mélange de divers peuples méditerranéens et de quelques éléments septentrionaux. Leur comportement évoque celui de leurs descendants en 1962 : « ils se sont rués », non pas sur la France, mais « sur l'Afrique ». Leurs motivations diffèrent : ils veulent « augmenter leur bien-être » ; mais cette dissemblance n'est pas totale, car ils cherchent également à « échapper à de fâcheux souvenirs ». Leurs activités coïncident : ainsi que les pieds-noirs en 1962, « beaucoup se livraient au commerce, peu à l'agriculture » ; eux aussi avaient élevé à Alger de nombreux magasins, propres à « satisfaire à tous les besoins de la vie européenne ». Malgré ce cousinage et les similitudes qui s'en dégagent, en janvier 1831, les Européens d'Alger ne sont pas encore des pieds-noirs. Ils le deviendront, s'ils restent, et plus encore qu'eux, leurs enfants. Il leur manque encore d'être attachés à l'Algérie comme à une terre natale, d'un attachement indissociable de la nécessité ou du profit. Entre les ancêtres des pieds-noirs – ou ceux qui auraient pu devenir leurs ancêtres – et l'Algérie, n'existent, de prime abord, que des attaches matérielles. Leur histoire constitue, néanmoins, le prologue de celle des pieds-noirs.

Au même moment commence à se tisser la trame de celle-ci sur une chaîne dont la continuité laisse parfois à désirer et dont le parallélisme n'est pas toujours assuré. L'histoire des pieds-noirs tente de s'ajuster aux aléas de la présence française, malgré le décalage géographique, économique et obsessionnel. Tandis que, de la prise d'Alger, naissaient en France deux partis, l'un favorable au prolongement de la France en Afrique, l'autre hostile à cette folie coûteuse, en Algérie même se développaient les premières mésententes et malentendus entre la communauté européenne naissante et dépendante des représentants de la France, et ceux-ci, militaires et fonctionnaires. Un quiproquo en résulta qui ne fut jamais vraiment dissipé. Grâce à ces Européens venus en Afrique parce que l'armée de France – synonyme de gagne-pain pour certains, et de protection pour tous –, s'y trouvait, la France détenait, désormais, un prétexte légitime pour se maintenir sur le sol algérien. De même, si d'aventure elle décidait de s'en retirer, le portrait-robot peu flatteur de ces émigrants, vite et durablement établi, suffirait à lui ôter tout scrupule. Que pourrait peser un ramassis de parasites quémandeurs et avides de profits, en regard des intérêts supérieurs et des principes intangibles d'une grande nation ? Toutes les hésitations, tâtonnements et revirements étaient donc permis. Ils perdurèrent et eurent un impact, non seulement sur les fluctuations territoriales et sur l'octroi de la nationalité, mais aussi sur la conception que les Français ou Européens d'Algérie eurent de leur destinée.

La formation de cette communauté disparate, coïncidant avec la possession d'un fragment d'Algérie par la France, sa survie et son extension dépendent donc étroitement du maintien et de l'expansion territoriale de la puissance conquérante. La quête infructueuse d'une supériorité numérique impossible ressort des mêmes préoccupations.

Très tôt, en effet, la faiblesse numérique est apparue comme une faiblesse tout court. L'insuffisance de la population française sur le territoire algérien compromet la présence française. Sur ce sujet aussi, deux tendances s'affrontent. Ne pas encourager le développement de cette population permet de limiter les obligations de la France à son égard et d'arrêter la conquête. Inciter à la colonisation et favoriser ainsi l'accroissement du nombre des Français en Algérie fondent l'expansion territoriale. Les comportements aléatoires résultant de ces deux conceptions affectent la présence française en Algérie d'un coefficient restrictif. D'abord restreinte dans l'espace, elle justifiait le faible nombre de citoyens français, puisque ceux-ci se concentraient dans les régions conquises et que les décès ou départs étaient compensés par une immigration encore importante. Lorsqu'elle a gagné en étendue, la France s'est trouvée beaucoup trop limitée sur le plan numérique. En étendant son emprise sur l'Algérie, elle y avait dilué ses nationaux dans une quantité d'autres immigrants européens et dans la population autochtone. Dans cet ensemble ethnique hétérogène, les Français d'Algérie étaient isolés, en raison de l'exclusivité de leur citoyenneté. Se posait donc la question de l'extension de celle-ci. On pouvait l'envisager de façon timorée ou évolutive. Dans le premier cas, il s'agissait d'une citoyenneté intransigeante sur l'égalité devant la loi. Dans le deuxième cas, il se serait agi d'une citoyenneté adaptable aux circonstances nouvelles, admettant une égalité souple. La première attitude triompha puisque seuls devinrent Français les Européens dont la religion n'impliquait aucune différence de statut. Ce critère du statut fut d'ailleurs toujours présenté et ressenti comme l'obstacle majeur à la naturalisation des autochtones. La seule communauté autochtone naturalisée massivement perdit, de ce fait, son statut original. La France une et indivisible ne pouvait se laisser entamer par les particularismes. Pourtant, le seul moyen qu'elle avait de se diffuser profondément était de se laisser partager entre le plus grand nombre. En optant pour les solutions de 1870 et 1889, la France fixait les contours définitifs de la communauté pied-noir et l'enfermait dans une certaine conception d'elle-même. La nationalité accordée avec parcimonie se transformait en privilège et ses détenteurs en privilégiés, donc en assiégés.

Les exclus se muaient en assiégeants, après être restés longtemps des insoumis. Le souvenir et les résurgences de cette résistance servirent, du reste, d'arguments pour récuser leur naturalisation. Après 1871, il n'était pas question de faire des concessions aux musulmans, alors qu'on venait de mâter une insurrection et qu'on s'appliquait à la sanctionner dûment et durablement. Dans le même temps, on se félicitait de la faible extension du soulèvement, comme on s'en félicitait en 1881, en 1901 ou en 1916. Cependant, ces révoltes sporadiques ancraient aussi l'image d'une population musulmane qui s'inclinait devant la force, mais prête à se soulever à la moindre faiblesse et dont le désir atavique de rejeter l'étranger à la mer persistait. Dans de telles conditions, on ne pouvait songer à étendre la nationalité française à des autochtones qui la haïssaient, tout autant qu'ils détestaient les exigences et les habitudes qu'impliquait la présence de la France et des Français en Algérie. Cette conception d'une population musulmane dangereuse et vindicative, corroborée par la tradition orale se rapportant à la conquête, illustrée par les vols de bestiaux ou les incendies de meules épisodiques, plaidait, auprès de ses ressortissants, en faveur du maintien de la France. Leurs velléités autonomistes de la fin du XIX$^e$ siècle ne résistèrent pas à l'insurrection de 1871, une première fois, aux incidents sanglants de 1901, ensuite.

La participation massive des musulmans à la Première Guerre mondiale ne modifia guère leur image de marque. On se glorifia tout au plus de leur fidélité et de leur loyauté dans ces circonstances difficiles, en y voyant la preuve que la France avait su gagner leur cœur. Encore certains ont-ils pu dire que la guerre n'avait représenté pour les musulmans que l'exutoire de leurs appétits guerriers : la vigilance restait plus que jamais de mise et l'étalage d'une force sans concessions le plus sûr garant du maintien de la France en Algérie. Sans plus le contester, les assiégeants se font plus pressants aux pieds de la forteresse de la citoyenneté française. Mais les brèches sont trop minces : égalité fiscale, accroissement du nombre d'électeurs musulmans pour les Délégations financières, conseils généraux et conseils municipaux, représentation accrue à ces conseils n'empêchant pas la forteresse de rester imprenable. Que pensent les assiégés d'une telle situation ? Sans la France, l'Algérie n'existe pas : telle est l'idée unanime. A partir de cela, il faut expliquer pourquoi la France n'est pas également partagée. Là-dessus, les opinions divergent. Le point de vue du rejet à la mer se maintient : c'est celui des « arabophobes ». Pour les « arabophiles », les témoignages de dévouement de nourrices, de commis montrent que la voie du rapprochement est ouverte. Cependant, pour une fusion totale, il faut attendre encore. Les différences liées à l'islam sont encore trop importantes, mais s'estomperont grâce à l'école et le moment viendra où la citoyenneté sera accessible à tous les musulmans. A cela s'ajoute une distinction établie entre le Kabyle et l'Arabe, le premier présenté comme plus adaptable, en raison de son histoire, que le second. Les bienfaits de l'école ne sont d'ailleurs pas unanimement reconnus. Pour les « arabophobes », elle ne fait qu'accroître le danger du rejet à la mer. La position intermédiaire est qu'elle éloigne davantage qu'elle ne rapproche les musulmans des Français ; les relations quotidiennes dans le travail commun sont considérées comme les meilleurs gages d'une bonne entente. Cette opinion moyenne voit dans les musulmans plus des associés ou des alliés que des amis ou des frères ; une communauté qu'on se conciliera par la fermeté, la justice et la bonté plus que par les droits politiques. Les musulmans ne sont pas encore préparés à les utiliser et la majorité n'y aspire pas. La concorde, née de l'obligeance réciproque, prime la citoyenneté.

Au carrefour de la France et de l'Algérie, persiste donc la question d'une nationalité non partagée. D'elle dépend le maintien de la France en Algérie : pour les uns, une nationalité largement accordée signifie à terme le départ de la France ; pour les autres, au contraire, elle en constitue l'antidote infaillible. Le compromis entre ces extrêmes veut que la présence de la France, dispensatrice de ses vertus traditionnelles, suffise à régler les difficultés, toujours minimes et ponctuelles. L'égalité sert de justificatif à tous ces points de vue. L'égalité des droits civiques avec maintien d'un statut spécial musulman serait, pour les uns, une inégalité devant le code civil ; pour les autres, elle prime tout. Les adeptes d'une solution médiane s'estiment satisfaits dans la mesure où la justice, plus importante à leurs yeux que l'égalité, s'instaure dans les casernes, les prétoires et la vie quotidienne, au moins dans le « bled ». Ces différentes opinions apparaissent comme l'amalgame de diverses doctrines officielles et de schémas ambiants, faits de préjugés, de conclusions empiriques et de préventions, auxquelles l'influence française n'est pas étrangère. Pour être indiscutable et indiscutée, la France a tout intérêt à se faire rare pour qu'on l'estime précieuse. Elle s'expose aussi à être convoitée, puis, comme les raisins, rejetée car inaccessible, dès qu'une solution plus tangible se présentera. Cela fragilise son maintien et cette précarité est tout autant perçue par les tenants de la nationalité restreinte, que par ceux d'une nationalité largement partagée.

En effet, si le maintien de la France en Algérie est le leitmotiv de l'histoire des pieds-noirs, son éviction en est le souci permanent. Cette obsession, ressentie en permanence tant que la pacification n'a pas été totale, se ranime par la suite, au moindre mouvement de révolte, si insignifiant soit-il. Le maintien de la France paraît sans cesse menacé, ce qui explique son importance aux yeux des pieds-noirs et qu'ils n'aient conçu leur Algérie que française. A quoi attribuer cette appréhension récurrente ? A la hantise du péché originel ? Etant là grâce aux armes, craignait-on de ne pouvoir s'y maintenir que par elles ? Cette explication n'est pas à écarter, pour les obsédés du rejet à la mer. En effet, à leurs yeux les musulmans n'ont rien oublié de l'humiliation de la défaite et attendent l'heure de leur revanche. Les incendies de forêts ou de récoltes, les vols de bestiaux leur paraissent des manifestations de cette résistance larvée ; l'assassinat, les représailles contre toute velléité de défense en justice. Mais les plus modérés minimisent ces événements, survivances appelées à disparaître ou crimes de droit commun de caractère universel. En revanche, pour les deux tendances apparaît, en filigrane, l'ombre de la religion, irréductible et fanatique.

La résistance à la conquête, conduite par l'émir Abd el-Kader, a en effet revêtu un caractère religieux. Une confrérie religieuse joua un rôle important dans l'insurrection de 1871, et le fils d'Abd el-Kader l'encouragea. Une fois encore, cette famille chérifienne, réputée pour sa piété, incitait au refus de la France. Chaque fois, le mot de « jihad » était utilisé pour caractériser la rébellion. En 1901, à Margueritte, une confrérie et un mystique furent également à l'origine de la tuerie ; la profession de foi en Allah, la condition pour y échapper. Autant d'indices pour voir en l'islam l'ennemi occulte. La renaissance de la religion des origines, pure et intransigeante, à la fin du XIX$^e$ siècle, dans tout le monde musulman, vient corroborer cette opinion. Le refus d'accorder la nationalité avec conservation du statut musulman en découle tout naturellement. En même temps, présenter la nationalité française et le statut musulman comme antinomiques ancre davantage encore la méfiance vis-à-vis de l'islam. C'est envers et contre lui que la France se maintiendra en Algérie. Dans ce schéma-là, l'école et la francisation des mœurs sont présentées comme les contrepoisons du fanatisme. On en donne pour preuve le fait que les anciens la désapprouvent comme signe d'affaiblissement de la ferveur religieuse. En contrepartie, les adversaires de l'islam ne conçoivent les « élites » musulmanes que détachées de la religion de leurs pères, obstacle à l'évolution et au rapprochement.

Cette vision négative de l'islam ne réunit pas tous les suffrages. Certains le voient, au contraire, comme garant d'un comportement moral et loyal. Les reproches d'obscurantisme qui lui sont faits sont injustifiés. On fait remarquer que le droit de vote féminin a été accordé dans un pays musulman, la Turquie, avant que de l'être en France. L'école n'est pas un instrument de lutte contre l'islam, mais un moyen de mieux se comprendre, à condition de développer l'enseignement des filles, de manière à permettre aux jeunes musulmans cultivés de trouver des épouses à leur mesure. Ce point de vue est beaucoup plus rare que le précédent. Il exclut presque toujours l'éventualité des mariages mixtes, considérés, sauf exception, comme des échecs, en raison de l'hostilité que leur réservent les deux communautés. Quelles que soient les opinions, le maintien de la France en Algérie dépend donc aussi de la conception qu'on se fait de l'islam et de l'attitude à adopter à son égard.

Tel était l'état d'esprit aux alentours de 1930, date précise à laquelle la France fêtait somptueusement le centenaire de la conquête et s'apprêtait à célébrer fastueusement la puissance de son empire, à travers l'exposition coloniale de l'année suivante. Les festivités n'allèrent pas dans le sens du rapprochement avec la population musulmane, ni de l'élargissement de la nationalité. Au contraire, elles rappelèrent aux vaincus une très ancienne défaite, leur signifiant ainsi qu'il y avait bien en Algérie deux communautés : la leur et celle des vainqueurs. Un Français d'Algérie, au moins, a tenu à souligner cet anachronisme qu'il juge propre à détacher les musulmans de la France. Il publie, en 1935, un livre sur le sujet, intitulé : *Le triste sort des Indigènes musulmans d'Algérie*. Cet homme, Jean Mélia, né en Algérie et chef du Cabinet du Gouvernement général, sans renier la conquête militaire ni la mise en valeur terrienne, auxquelles il rend hommage, montre qu'il s'agit de phénomènes révolus et remarque que l'œuvre accomplie ne doit pas servir à dissimuler l'absence, pendant un siècle, de politique à l'égard des indigènes. Selon lui, les politiques dites « de rapprochement », « d'association » ou « de collaboration », non plus que la politique « musulmane » ne sont de mise. Au bout de cent ans, le rapprochement devrait exister ; parler d'association ou de collaboration maintient la distinction entre vainqueur et vaincu ; quant à la troisième attitude, elle vise essentiellement à s'attacher les indigènes, en les traitant en sujets et non en égaux. La seule solution envisagée par Jean Mélia est l'extension de la citoyenneté à tous, car la refuser, sous quelque prétexte que ce soit, c'est creuser le fossé entre les indigènes et les Français, rejeter les premiers hors de la communauté des seconds, communauté à laquelle ils ont pourtant montré leur adhésion – en acceptant la scolarisation française, en y contribuant parfois – dans le cas des instituteurs – et en faisant don d'eux-mêmes, pendant la guerre. Sans citoyenneté partagée, le maintien de la France en Algérie n'est qu'en sursis. Or, il apparaît plus que jamais indispensable, non seulement aux Français d'Algérie, mais aussi à la France elle-même. La vieille Europe usée ne peut se développer désormais que dans ses colonies. L'idée selon laquelle l'Algérie, « France nouvelle », est la chance et l'avenir de la France se répand, en effet, aux alentours de 1930. Mais, pour que cet avenir se réalise, Jean Mélia estime qu'il faut envisager de nouvelles relations avec les colonies, excluant l'impérialisme et l'exploitation. En Algérie, il est urgent de réparer la plus grande injustice en accordant les mêmes droits civiques à tous. Jean Mélia écarte l'obstacle du statut personnel musulman, en démontrant qu'il n'est plus qu'un squelette tant la France et les Français l'ont entamé chaque fois qu'ils y avaient intérêt. Il s'élève aussi contre le procès fait à l'élite intellectuelle musulmane. Contrairement au lieu commun, les plus instruits ne sont pas hostiles ni dangereux. Il le démontre en s'appuyant sur les incidents de 1934 et 1935, à Constantine et à Sétif. Cependant, formés selon des idées françaises, les intellectuels réclament les réformes qui en découlent. Ils ne sont pas hostiles, mais rejetés par les Français ; ils ne sont pas dangereux, mais isolés, et il est plus facile d'écraser leur action en incriminant la propagande bolchevique ou islamique que de prendre en considération leurs revendications justifiées. Le sort de l'émir Khaled, petit-fils d'Abd el-Kader, est l'illustration de cette solution de facilité. Officier de Saint-Cyr, favorable à la France, son activité politique lui valut l'exil. Les adeptes de cette rigidité concernant le statut personnel ou de cette intolérance vis-à-vis des intellectuels se recrutent, certes, parmi les Français d'Algérie, comme Amédée Froger, maire de Boufarik, mais également parmi les journalistes parisiens ou les hommes politiques métropolitains.

Après la Seconde Guerre mondiale, et malgré une participation réitérée des musulmans à celle-ci, les positions respectives persistent. L'attitude adoptée après les émeutes du Constantinois le prouvent assez. Dans un livre publié l'année suivante, par un partisan de la « bonté », hostile aux droits politiques et à l'élite, ces événements sont qualifiés de « nuages ». Un autre auteur réécrit sur ce sujet le même roman que celui qu'il avait écrit en 1902, après Margueritte. Le maintien de la France est de nouveau à l'ordre du jour ; il apparaît toujours menacé ; les solutions sont la justice, la bienveillance, un meilleur ravitaillement, le développement des routes, la construction de cités, d'écoles, d'infirmeries dans le bled, toutes initiatives irréprochables, mais n'incluant toujours pas les droits politiques car « ils » n'y sont pas préparés. Le cœur veut être de la partie et il en est, sans aucun doute. Néanmoins, la tête est ailleurs, dans un autre univers, à une autre époque. Est-il possible de soutenir que l'Algérie est la France territorialement, économiquement et socialement, mais qu'il est exclu qu'elle le soit pour les droits civiques comme elle l'est déjà pour les devoirs ?

*La démesure d'une vie brève*

L'histoire des pieds-noirs est plus riche que longue. En une période très courte, un grand nombre d'événements ont été mémorisés, avec une volonté évidente de se souvenir. Cette mémoire boulimique est comparable à la vision panoramique du moribond sur son passé.

La durée de leur histoire excède à peine le siècle, mais les pieds-noirs tiennent à ne pas en perdre un fragment et à en donner la juste mesure. Ces cent trente-deux ans englobent donc tous les développements de la conquête et la guerre finale. Il s'agit de bout en bout d'un passé récent, d'une histoire vécue. Tous les épisodes ont pu en être transmis par des témoins vivants, des arrière-grands-parents aux arrière-petits-enfants par le relais des grands-parents ou des parents. De ce fait, l'unité de compte est la génération. Les Français d'Algérie savent généralement depuis combien de générations leur famille se trouvait dans ce pays. Les plus anciens parviennent, en comptabilisant méticuleusement les premiers débarqués et les ultimes naissances, à totaliser six générations. De ce mode de datation, il faut excepter les familles juives ou musulmanes dont l'implantation se rattache à une période beaucoup plus ancienne, parfois immémoriale. Le comptage par générations permet à la fois de se rattacher à des origines identifiables et de démontrer son enracinement. Il tient lieu de lettres de patente ou de lettres de noblesse. De même qu'on ne se cache pas d'être là par droit de conquête, on ne se cache pas d'être venu d'ailleurs. Cette provenance étrangère est une des composantes de l'identité. Elle doit imprimer sa marque à l'histoire pour que celle-ci soit bien celle des pieds-noirs. Il n'est pas question de la nier mais on s'attache, au contraire, à la souligner avec d'autant plus de vigueur qu'on est fier de ces origines. On les considère comme un défi lancé par les ancêtres à une Algérie rétive qu'il s'agissait de dompter, soit « par les armes », soit « par la charrue ». Elles attestent que les prédécesseurs vécurent en pionniers courageux et durs à la tâche. Ces débuts sont aussi ceux d'une réussite impressionnante : la conquête et la mise en valeur du pays, auxquelles on associe un succès relatif et plus modeste : l'implantation de la communauté. Etre parvenu à former souche ; à conserver une terre, même exiguë ; à fonder une entreprise, même de petite envergure, suffit à la gloire de chaque famille de ce groupe humain. Si la fortune ou l'aisance est survenue après des débuts misérables, le souvenir de ceux-ci en devient plus précieux et le prestige de cette ascension rejaillit sur la collectivité. Le gros œuvre de l'histoire des pieds-noirs apparaît essentiellement comme un conglomérat d'histoires familiales, similaires dans les grandes lignes. Plus qu'une histoire militaire ou politique, c'est une chronique domestique et prosaïque.

Avant 1954, cette histoire pouvait même sembler arrêtée ou tarie à la plus grande partie des protagonistes. Le déclenchement de la guerre l'a fait rebondir et a remis en lumière son caractère instable et explosif, avant d'y mettre un terme dramatique, contrastant avec l'image géorgique et bonhomme dont elle semblait empreinte. Cette fin brutale et la fugacité de l'ensemble ne sont pas sans rapport avec les principes qui l'ont engendrée. Car souligner si nettement l'exotisme originel revenait à extirper les racines qu'on avait développées dans le sol natal. Arguer ainsi de sa filiation n'allait pas sans contradictions avec la capitalisation des générations qui tendait à démontrer l'ancienneté de l'implantation et à fournir à l'histoire un point d'ancrage. Enfin, l'utilisation même de la génération comme unité temporelle et la fréquence réduite de celle-ci tend à souligner la brièveté, ainsi que la jeunesse de l'histoire des pieds-noirs. Jusqu'en 1954, on y voit un signe de dynamisme. Après 1962, l'interruption brutale de cette existence éphémère semble une fin prématurée, tandis que le passé lui-même devient un tout fermé et irrémédiablement révolu. De l'extérieur, cette chronologie achevée peut paraître artificielle et transitoire, intervalle allogène surajouté dans la continuité de l'histoire algérienne. Le caractère parfois anecdotique de cette période et l'obscurité enveloppant ses principaux événements accentuent cette impression, pour ceux qui n'y sont pas impliqués.

L'histoire des pieds-noirs est, en effet, plus celle de l'élaboration d'une ambiance particulière qu'un enchaînement de phases théoriques. Celui-ci se rattache à l'évolution d'une politique globalement française et non pas à un vécu spécifiquement pied-noir. Longtemps, elle resta une histoire inconsciente ; sa fin fut son révélateur. Souvent, elle fut comparée à la conquête de l'Ouest américain ; ici, ce n'était pas la Frontière qui reculait mais le sud. Dans cette aventure, les acteurs sont des anti-héros, son dénouement en fait un anti-western. Comme dans le western, cependant, l'intrigue compte moins que la mythologie qui l'accompagne. Son prosaïsme dépourvu, en ce qui concerne l'histoire des pieds-noirs, du lustre de la cinématographie, de l'éloignement géographique et du triomphe final, ramène le genre à sa réalité quotidienne de « ouesterne ».

L'histoire commence avec le voyage des immigrants. La similitude répétitive des circonstances, propres à ce déplacement historique quelle qu'en soit l'origine, confère d'emblée aux événements l'auréole de la légende. Les ancêtres arrivent sur des balancelles ou sur une gabarre. Celle des premiers émigrants qui quittèrent Toulon pour

Alger est identifiable : « La Fortune ». Debout, ces prédécesseurs entreprenants scrutent la mer tempétueuse ou désespérément calme. Ils espèrent apercevoir la côte inconnue et pleine de promesses sur laquelle ils brûlent de débarquer. Hélas ! des difficultés imprévues retardent souvent ce premier contact. A bord, où l'attente s'éternise, l'inconfort s'accroît : les vivres se raréfient, tandis que l'eau potable croupit dans les barriques. Les femmes refrènent leurs angoisses pour maintenir la cohésion familiale, les hommes manifestent un optimisme excessif pour éviter d'inquiéter leurs épouses, les enfants s'abandonnent à une curiosité détachée et sans nuages. Les Espagnols, immanquablement chaussés d'espadrilles et la taille enserrée dans leur large ceinture, apportent avec eux leurs « côtelettes d'Espagne » et leur pain mahonnais, les Maltais aux pieds nus ne se séparent pas de leur chèvre ou de leurs plants d'oignons. L'espoir d'une vie meilleure et son cortège d'illusions les accompagnent tous.

La parenthèse du voyage fermée, s'ouvrent les guillemets de la vie algérienne. Devant les pionniers, avides de bonne aventure, s'étendent de grands espaces sans chemins et en friche. Le froid, les mois torrides, la faim et la maladie harcèlent ces envahisseurs pitoyables. Les vêtements tombent en loques, la pluie torrentielle inonde les tentes ou les cahutes et détrempe les effets. La population autochtone semble lointaine, étrange, impénétrable, quand elle ne se montre pas hostile ou belliqueuse. La nuit, le fruit de la moisson est prestement incendié ; le jour, les troupeaux des nomades piétinent les champs. Conduits par des rouliers audacieux, armés d'un fusil et d'un fouet, les lourds chariots bâchés passent les oueds à gué, s'embourbent dans les fondrières, traversent des cols enneigés, essuient des embuscades. L'absinthe tient lieu de whisky. Le colon de 1848 n'est pas mieux loti que le forty-niner. Au début du XX$^e$ siècle, les derniers représentants de cette génération, grelottant de malaria sur le pas de leur porte, servent de modèle aux nouveaux débarqués et évoquent quelque peu les old-timers du Far-West. Les personnages louches ne manquent pas non plus : usuriers, vendeurs de poudre aux indigènes. Le hurlement du chacal répond à celui du coyote, le bond de la panthère aux ondulations du crotale. L'assimilation au western est assez fréquemment faite par les pieds-noirs eux-mêmes, qui, en même temps, soulignent la différence. Elle réside essentiellement dans l'attitude vis-à-vis des autochtones : Arabes et Berbères n'ont pas été exterminés à l'instar des Apaches. Si cela avait été le cas, certains se demandent si les colons auraient été eux aussi des héros de film ? C'est pour se féliciter, aussitôt, qu'il n'en soit pas ainsi, car la croissance démographique générale est un de leurs sujets de fierté. Parfois ils comparent également la colonisation française à la colonisation espagnole et se reprochent alors de n'avoir pas su se mêler aux Arabes et aux Berbères.

Leur adversaire le plus féroce, dans ce western africain, leur semble essentiellement la terre d'Algérie, le « Moloch » qui a raison de tous les envahisseurs. Toujours il a fait mine de reculer devant l'homme d'Europe, pour se réveiller soudain et le terrasser. L'Algérie, indifférente et hostile, subit les immigrants, mais ne les accepte jamais. Cette conception sceptique et pessimiste de l'aventure algérienne se situe aux antipodes de la conviction inébranlable nécessaire au pionnier. Elle implique que le lieu choisi par l'expansion pied-noir suffisait à la condamner d'avance. En persistant, les immigrants s'engageaient ou engageaient leurs descendants dans la voie de la mort ou du départ. Bien que cette Algérie monstrueuse ne soit pas l'expression d'une opinion unanime, associée au perpétuel flash-back sur les générations antérieures et à l'irrépressible besoin de

France, elle suggère un état d'esprit dubitatif peu favorable à la recherche du succès. Si on y ajoute le goût de l'auto-persiflage, couramment pratiqué par les pieds-noirs, force est de constater que l'atmosphère rappelle bien le western, mais que les personnages ne jouent pas leur rôle.

L'histoire des pieds-noirs, si on en exclut les faits qui se rapportent aussi à l'histoire de France, comporte deux types d'événements : ceux qui se rapportent à la mise en valeur du pays et ceux qui se rapportent à sa conquête. Bien que les premiers dépendent étroitement des seconds, ils prennent fréquemment le pas sur eux dans l'esprit des pieds-noirs. L'histoire rurale est plus la leur que l'histoire guerrière qui la rendit possible. Les grands moments de la colonisation rurale correspondent au défrichement et à l'emblavage de régions jusque là incultes. La première étape concerne la plaine de la Mitidja et ses débuts se confondent avec ceux de l'histoire des pieds-noirs. Elle se présente comme un combat acharné entre les pionniers et d'impitoyables ennemis naturels, à côté desquels les Hadjoutes font presque pâle figure. Si la triste plaine est le tombeau des roumis, les fièvres en semblent les principales responsables et l'enjeu de la lutte porte essentiellement sur la transformation de ce lieu pestilentiel en « jardin des Hespérides ». Le reflux de la mer d'alfa, dans le Sersou, fait également figure d'étape héroïque. Il s'agit à la fois d'un combat contre la nature et d'un affrontement entre hommes. Les céréales défient maintenant le « désert ». En effet, jusque là le Sersou était considéré comme incultivable : glacial l'hiver, torride l'été, et désespérément sec toute l'année. Pour parvenir à l'emblaver, les candidats colons doivent compter avec la résistance d'éleveurs oranais dont il est le pacage à moutons favori, car extrêmement propice à un engraissement rapide. La lutte entre éleveurs et cultivateurs reste pacifique ; les premiers défendent leur source de profit par voie de presse, mais n'obtiennent pas gain de cause. Fréquemment, la conquête du sol prend l'aspect d'un conflit humain qui ne se règle pas par une guerre ouverte. L'appropriation de terres religieuses, de terres sous séquestre pour cause de rébellion, de terrains de parcours ou de terres autrefois indivises favorise l'incompréhension entre la communauté autochtone et la vague immigrante. Elle provoque une sourde hostilité, vite réciproque, car les spoliés opposent une résistance clandestine, sous forme d'incendies de meules ou de vols avec rançon. Selon les avis, ces malveillances sont significatives ou négligeables, persistantes ou moribondes, guerrières ou criminelles. Elles maintiennent durablement l'opposition entre vainqueurs et vaincus, sans qu'il soit possible de préciser jusqu'à quand, les uns interprétant tout incident de cette nature comme preuve de cet antagonisme indéracinable, les autres estimant, au contraire, qu'il s'agit d'actes isolés, sans liens ni lendemains.

Les grandes innovations culturelles constituent également des hauts faits de l'histoire des pieds-noirs. L'implantation réussie de l'eucalyptus, après 1860, grâce à la création d'une espèce spécifiquement algérienne, procure aux colons un auxiliaire dans la lutte contre les marécages. Le développement spectaculaire de la culture des primeurs, notamment dans le Sahel, fait de ses héros, Mahonnais ou Maltais, de véritables conquistadores. Les succès de la viticulture et l'élaboration de grands crus algériens inspirent également une satisfaction supérieure à celle conservée des victoires militaires. Mais, de tous les succès agricoles, celui qui a le plus de notoriété, est, sans doute, la découverte de la clémentine. Différentes versions en sont données, auréolant l'événement de mystère. La date même est imprécise, 1898 ou 1902. L'invention est fortuite, ce qui, ajouté au lieu où elle s'est produite – l'orphelinat catholique de Misserghin – et à la qualité du découvreur – un simple frère jardinier nommé Clément – la rend presque miraculeuse. De plus, le clémentinier, que le frère Clément l'ait trouvé sur un tas de fumier ou grâce à la gourmandise d'un jeune orphelin, ne peut pas être revendiqué par les Américains, comme le dry-farming dont on leur conteste la paternité.

La lutte contre les sauterelles occupe une place de choix, parmi les grandes batailles de l'histoire des pieds-noirs. Elle resta longtemps un grand souci pour les colons, en raison de sa soudaineté et de son imprévisibilité. Aussi, les techniques de combat sont-elles complaisamment décrites. Dès que des guetteurs signalent l'arrivée du nuage noir, tous, européens ou autochtones, se mobilisent pour éloigner le redoutable ennemi, en frappant sur des instruments métalliques. Des « appareils cypriotes » sont envoyés en renfort par les autorités. Impitoyablement, on rabat l'envahisseur vers des fosses où il sera écrasé ou brûlé. Certains stratèges ingénieux disposent dans le sol des entonnoirs de tôle et y acculent l'ennemi qui, privé de nourriture, s'y entredévorera. Cependant, la victoire est amère car les féroces acridiens ont tout détruit sur leur passage et le succès n'est pas décisif tant que les œufs pondus par milliards n'ont pas été systématiquement détruits. Aussi, l'année 1942, importante par le débarquement américain, l'est autant par l'introduction du DDT qu'ils apportent avec eux et l'éradication du fléau qui en est résultée.

Généralement, les grandes dates de l'histoire pied-noir correspondent à des événements tout aussi modestes. A côté des grandes invasions de sauterelles, figurent les gelées ou les sécheresses mémorables. On mentionne également les épidémies de choléra, notamment celle de 1849, la mort de la dernière panthère de la région, généralement aux alentours de 1920, les tremblements de terre, surtout celui de 1954 à Orléansville.

Les épisodes de la conquête se détachent difficilement de l'histoire générale de la France. Cependant, ils importent davantage aux pieds-noirs qu'aux métropolitains et certains d'entre eux ne sont connus que des premiers, surtout depuis 1962. Auparavant, les Français d'Algérie avaient peu conscience de leur histoire propre. En France, elle était surtout connue par l'expédition d'Alger, la prise de la smalah d'Abd el-Kader en 1843 et la bataille d'Isly, de la même année. En Algérie, on se remémorait, en outre : la prise de Constantine en 1837, le passage des Portes de Fer et le terrible raid de Hadjoutes qui le suivit en 1839, le combat de Sidi-Brahim en 1845. Les événements qui suivirent semblent avoir eu un retentissement moindre, même la reddition d'Abd el-Kader, en 1847. Avec elle la conquête paraît achevée, tant la soumission des vastes territoires subsistants passe inaperçue. Elle a pour cadre, en effet, des territoires où l'implantation des pieds-noirs sera toujours limitée. Les insurrections ou révoltes prennent le relais : la plus importante, celle de Kabylie, en 1871, l'attaque et le massacre des alfatiers du Sud Oranais, par Bou Amama, en 1881, celle de Margueritte, en 1901. Celles de 1916, dans l'Aurès, celle de 1934, à Constantine, celle de 1945, à Sétif et aux environs, attribuées à des agitateurs ou à des insuffisances du ravitaillement, forment un groupe distinct, plus proche, semble-t-il, de la conflagration finale que des résistances du $XIX^e$ siècle. Au milieu de ces événements sanglants, des faits apparemment pacifiques, comme l'application du décret Crémieux, de la loi de 1889 ou la fastueuse célébration du Centenaire, ne jouent pas un rôle anodin. La guerre ultime de huit ans apporte la dernière moisson d'épisodes dramatiques dont certains se confondent avec la fin de l'histoire. Les plus marquants sont le 1er novembre 1954, dont l'importance ne fut pas perçue immédiatement ; le massacre d'El Alia, le 20 août 1955 ; la bombe du Casino de la Corniche, près d'Alger, le 9 juin 1957. Le 13 mai 1958 est décrit, soit comme une grande manifestation fraternelle, soit comme une « journée des dupes », supplantée parfois par le « Je vous ai compris » du 4 juin. Ensuite, le discours sur l'autodétermination, les tracts annonçant la naissance de l'OAS, le putsch d'avril 1961 se succèdent en accéléré.

L'histoire des pieds-noirs peut paraître à l'observateur extérieur, qui n'en remarque que les faits saillants, pleine de bruit et de fureur. Les pieds-noirs qui en ont vécu l'intégralité ne la perçoivent pas ainsi. Elle leur paraît très dense, mais pauvre en événements datables. Elle puise sa force dans les activités banales et vitales et dans l'emprise qu'elles exercent sur leurs exécutants. Ceux-ci, absorbés par l'intensité des besognes quotidiennes, ne songent pas qu'ils vivent une histoire particulière, jusqu'au jour où des incidents tragiques les tirent de leur routine pour en faire des victimes ou des coupables. Plus occupés de terre que de guerre, les pieds-noirs avaient pris l'habitude de privilégier l'une et de négliger l'autre, au moins en ce qui concernait leur parcours spécifique. La guerre était inaugurale – génitrice, certes – mais révolue. En 1954, elle redevient pourtant d'actualité, plus meurtrière que jamais et définitive. Elle les arrache à cette terre triomphante redevenue leur rivale. Curieusement, aussi, les pieds-noirs, dont le territoire est essentiellement urbain, ont de leur passé une conception rurale. Les villes ont une forte signification spatiale, mais sont dépourvues de racines historiques, comme si elles portaient en elles une vocation au départ, à la dérive vers d'autres horizons. L'histoire des pieds-noirs, elle aussi, se prolonge, en aval et en amont, dans celles de ces pays d'outre-Méditerranée, au point de s'effacer presque devant elles.

## Chapitre VI

## LE RÉGIME DE LA COMMUNAUTÉ

L'histoire des pieds-noirs est incompréhensible sans l'histoire de France. En conséquence, elle se confond habituellement avec l'histoire de l'Algérie française et apparaît donc comme une étape du long passé de la métropole. Le lien que les pieds-noirs ont sans cesse ressenti entre leur maintien en Algérie et celui de la présence française renforce cette dépendance historique. De ce fait, les relations passées de la France avec la côte barbaresque entrent dans l'argumentation.

Dès 1830, en outre, un grand nombre de faits historiques tombent dans le patrimoine national commun aux pieds-noirs et aux métropolitains. Leur interprétation diffère selon qu'on soit d'un côté ou de l'autre de la Méditerranée. Néanmoins, la succession des régimes politiques en France conditionne fortement l'évolution administrative de l'Algérie et ne laisse pas les pieds-noirs indifférents.

Enfin, en créant de nouveaux Français, les mesures de naturalisation, relayées par l'école, les amènent à adopter les grands ancêtres nationaux et, par leur biais, à prendre fait et cause pour tout ce qui concerne la métropole. Enracinée dans l'histoire de France, l'histoire des pieds-noirs ne cesse donc de se panacher d'événements métropolitains. Elle se veut non seulement une étape dans le passé national, mais un maillon décisif, indispensable et indissociable de l'ensemble. Placée involontairement sous le régime de la communauté, elle le revendique pleinement. Malgré cela, des incompatibilités demeurent. La relation affective des pieds-noirs avec l'histoire nationale ne peut être la même que celle des métropolitains. Perdue dans le vaste ensemble du passé français, l'histoire de l'Algérie de 1830 à 1962 ne paraît primordiale qu'à ceux qui s'en réclament.

*Une dépendance historique hypertrophiée*

Le lien existe. L'histoire de l'Algérie française est inséparable de l'histoire de France. Mais les pieds-noirs ont eu parfois tendance à regarder cette réalité à la loupe et à ne pas en percevoir les limites. Cet effet amplifiant s'exerce notamment sur deux sujets : l'ancienneté de l'implantation française en Algérie et l'importance de l'Algérie dans le passé et l'avenir de la France.

Dans le souci de démontrer que la France a depuis longtemps des intérêts en Algérie, on s'efforce de rechercher les traces les plus anciennes de sa présence. Conventionnellement, c'est sur les côtes orientales de l'Algérie qu'on s'accorde à les trouver, là où, dès la fin du XV$^e$ siècle, des Français reçurent des concessions pour la pêche au corail. L'une d'elles, le Bastion de France, a été considérée parfois comme le berceau de la France en Algérie. L'existence de l'établissement est attestée à partir de 1553, par des lettres patentes du Sultan de Constantinople et d'Henri II. Replacé dans le règne de ce roi, le fait est négligeable. Tout aussi insignifiants, la série de destructions et de reconstructions de la forteresse, au gré des malentendus avec le dey, ou les affrontements avec les Génois, installés sur la même côte, n'ont pas eu d'incidence sur l'histoire française. Même parmi les Français d'Algérie, cet épisode de portée restreinte n'intéresse directement que les héritiers du site, les Gallois. Le spectacle quotidien des anciennes fortifications et constructions diverses, subsistant de la vieille concession française, les entretient inconsciemment dans le souvenir de celle-ci. La persistance de l'activité des corailleurs peut agir dans le même sens. Cependant, si l'histoire du Bastion est peu connue des Français d'Algérie, sa célébrité a dépassé La Calle. C'est essentiellement à l'occasion du Centenaire que l'effet de loupe a joué au sujet du Bastion de France. Pour fêter l'organisation du quatrième centenaire de l'ancienne concession française, on crée une association qui poursuit un double but. La composition du bureau et une partie de l'argumentation révèlent qu'il s'agit d'une initiative des Corses d'Alger. Le président est également président d'une association corse algéroise et l'un des bulletins de propagande souligne la qualité de Corses des deux héros de l'histoire du Bastion : le fondateur de 1553 et le restaurateur de 1628. Il semble que le grand favori soit ce dernier, mort tragiquement en assaillant une concession génoise, en 1633. C'est donc cette mort qu'on se propose de commémorer, lors du « quatrième centenaire », en restaurant les vestiges de la forteresse et en dressant un monument au héros, Sanson Napollon. Mais l'opération tend à démontrer parallèlement, que l'enracinement de l'Algérie française est plus ancien que les fêtes du Centenaire ne le laissent supposer. Il faut le faire remonter au XVI$^e$ siècle, date de la première fondation. Tenant compte de l'intention de Sanson Napollon de conquérir d'autres points de la côte et de créer une « Barbarie » française, les animateurs du « quatrième centenaire » veulent faire du héros du Bastion le précurseur de Bourmont. Car, il « a établi... des droits et des traditions que la France put faire valoir plus tard ». Cette version de l'enracinement de l'Algérie française s'appuie aussi sur les grands noms auxquels se rattache l'histoire du Bastion : Henri II, Richelieu, Louis XIII. La coïncidence de certaines des destructions de la forteresse avec des conflits opposant la Régence à la France renforce le lien historique entre le passé de l'établissement et celui de sa métropole. Il s'agit de celles de 1683, après le bombardement d'Alger par Duquesne ; de 1798, en représailles de la campagne d'Egypte ; et de 1827, après le coup d'éventail. Cependant, aucune de ces destructions n'a eu un impact suffisant pour déclencher une expédition punitive ou conquérante : il convient donc de minimiser l'importance du Bastion de France dans l'histoire de l'Algérie française, comme dans celle de la France. Néanmoins, au début de la conquête, sa notoriété était assez grande pour justifier une mission de reconnaissance, dès 1831, et une réédification, dès 1836. Et, en 1930, son rôle catalyseur fut jugé suffisant pour alimenter la démonstration de l'ancienneté et de la légitimité de la domination française. Son utilisation fut estimée suffisamment sérieuse pour réunir autour du projet de « quatrième centenaire » quatre parlementaires algériens et intéresser Fernand Braudel, alors professeur au Lycée d'Alger et l'un des secrétaires généraux de l'association.

Depuis 1962, le Bastion de France n'est pas tombé dans l'oubli, en ce qui concerne les pieds-noirs. Les anciens Callois continuent à y rechercher leurs plus anciennes origines. Et on le voit surgir, çà et là, dans différents textes consacrés à l'Algérie française ou aux pieds-noirs, toujours présenté comme le plus ancien établissement français en Algérie. Occasionnellement, un parallèle est établi entre l'installation des pieds-noirs en Corse, après l'Indépendance de l'Algérie, et celle du Corse Thomas Lenci au Bastion de France, en 1553. Ce négociant corailleur est alors présenté comme un grand précurseur des pieds-noirs, l'ancêtre des « grands barons de la présence française en Afrique du Nord », c'est-à-dire les colons en gants jaunes.

Cette tendance à boucler la boucle, à resserrer le lien entre les deux histoires, utilise parfois des épisodes moins obscurs et aux héros plus prestigieux que ceux des établissements coralleurs. Les précédents à l'expédition d'Alger sont généralement plus importants pour les pieds-noirs que pour la majorité des Français. Si la tentative de débarquement du duc de Beaufort à Djidjelli, au début du règne de Louis XIV, reste fréquemment dans l'ombre, en raison sans doute de son échec désastreux, le rôle de Duquesne est davantage mis en lumière. Il bâtit un fort là où Beaufort avait été battu et bombarda le port d'Alger. La riposte que lui opposèrent les Turcs compte autant que l'opération elle-même ; les Français de la ville furent liés aux bouches des canons – notamment le père Levacher, consul de France – et, Duquesne persistant dans son offensive, ils périrent dans d'atroces conditions.

Parmi toutes les références historiques, Napoléon Bonaparte représente la plus prestigieuse. En 1808, il avait aussi projeté une offensive contre la Régence, dans la continuité de la lutte contre les corsaires amorcée sous le règne de Louis XIV et dans le cadre de son affrontement avec l'Angleterre. La prise d'Alger permettrait, à la fois, l'éradication de la course et l'établissement d'une base en Méditerranée. Car à cette date, Alger est encore l'enjeu d'une rivalité d'influence anglo-française en Méditerranée. Dans ce double but, un commandant du génie, Yves Boutin, est chargé de reconnaître la côte algéroise pour y repérer le lieu favorable à la réalisation du projet. C'est selon le rapport rédigé à cette occasion que s'effectue le débarquement de juin 1830, à l'endroit désigné comme le plus propice par l'envoyé de Napoléon.

Le commerce des céréales liait depuis des siècles la Régence à la France qui s'y approvisionnait en cas de besoin. L'une des destructions du Bastion de France résulta d'un malentendu au sujet de ce négoce, et une dette du Directoire fut la cause de sa dernière péripétie. Elle déboucha sur le fameux « coup d'éventail », le blocus des côtes par la flotte française et le bombardement du navire parlementaire « La Provence » par les canons turcs. A partir de ce rebondissement, le lien traditionnel entre l'histoire de la France et celle de sa présence en Algérie se trouve renforcé et rajeuni par des préoccupations nouvelles. Jusque-là, les relations entre les deux territoires demeuraient lointaines, sporadiques et limitées à des conflits brefs, des rapports commerciaux sans ampleur, une implantation très localisée. Jamais elles n'avaient joué un rôle de premier plan ni pour la France, ni pour la Régence. A partir de 1827, elles deviennent fondamentales pour cette dernière puisqu'elles provoquent une expédition à l'issue de laquelle elle disparaîtra. Quant à la France, ce tournant dans ses relations avec l'Algérie l'engage plus qu'aucun des épisodes précédents et s'intègre aussi davantage dans son histoire.

La prise d'Alger, l'installation dans la ville et les environs immédiats jouent d'emblée un rôle beaucoup plus grand que l'établissement au Bastion de France ou les bombardements de Duquesne. Il s'agit moins de la présence française en Algérie, que rien ne garantit en 1830, que des affaires intérieures françaises. Charles X pouvait y voir un moyen de renforcer son pouvoir. L'expédition présente aussi un intérêt en matière de politique extérieure : le prestige de la France sortira grandi d'une victoire remportée sur une ville imprenable. En effet, l'humiliation de Waterloo et de l'occupation étrangère n'est vieille que de quinze ans. Ainsi, fréquemment, le rôle d'anciens soldats de Bonaparte, Duperré et Bourmont, Clauzel et Bugeaud, dans l'épisode de 1830 comme dans la conquête, a été mis en lumière. Le redressement du régime à l'intérieur et de la puissance à l'extérieur ont plus compté que la suppression de la course ou l'honneur du pavillon.

A plus longue échéance, l'expédition d'Alger permet de relancer l'expansion coloniale de la France. L'Algérie sert désormais de « banc d'essai » à un impérialisme français qui atteint son apogée en 1930. C'est dans le cadre de sa célébration qu'on peut replacer les fêtes du Centenaire dont la signification déborde l'horizon algérien. C'est l'œuvre colonisatrice tout entière qu'on exalte. En Algérie même, la fête consacre davantage la France algérienne que l'Algérie française. L'idée que le destin de la France l'attend dans ses colonies et en particulier, dans celle qui lui ressemble le plus – la clef de voûte de l'ensemble – l'Algérie, connaît alors la vogue. N'a-t-elle pas toujours représenté la consolation et la compensation des déboires continentaux ? En 1830, elle a fourni à la puissance militaire française, muselée en Europe, un exutoire. Après 1871, elle permet d'atténuer l'humiliation de la défaite, en servant de tête de pont dans la poursuite de l'expansion coloniale. Les perdants de la guerre franco-prussienne deviennent sur ce terrain les gagnants et inversement. La Grande Guerre confirme le succès de la revanche, mais révèle une France fatiguée. Une fois de plus, l'Algérie devient la nouvelle force de la France, grâce à son dynamisme économique, à la jeunesse de sa population.

Mais cette notion volontariste de l'histoire de l'Algérie française comme étape intégrante et décisive de l'histoire nationale ne concerne, en dehors des pieds-noirs, que des milieux très restreints, particulièrement intéressés par les questions coloniales. La majorité des autres Français n'a pas de raison de se pencher sur ce cas particulier, pas plus qu'elle ne se passionne alors pour les histoires régionales. Cette indifférence montre bien que l'histoire algérienne de la France est intégrée ; on n'éprouve pas le besoin d'en reparler. Au cours de toutes les étapes de l'histoire de France, les territoires qui ont étendu le territoire national ont suivi l'évolution générale ; on a oublié les heurts qui en découlèrent. Il en va de même pour l'Algérie. Les Français d'Algérie eux-mêmes connaissent mal leur histoire, même s'ils la considèrent comme importante. Cependant, ils en sont partie prenante et la voient donc de plus près. Regarder leurs liens historiques avec la France à la loupe confirme leur enracinement, lorsqu'il s'agit de faits lointains comme le Bastion de France ou l'expédition d'Alger. Lorsqu'il s'agit de faits récents ou de l'histoire immédiate, le procédé conforte leur identité. Le fait d'être constamment impliqués dans cette histoire ne leur permet pas de prendre du recul et d'avoir une vision plus large.

Les métropolitains le peuvent et se montrent donc détachés. Mais, en contrepartie, ils ne perçoivent pas distinctement les responsabilités auxquelles les engagent l'association évidente entre l'histoire de la France et celle de l'Algérie française. Ces responsabilités les lient à leurs compatriotes d'outre-mer, Français d'origine ou naturalisés. Elles les lient également aux pays conquis et aux populations non naturalisées de ces territoires. Car l'histoire de France, en y faisant un détour, en a profondément modifié l'évolution économique, démographique et sociale. Elle a influé sur la culture et apporté une langue nouvelle. Toutes ces transformations, plus profondes que les faits bruts – batailles, victoires, défaites, traités –, laissent une trace durable. Le lien entre l'histoire de France et celle de l'Algérie française est aussi de cette nature. Superficiellement, on part à la conquête d'un pays ; selon les circonstances, on s'y maintient ou on s'en retire. A cette occasion, un morceau d'histoire spécifique est né qui n'est pas entièrement contenu dans la vision des conquérants et de leurs mandants et qui ne s'éteint pas instantanément avec leur départ.

En 1830, est née ainsi l'histoire des Français d'Algérie. C'est sans doute avec quelque exagération que certains lui trouvent des origines séculaires et une importance vitale. Une fois de plus, ils expriment, de cette manière, leur besoin de France, un besoin rigoureusement cultivé par la bénéficiaire. Cependant, si l'omniprésence de la France en Algérie peut paraître artificielle dans la transformation du territoire ou comme garantie au maintien des pieds-noirs, le rôle de l'histoire française dans leur propre histoire ne se discute pas. Forts de cette évidence, ils comprennent difficilement que tous les Français ne s'y sentent pas impliqués, alors qu'eux-mêmes adoptent sans hésitation l'histoire de France.

### Coup de soleil sur les événements

Au long du parcours commun suivi par l'histoire de France et celle des pieds-noirs, les mêmes fluctuations politiques, les mêmes faits marquants les affectent toutes deux. Mais les préoccupations divergent de part et d'autre de la Méditerranée ; tous ces événements changent de signification selon qu'on soit pied-noir ou métropolitain.

L'histoire pied-noir prend celle de la France en marche. Elle en partage les nombreux changements de régime du $XIX^e$ siècle et ceux du $XX^e$, mais pas la longue continuité monarchique des siècles précédents. L'évolution politique française y apparaît comme une succession de systèmes très différents les uns des autres. La voie de passage de l'un à l'autre s'avère, dans chaque cas, une révolution ou une situation éminemment conflictuelle. De ce fait, la protestation de masse représente le moteur historique des changements de régime et son usage ne semble pas anormal. Chacune de ces révolutions amène pour l'ensemble des Français un changement de Constitution. Pour les pieds-noirs, en particulier, elle implique la remise en question de leur avenir. La conception du lien France-Algérie varie, en effet, en fonction du régime. Chaque modification de celui-ci éveille donc l'intérêt des pieds-noirs. Les faits sont identiques ; l'éclairage diffère.

Le rapport des pieds-noirs avec chaque système politique ne peut être le même que celui des métropolitains. Contrairement à ceux-ci, leur histoire est davantage républicaine que monarchique. Ils n'ont ni le même contentieux historique avec la Royauté, ni une approche aussi sanglante de la République. La monarchie absolue est absente du passé pied-noir, même si on estime que c'est pour la rétablir que la conquête d'Alger fut entreprise. La monarchie est à l'origine de l'Algérie française. Charles X et Louis-Philippe sont, en quelque sorte, son Vercingétorix et son Clovis. Tous les fils de Louis-Philippe ont participé à la conquête et l'aîné, le duc d'Orléans, en fut un ardent défenseur auprès de son père, tandis que le duc d'Aumale s'illustra sur les champs de bataille. La famille d'Orléans participa aux étapes clés de l'expansion française en Algérie : à la prise de Constantine, en la personne du duc de Nemours ; au passage des Portes de Fer, en la personne du prince royal. Le duc d'Aumale prit la smala d'Abd el-Kader et reçut la reddition de celui-ci. La Monarchie de Juillet représente donc dans l'histoire pied-noir la monarchie par excellence, agissante et triomphante. Dans l'ensemble de l'histoire de France, elle laisse plutôt une impression d'échec et de répression. Elle n'est aussi qu'un court intermède dans une histoire séculaire, alors que dans une période de 132 ans, elle fait figure de phase importante. Territorialement, elle a jeté les bases de l'Algérie telle que l'ont connue les pieds-noirs.

Malgré cela, la République de 1848 occupe elle aussi une place privilégiée. Elle apporte à l'Algérie française un fort contingent de population, d'anciens opposants à Louis-Philippe devenus des gêneurs pour une politique conservatrice renaissante. L'état d'esprit de ces nouveaux arrivants contribue à développer en Algérie des sentiments républicains qui ne se démentiront pas en 1870. La Monarchie a le mérite d'avoir édifié le territoire, la République est l'option des ancêtres les plus prestigieux, les pionniers de 1848. Le passage de l'une à l'autre ne s'accompagne pas en Algérie des mêmes violences qu'en France et peut paraître un cheminement normal. Abd el-Kader soumis, la guerre est finie et la République peut gérer la paix. En dépit des arbres de la liberté de 1848 et de la Commune d'Alger en 1870, l'installation de la République ne revêt pas l'aspect traumatique des révolutions parisiennes. Symbolisant l'abandon du régime militaire pour le régime civil, elle est, dans les deux cas, bien accueillie. Elle suscite aussi des espoirs autonomistes.

La période intermédiaire, le Second Empire, laisse une image ambiguë. A première vue, son rôle dans l'histoire des pieds-noirs est dépeint comme négatif. Il correspond avant tout à la théorie du « royaume arabe » qui inspire, même rétrospectivement, une totale répulsion. Parfois, la politique arabe de l'empereur est perçue comme une sanction du vote défavorable de l'Algérie, après le coup d'Etat du 2 décembre. Le triste souvenir des transportés de 1852 contribue à noircir le tableau. A plus longue échéance, s'esquisse une vision plus idyllique, plus naïve de la période. Négligeant la « maladresse » du royaume arabe, elle place au premier plan le voyage impérial de 1860, les festivités organisées à cette occasion, banquets, fantasias, arcs de triomphe, foule délirante. Oubliant l'arabophilie de l'empereur, elle met en lumière le charme de l'impératrice dont on donnera le nom à un boulevard en construction. Gommant les griefs, elle insiste sur le prestige du couple impérial auprès des populations musulmanes, fondé sur la beauté d'Eugénie et sur l'hérédité de Napoléon III, « sultan de France », « petit-fils d'un prophète » dont les pèlerins passés par l'Egypte avaient colporté les exploits. Par la suite, les voyages présidentiels prirent également place parmi les événements importants de l'histoire locale : celui d'Emile Loubet, en 1903, celui de Gaston Doumergue au moment du Centenaire. Témoignant d'un certain intérêt pour l'Algérie, la visite qu'y effectuent les chefs de l'Etat tend à occulter leur politique algérienne. Occasion de fêtes dans des régions reculées où les distractions sont rares, elle laisse avant tout le souvenir agréable de réjouissances rompant la monotonie ordinaire.

Comme les régimes politiques, les grands incidents tombent dans la communauté historique, avec, eux aussi, des nuances ou des grandes dissemblances de signification et d'interprétation. Au premier chef, tous les épisodes de la conquête n'ont pas le même impact en Algérie et en France : vitaux, ici, accessoires ou ignorés, là-bas, au mieux considérés comme glorieux, au pire comme détestables. Les grands moments de la Troisième République française ont trouvé un écho en Algérie, parfois des signes avant-coureurs. En 1870, la « Commune d'Alger » précède de quelques mois celle de Paris. Elle se manifeste par une agitation qu'animent des comités républicains de défense, décidés à prendre en mains les destinées de l'Algérie. Le mouvement s'éteint avant que ne commence la Commune de Paris. En effet, pour l'Algérie, mars 1871 n'est pas seulement la confirmation de la défaite dans la guerre franco-prussienne, c'est surtout l'insurrection de Kabylie qui en résulte, surprend et effraye une population européenne incrédule. Autre conséquence des revers militaires, la perte de l'Alsace et de la Lorraine a un impact légèrement différent en Algérie de celui qu'elle a en France. Le triste sort des Alsaciens-Lorrains et le patriotisme qui les pousse à quitter leur région natale sont amplement soulignés, mais plus encore le fait que cet exode fournit à la population française d'Algérie un nouvel élément. L'arrivée de ce dernier contingent resserre les liens avec l'histoire de France. L'Algérie offre une solution à une difficulté née de l'autre côté de la Méditerranée. L'utilité de l'Algérie française dans l'histoire nationale repose désormais sur un fait tangible. La responsabilité de l'histoire de France dans celle des pieds-noirs est accrue par cet afflux de patriotes, victimes d'une guerre européenne. Les rétablir dans leurs droits devient aussi le devoir des pieds-noirs dont ils viennent accroître le nombre. Assurer leur maintien sur la terre d'accueil doit, en contrepartie, représenter pour la France une dette sacrée.

Les manifestations anti-juives de 1898 à 1900 correspondent, chronologiquement, à l'affaire Dreyfus, mais leur contenu est différent. Drumont y joua bien un rôle, mais le grand héros fut Max Régis, coqueluche des dames d'Alger qui formèrent à son intention un « comité des Dames de l'Espérance », lors de son incarcération, et lui offrirent un bijou d'or, modèle réduit de sa prison de Barberousse. Les feuilles antisémites imprimées par la Maison anti-juive se multiplièrent. Des landaus fleuris, entourés d'une foule excitée, parcourent les rues d'Alger et y répandirent la « Marseillaise anti-juive ». Ce fut un temps béni pour les tenanciers de bar qui vendirent force apéritifs ou champagne, selon la clientèle, et tirèrent bénéfice des banquets ponctuant la campagne. Le phénomène fut essentiellement urbain et algérois. Il toucha surtout les « naturalisés », les Espagnols, les Italiens, toutes personnes qui cernaient encore mal les données de la citoyenneté, mais également des milieux huppés et de souche française. Le mouvement n'affichait que mépris pour l'administration et prétendait se libérer de sa tutelle en rendant l'Algérie indépendante. La révolte de Margueritte mit un terme au délire. Les velléités d'indépendance disparurent. Les rapports de l'histoire pied-noir et de l'histoire nationale tendirent à se normaliser.

Dans ce contexte, les personnages historiques n'ont pas la même carrure de part et d'autre de la Méditerranée. Clauzel, obscur en France où il fut pourtant officier de l'armée napoléonienne, puis député sous Charles X, est un « grand monsieur » en Algérie. Il en fut gouverneur, mais sa notoriété tient surtout aux encouragements qu'il prodigua à la colonisation rurale. Bugeaud est célèbre de part et d'autre. Cependant, en Algérie, son renom ne se limite pas à la chansonnette ou même à la bataille d'Isly. Il figure au rang des héros fondateurs, bien qu'il se soit longtemps opposé à la conquête et qu'il ait toujours méprisé la colonisation civile. On a surtout retenu de lui sa détermination au combat et la terreur durable qu'il inspira aux populations musulmanes. Les héros preneurs de ville, tous officiers français, jouissent d'une réputation insoupçonnée en France où ils sont parfois totalement inconnus : Bourmont qui vainquit Alger, Yusuf qui s'empara de Bône, Valée qui eut raison de Constantine. De même, Louis-Philippe fait figure de grand souverain. Ses fils, oubliés en France, figurent au premier rang des conquistadores. C'est particulièrement notable pour le duc d'Orléans, prince royal dont la statue trône à Alger, dont la ville principale de la plaine du Chéliff porte le nom, mais que les pieds-noirs confondent parfois avec son frère Aumale. Celui-ci a également sa ville et des localités d'importance variable commémorent aussi Nemours, Joinville et Montpensier. Monseigneur Affre, archevêque de Paris, mort sur les barricades en 1848, a sans doute plus de renom en Algérie, grâce à Affreville, que dans la cité pour laquelle il se sacrifia. Après 1848, la distorsion concernant les personnages de premier plan s'atténue. Cependant, les gouverneurs ou les élus locaux éclipsent généralement les ministres ou présidents de la République. On peut citer parmi les premiers : de Gueydon, Jonnart, Viollette qui souleva un tollé en Algérie, mais ne parvint pas à convaincre non plus la métropole. Pour les seconds, ce sont des députés, Etienne d'Oran ou Thomson de Constantine ; des maires, Bertagna de Bône ou l'abbé Lambert d'Oran. Avec eux, l'histoire locale prend le pas sur l'histoire nationale.

Les personnalités qui ont joué un rôle dans la pénétration du territoire, par l'influence qu'elles ont exercée, viennent souvent de France où elles ne sont pas complètement anonymes, mais moins illustres qu'en Algérie. Aurélie Picard défraya la chronique européenne locale avant d'être considérée comme un agent efficace de la France dans le sud et d'être élevée au rang de « princesse des sables ». Charles de Foucauld apparaît comme une pièce maîtresse de l'implantation au Sahara et sa mort tragique lui vaut une vénération particulière. Etienne Dinet et Isabelle Eberhardt, interlocuteurs privilégiés de l'islam, l'un par sa conversion, l'autre par son approche obstinée des mœurs traditionnelles, jouissent d'une considération posthume qu'ils n'éprouvèrent peut-être pas auprès de leurs contemporains. Le nom et le renom de la France sont également portés plus haut par une foule de héros obscurs et collectifs, venus tout droit de métropole, mais dont la notoriété n'a pas repassé la mer : officiers et simples soldats du sud, père blancs et sœurs blanches, médecins de colonisation.

Pendant cent trente-deux ans, tout en suivant la même trajectoire et en éprouvant les mêmes aléas, l'histoire de France et l'histoire des pieds-noirs accusent des divergences. Ces points de rupture, bien qu'ils paraissent appartenir uniquement au passé des Français d'Algérie, entrent, en fait, entièrement dans le patrimoine commun. Ils résultent du brusque rattachement à l'espace national d'un territoire totalement étranger jusque-là, et de la tentative artificielle d'en faire une « province » comme une autre. Ils tiennent également à la formation rapide d'une communauté multinationale dont l'adaptation aux normes françaises ne se réalise pas immédiatement, tandis que les Français d'origine, appartenant à cette communauté, tendent à modifier leurs habitudes en fonction de leur expérience nouvelle. Les quiproquos sur les événements, les dissemblances dans leur interprétation et dans les comportements qu'ils suscitent traduisent à la fois les résistances à un mimétisme inconditionnel et les réajustements périodiques. Au cours de ces remises à jour successives, le bras secondaire tend à se rapprocher du bras principal. L'histoire pied-noir se fond progressivement dans l'histoire nationale pour ne plus s'en distinguer beaucoup. Les conflits mondiaux du XX$^e$ siècle, en faisant des pieds-noirs des acteurs à part entière de l'histoire de France, contribuent à dépouiller leur histoire de ses particularismes résiduels.

### *Lune de miel sous les bombes*

Tandis que s'achevait cette première période tumultueuse de l'histoire des pieds-noirs, l'école commençait son œuvre sur les plus jeunes d'entre eux. Elle préparait, ainsi, l'adoption définitive de l'histoire de France et des grands ancêtres français. Lié à l'enfance et à la découverte du monde par l'intermédiaire d'instituteurs, inspirant respect et affection, ce ralliement historique s'avère plus sentimental que rationnel. Les grands ancêtres suscitent l'admiration ou la compassion, les deux parfois. C'est le cas de Vercingétorix, Saint-Louis, Jeanne d'Arc et Napoléon I$^{er}$. Tous quatre incarnent l'héroïsme par leur action, leurs vertus ou talents. Mais ils représentent aussi le courage victime d'un sort injuste. La gloire de Louis XIV, au contraire, n'apparaît pas ternie par une fin malheureuse ; il symbolise le grand homme absolu, certes, mais lointain et trop glorieux, il ne semble pas inspirer la même sympathie que les héros malheureux. Parmi ces derniers, Jeanne d'Arc fait figure de favorite. En effet, l'Algérie française lui consacre au moins quatre statues, élevées dans les villes importantes. L'exécution de ces œuvres ou la décision de les exécuter coïncide, approximativement, avec la célébration du Centenaire. La Jeanne au bûcher de Bône date de 1930. La statue équestre d'Oran commémore, en 1931, la prise de la ville, un siècle auparavant. Le monument de Philippeville devait être réalisé en 1936. La même année, on décidait à Alger l'édification d'une Jeanne guerrière. La date choisie dans ces différents cas est significative. Un lien s'établit entre l'héroïne nationale, aspirant à l'intégrité du patrimoine territorial, et le prolongement de celui-ci en Algérie. Jeanne d'Arc n'est pas une ascendante choisie au hasard, mais une ancêtre adaptable aux besoins historiques des Français d'Algérie. Elle réunit, de plus, deux vertus fort prisées : le dévouement patriotique et la sainteté.

Dans le sillage de Vercingétorix, ce sont les Gaulois, dans leur ensemble, qui viennent accroître le bagage ancestral. Les nombreux coqs gaulois des monuments aux morts scellent cette filiation voulue. En devenant partie prenante de l'histoire de France, les pieds-noirs en endossent l'héritage. Au-delà de la naïveté qu'on peut trouver à la version scolaire de cette hérédité, certains Français d'Algérie interprètent l'aventure des Gaulois d'une façon qui leur permet de s'intégrer pleinement à l'histoire française et qui facilite à celle-ci l'accès à leur propre histoire. Avec Vercingétorix, les Gaulois ont résisté honorablement à des conquérants valeureux. Après sa défaite, ils sont entrés, à leur grand avantage, dans un empire qui devint multinational et auquel ils pouvaient être fiers d'appartenir. Au XIX$^e$ siècle, l'histoire s'est répétée. La France a remplacé Rome et commencé à édifier un empire. Les autochtones qui lui ont résisté fièrement en font partie désormais, de même que les Européens de toutes origines, qui, en venant en Algérie, ont choisi de partager le sort de la France.

L'adoption des grands ancêtres suppose l'adhésion à la cause de leurs descendants. Une fois admis Vercingétorix et Jeanne d'Arc, les autres personnages et étapes de l'histoire de France sont acceptés, sans discrimination, comme un grand tout. C'est pourquoi la participation aux guerres mondiales ne pose pas de problème, même à ceux qui ne pratiquent pas encore parfaitement le français. Celles-ci s'inscrivent dans la continuité de cette histoire que les pieds-noirs ont faite leur et qui n'est pas avare de contradictions et de bigarrures. Les deux conflits mondiaux constituent même les croisements fondamentaux entre le parcours spécifiquement pied-noir et l'histoire nationale. Ce sont les moments où la preuve a été faite que les deux étaient indissociables : c'est pourquoi ce sont des étapes essentielles. Certes, ces pieds-noirs comptent dans leurs rangs quelques briscards de Gravelotte et un héros tué à Sedan, en 1870, Margueritte. Mais les deux guerres mondiales leur ouvrent toute grande la porte de l'histoire de France.

La « Grande » est un baptême patriotique. Pour la première fois, les descendants adoptifs des Gaulois se retrouvent aux côtés des descendants directs, pour défendre la cause devenue commune. La fièvre de l'embarquement pour la France, l'engagement volontaire de ceux qui ne sont pas encore français – autochtones ou Européens – est décrit avec enthousiasme, de même que le dépit de ceux qui sont réformés. Commencé sur le mode plaisant, le récit tourne au tragique lorsque tombent les premiers morts de la guerre, au cours du bombardement inopiné du port de Philippeville par deux croiseurs allemands. Cet épisode se solde par une vingtaine de morts et tient une place importante dans la Grande Guerre, vue du côté pied-noir. Sanglant, il apparaît aussi comme rassurant, car, censé provoquer un soulèvement autochtone et retenir ainsi l'armée d'Afrique, l'assaut n'atteint pas son but. Autre leitmotiv de la Grande Guerre, le malentendu concernant le recrutement des indigènes met en évidence le décalage de deux conceptions : celle des recrutés qui pensent devenir ainsi Français sans partage et celle des autorités, ainsi que d'une partie de l'opinion française, qui estiment que les pensions de guerre, les décorations et l'inscription sur les monuments aux morts sont une contrepartie suffisante aux mutilations et à la mort dans les tranchées. Encore une particularité, le peuplement européen de l'Algérie ayant bénéficié d'un contingent alsacien et lorrain, les Français d'Algérie règlent une affaire « personnelle », en contribuant au retour à la France des territoires spoliés.

Les autres faits notables de la guerre sont, pour les pieds-noirs, les mêmes que pour les autres Français : la Marne, Verdun, le Chemin des Dames, les Dardanelles et Salonique. Cet épisode mérite une mention spéciale, puisque son épilogue fut dirigé par un natif de Mostaganem : Franchet d'Esperey. Son offensive audacieuse et réussie sur ce front enorgueillit les souvenirs des poilus d'Orient pieds-noirs, car elle mit fin à la guerre, dans ce secteur, avec plus de panache et plus tôt qu'à l'ouest. Après la guerre, les monuments aux morts surgirent dans toutes les localités comme en métropole. Le 11 novembre fut régulièrement fêté avec gerbes, drapeaux et combattants de toutes les communautés, portant fièrement leurs décorations.

À l'occasion de la Seconde Guerre mondiale, la participation des pieds-noirs à l'histoire nationale est encore plus remarquable. En 1939, comme de 1914 à 1918, les combats ne se déroulent pas sur leur territoire et, en ce sens, l'Algérie ne se distingue pas du Centre ou de la plupart des régions méridionales de la France. À partir de 1940, les pieds-noirs se trouvent dans la zone libre. De cette situation, trois éléments semblent avoir frappé durablement les mémoires. La défaite et l'armistice de juin 1940 laissent une impression de fin du monde. Soudainement, sans qu'on l'ait présagé, la puissance française était abattue et c'était une catastrophe pour l'empire. Que le nouveau chef d'état soit considéré comme le « Maréchal » ou que sa personnalité soit condensée en sa « voix grelottante de vieillard », la France toute entière a froid, même ses départements algériens. Ceux-ci connaissent aussi rapidement la division entre partisans du régime officiel et gaullistes. Les premiers considèrent que l'appel du 18 juin est un coup bas porté à la patrie déjà à terre, puisqu'il tend à diviser les Français. Ils reprochent à ce discours son indifférence aux victimes de l'exode et des destructions pour lesquelles un armistice est bienvenu. Enfin, ce n'est pas le premier changement de régime métropolitain auquel l'Algérie est obligée de se conformer. Les seconds se réunissent secrètement pour écouter Radio Londres derrière leurs persiennes soigneusement closes. Les tenants de ces deux tendances ne se fréquentent pas et se méfient les uns des autres, tandis que l'armée, repliée en Afrique du Nord, ronge son frein. La troisième composante du tableau est la politique anti-juive. Sans doute ressentie autrement qu'en métropole en raison d'un voisinage plus intime et plus conscient de cette communauté religieuse avec les autres, elle est mise fréquemment en évidence. Tantôt, il s'agit d'enfants juifs qui découvrent brutalement leur identité par le biais de la discrimination scolaire ou de familles juives qui prennent soudain conscience des sentiments réels de leurs proches par une froideur nouvelle manifestée au détour de l'escalier collectif. D'autres fois, il s'agit d'écoliers catholiques qui s'étonnent de ne conserver de leurs camarades juifs que les trois meilleurs de la classe ; de l'exclusion des instituteurs juifs, à l'exception d'un ancien combattant, tellement décoré que l'administration n'a pas osé lui appliquer les consignes. L'abrogation du décret Crémieux, les arrestations de juifs et leur envoi dans des camps situés dans le sud, visant des voisins et des amis, ont laissé une impression durable de malaise.

La situation s'inverse après 1942. Les vichystes vont remplacer les juifs dans les camps. Un épisode important de la guerre en Méditerranée et fondamental pour la guerre en Afrique du Nord, donc pour les pieds-noirs, se produit le 8 novembre 1942 : le débarquement américain en Algérie. L'événement se déroule à Sidi-Ferruch, ce qui lui donne un caractère symbolique. La résistance qu'on lui oppose est de courte durée et la mémoire conserve, de la période américaine, l'impression d'une atmosphère bon enfant. C'était brusquement l'abondance alimentaire, l'avalanche des chewing-gums et des cigarettes, le DDT destructeur de parasites et la floraison de petits trafics. La gentillesse des Américains est fréquemment opposée à la morgue manifestée par les Anglais, dans les mêmes circonstances et pendant la même période. Derrière la liesse se dissimulent les affaires sérieuses : politiques et militaires. Le 8 novembre 1942, en cessant rapidement toute résistance au débarquement américain, l'Algérie rejette le régime de Vichy et sort ainsi de l'orbe hitlérienne. Alger devient momentanément la capitale de la France libérée et de l'empire français. Les événements qui s'y déroulent, alors, ne font pas l'unanimité parmi les pieds-noirs et offusquent même une partie d'entre eux. Ils y voient des règlements de compte, une guerre civile entre Français dont la signification profonde leur échappe. Ils se sentent comme étrangers à ces péripéties de l'histoire de France – leur histoire –, qui pourtant prennent place sur leur sol, dans leur décor familier : l'assassinat de l'Amiral Darlan dont l'accession au poste du haut-commissaire, avec la caution des Alliés, est de nature à exaspérer le général de Gaulle ; la mise à l'écart du général Giraud à la suite de laquelle le général de Gaulle devient président du gouvernement provisoire ; les mesures d'épuration. Parmi elles, l'exécution de Pierre Pucheu, ancien ministre de l'Intérieur de Vichy, que le général de Gaulle refuse de gracier, indigne une grande partie des Français d'Algérie. Ces événements se produisent avant que la métropole ne soit libérée et ceux qu'ils choquent estiment que le moment est mal choisi pour un exorcisme. Ils font aussi l'effet de procédés indignes vis-à-vis de personnalités considérées comme courageuses ou désintéressées. De plus, les circonstances de ces épisodes laissent planer un doute sur l'intégrité de l'homme du 18 juin.

Le malaise s'est installé, dès 1942, parmi les jeunes hommes cherchant à s'engager pour reprendre le combat avec les alliés. Abordés par des nouveaux venus qui leur proposent d'entrer dans l'armée « gaulliste », ils sont surpris de ce changement de terminologie, ne connaissant jusque-là que l'armée d'Afrique, leur rameau de l'armée française. Ils participent à la libération de la Tunisie. Puis, c'est sous la direction de Juin « l'Africain » que plus de 16 % de la population européenne et près de 2 % de la population indigène d'Afrique du Nord constituent le Corps expéditionnaire français en Italie qui enlève le Belvédère, Monte Cassino et ouvre la route de Rome et de Sienne. Ce CEFI est fier de ses moyens rudimentaires : ses mulets de bât qu'il surnomme la « Royal Brèle Force », les cailloux relayant les grenades dans la paume des redoutables lanceurs que sont les soldats indigènes. Son ordinaire est le « beans », son chant, celui des « Africains ». Il compte dix mille morts et un pont à Paris commémorant le passage qu'il ouvrit sur le Garigliano. Après avoir participé au débarquement en Provence, en août 1944, ses effectifs se fondent dans la 1$^{re}$ Armée « Rhin et Danube » et atteignent l'Allemagne et l'Autriche, après avoir livré de rudes combats et souffert des rigueurs de l'hiver dans les Vosges et en Alsace. Au cours de cette étape 1943-1945, les pieds-noirs ont une fois de plus renouvelé leur adhésion à la cause commune et manifesté leur attachement durable aux grands ancêtres adoptifs. Ils se conçoivent désormais comme les libérateurs de leurs frères de l'autre rive et pensent s'être bien acquittés de leur dette envers l'histoire de France. C'est à elle qu'ils doivent leur naissance et leur histoire propre. Ils lui ont témoigné leur reconnaissance en la secourant à plusieurs reprises. Ils rentrent chez eux avec la satisfaction du devoir accompli. Même si leurs héros guerriers ne sont pas toujours les mêmes que ceux de la métropole – pour la Seconde Guerre mondiale, Juin, de Lattre ou Leclerc prennent le pas sur de Gaulle –, ils ont communié dans le même combat et plus rien ne devrait les séparer. Les événements d'après-guerre se chargent de contredire cette conception candide.

En matière d'histoire, une incompatibilité fondamentale oppose les pieds-noirs à leurs concitoyens de métropole. L'idéologie ne les intéresse guère ; ils sont sensibles essentiellement aux sentiments qui inspirent une action et aux résultats de celle-ci. Les querelles endémiques se rattachant à des faits historiques plus ou moins anciens les étonnent quelque peu, la survie du pays commun leur semblant prioritaire. Sans doute est-ce le fait, pour certains, de ne pas être longuement enracinés dans l'histoire de France, ou pour d'autres, de s'en être momentanément éloignés en suivant un cheminement différent. Aussi, à l'occasion du 14 Juillet, se réjouissent-ils d'appartenir à l'histoire de France toute entière et pas seulement à celle issue de la Révolution française. La coexistence de celle-ci et de Louis-Philippe dans le patrimoine historique ne les incommode pas. Tous ces faits appartiennent à un passé révolu dont le temps a gommé les imperfections et mis en relief les sujets de fierté. C'est grâce à l'assimilation progressive de cette histoire que certains des pieds-noirs arrivent à ajuster leur destinée à celle de la France. Issus de passés différents, s'ils n'admettaient pas les contradictions de leurs ancêtres d'adoption comme inévitables, ils pourraient difficilement s'expliquer leur propre irruption et leur fusion dans une histoire qui n'est pas celle de leurs ancêtres légitimes.

Chapitre VII

# LES PATAQUÈS DE CLIO

Evoquer les répétitions, les bégaiements de l'histoire pour les confirmer ou les infirmer tourne actuellement au cliché. L'histoire pied-noir n'a pas disposé de la durée nécessaire au déclenchement de ces vices de style ou de ces troubles d'élocution. Absorbée par son thème essentiel, la mise en valeur des terres, elle s'écoula legato, se fondit dans un murmure ou s'enferma dans un silence besogneux. Malgré les hoquets qui affectèrent son raccordement à l'histoire de France, ce rapprochement ne laisse de paraître naturel, puisque le passé français engendra l'imparfait pied-noir. Faible en faits et en fastes, la relation de celui-ci frôle fréquemment le commentaire, ne s'apparente qu'épisodiquement à la chronique locale et suggère bien davantage un recueil de souvenirs. Les événements paraissent moins notables que la façon de les vivre. Leur impact semble mineur en regard de leur cohérence avec l'ensemble. Or, cette dernière est parfois compromise ; la fertilité en annexions historiques variées rend difficile la relation entre les différents épisodes et nuit à l'homogénéité qu'on pourrait trouver à ce fragment spécifique de l'histoire française. En effet, l'histoire des pieds-noirs ne se situe pas seulement à un carrefour de l'histoire de France, mais au confluent de multiples autres évolutions nationales ou ethniques. Assurer la liaison entre elles se révèle malaisé, autant que d'établir leurs liens avec l'histoire pied-noir et avec le passé français. Pourtant, au nom de l'enracinement et de l'identité, cette démarche est indispensable.

De ce fait, les tentatives pour faire coïncider les parcours divergents d'autrefois confinent à la généalogie. Le chemin qui conduit de ces âges et altérités révolues vers une jonction artificielle cahote. La liaison de tous ces cours historiques détournés trébuche. Sans doute, parce que, à force de répéter : « C'est à la France », comme le comique troupier, il devient ardu d'ajouter « ce n'est plus à toi », « ce n'est plus à lui », « mais cela l'a été. Néanmoins, l'histoire pied-noir n'est pas seulement fille de l'histoire de France, mais progéniture d'histoires différentes, parfois antagonistes et incompatibles. Avant de devenir cet ensemble homogène de 132 ans, rêve de Cronos, elle fut l'aboutissement de bras taris ou de résurgences de passés divers. Une durée suffisante lui a fait défaut, qui eût peut-être limé les aspérités disgracieuses et créé un ensemble plus harmonieux. L'amalgame hâtif d'histoires autonomes conserve une allure maladroite, hétéroclite, évoquant quelque conte des Mille et Une Nuits ou quelque mythe olympien.

Pourtant, l'hétérogénéité et l'extériorité des histoires sur lesquelles se greffe l'histoire des pieds-noirs n'ont rien de légendaire. Avoir comme aïeux légitimes, en plus des Gaulois adoptés, des ancêtres venus d'ailleurs, exotiques, n'est pas sans conséquences sur la façon d'envisager le passé et le présent. La marque, encore récente, de la rupture avec ces ancêtres et avec leur vécu, fut longtemps le siège de démangeaisons, et peut l'être encore, quoique plus confusément. Légitimes pour les uns, ces aïeux allogènes ne sont pas indifférents aux Français d'origine. Tous, enfin, au-delà des ancêtres malchanceux, ont tendance à se réclamer, sans autre légitimité que celle liant les bâtisseurs d'empire, des précurseurs illustres de l'Antiquité.

## *Des ancêtres ignorant la potion magique*

Les sources de l'histoire des pieds-noirs sont moins claires qu'elles ne le paraissent au premier abord, en tant que simple dérivé de l'histoire de France. Au contraire, elles se trouvent au point de rencontre de plusieurs histoires, le 5 juillet 1830. Aspect mineur de l'histoire de France, cet événement ne donne naissance à une évolution particulière que parce qu'il bouscule l'histoire autochtone et détourne, en partie, celle des immigrants espagnols, italiens, maltais.

L'histoire autochtone, elle-même, est loin d'être uniforme. Elle concerne plusieurs communautés ethniques et, au moins, deux communautés religieuses. La plus ancienne, celle des Berbères, est difficilement discernable de celle des Arabes, sauf en ses bastions traditionnels de Kabylie, de l'Aurès et du M'zab. La réciproque est vraie ; seules quelques tribus nomades ont pu longtemps se réclamer des hilaliens, venus d'Asie occidentale, au XIe siècle. Mais, pour l'ensemble du pays, le métissage a fait son œuvre. A ces deux éléments les plus connus, il faudrait ajouter les Turcs, arrivés au XVIe siècle, mais restés minoritaires et la communauté voisine, mais cependant distincte, des Couloughlis, leurs métis. Les Noirs, esclaves ou descendants d'esclaves, participent eux aussi à toutes sortes de brassages et contribuent au chassé-croisé historique. La complexité ethnique est accrue par l'afflux, contemporain de la domination turque, d'Andalous, ou encore de musulmans d'Espagne, dont l'ascendance, bien difficile à déterminer, oscille entre un mélange arabo-berbéroibère et un ibérisme pur, mais apostat. Car, les questions religieuses aggravent encore la difficulté à caractériser une histoire autochtone ou à individualiser des histoires autochtones, propres à chaque communauté. Deux religions coexistent : l'islam et le judaïsme. Mais, la réalité est plus intriquée. La majorité des musulmans d'Algérie sont sunnites[1] et généralement de rite malékite ; cependant, ceux du M'zab et de Ouargla sont ibadites. Pour cette raison, ils se tiennent et sont tenus à l'écart des autres musulmans ; les « mozabites » n'épousent pas de sunnites et ceux-ci ne les considèrent pas comme de vrais musulmans. De plus, pour les besoins de la propagation et du maintien de l'Islam, le soufisme s'est développé en Algérie, comme dans le reste du Maghreb, plus que de coutume dans le monde musulman. Une exagération des cultes maraboutiques, un rôle excessif des confréries religieuses, des pratiques peu orthodoxes et superstitieuses en résultent. Le sunnisme d'Algérie se distingue donc du sunnisme des origines. La communauté juive connaît elle aussi des divergences rituelles par rapport à la communauté juive d'Europe. Elle n'est pas uniforme non plus dans ses origines. Certaines familles sont implantées depuis l'aube de la diaspora, d'autres sont issues de groupes berbères, très anciennement judaïsés. Les plus récemment établies sont venues d'Espagne, dès le XVIe siècle, avec les Andalous, et descendent d'ancêtres divers. Pour les « Livournais », venus à la même époque de différents points d'Europe, surtout d'Italie, le qualificatif d'autochtones, justifié par l'ancienneté, est démenti par le mode de vie et le statut d'étranger.

Les variantes communautaires présentent un intérêt non négligeable pour l'histoire algérienne telle qu'elle se résume en 1830. En effet, leur persistance, à la date considérée, montre l'irréductibilité à une simple et unique histoire nationale des différents passés collectifs, encore sensibles. Les Berbères, les Mozabites, les juifs, les Turcs conservent des mœurs et traditions liées à leurs origines ou à leur spécificité religieuse – les unes et les autres étant difficilement dissociables des parcours historiques respectifs. L'isolement des deux premiers de ces groupes, par exemple, est indéniablement une conséquence de leur histoire. La conservation des coutumes résulte de ce maintien à l'écart et exprime la volonté de perpétuer la différence, témoin d'antécédents originaux. Si la langue de l'envahisseur arabe triomphe au XI$^e$ siècle pour ne laisser à la langue berbère que l'apanage de régions montagneuses ou d'accès difficile, ce sont, cependant, contradictoirement, des dynasties berbères qui défendent l'orthodoxie de la religion importée. Plus curieusement encore, les illustrissimes de ces puristes, Almoravides et Almohades rétablirent un semblant d'unité musulmane, en rassemblant le Maghreb et l'« Andalous ». Le dernier soupir de celui-ci et la dislocation de celui-là exposèrent la côte algérienne aux appétits espagnols et turcs. Si certains se rallièrent aux premiers, d'autres appelèrent les seconds, dont le triomphe ouvre, pour les régions intérieures, une période de délaissement. En même temps la course s'intensifie sur le littoral, ne profitant qu'à lui et entretenant l'inimitié du monde chrétien. Les préoccupations religieuses des dynasties berbères sont alors bien oubliées. La constance des facteurs ethniques et religieux n'implique donc pas des relations mutuelles invariables. Ils s'imbriquent parfois avec complexité, s'opposent en d'autres circonstances, sans beaucoup plus de clarté. Pour s'être opposés à l'invasion arabe et avoir conservé leur particularisme, les Berbères n'en sont pas pour autant de tièdes musulmans. Pour avoir repoussé les Espagnols et pratiqué farouchement la course contre les puissances chrétiennes, les Turcs n'incarnent pas nécessairement la meilleure défense de l'Islam. On ne peut ramener non plus les différentes aventures des ethnies du Maghreb, malgré la trace communautaire qu'elles ont laissée, à un antagonisme irréductible, pas plus qu'à une fusion nationale. On ne peut même pas affirmer que la religion prime et assure l'union, car l'islam est la religion majoritaire, mais pas la seule. D'autre part, des divergences religieuses peuvent opposer les musulmans. Enfin, l'absence d'opposition religieuse n'efface pas les antipathies ethniques.

Sur ce substrat composite, se greffe l'histoire pied-noir. Telle une destinée collective supplémentaire, elle se développe parallèlement aux histoires préexistantes, mais pas indépendamment. Un système semblable d'imbrications, de conflits, d'incompatibilités et de convergences lie cette aventure nouvelle à celles qui l'ont précédée. Premièrement, elle est issue aussi bien de l'histoire d'Alger que de l'histoire de France, puisqu'elle surgit de l'affrontement des deux. Deuxièmement, l'histoire de l'Algérie ne peut se raconter sans elle, toute révolue qu'elle soit. Enfin, de son « vivant », ses narrateurs et les pieds-noirs les plus cultivés empruntaient au vieux passé du Maghreb pour expliquer, justifier et enraciner le leur. Ces objectifs limitent l'ampleur des références et définissent les critères de leur sélection. Il en découle une sorte de syncrétisme historique. Dans cette perspective, l'éclosion d'une Algérie européenne s'inscrit dans la continuité des relations commerciales et culturelles liant le monde chrétien et le Maghreb musulman. Un argument réalise la fusion des deux en alléguant que la plupart des mosquées d'Alger s'ornaient de faïences et de marbres italiens et avaient été conçues par des architectes chrétiens. Un autre utilise la croisade qui, prolongée par la course, doit déboucher sur la victoire de l'une ou l'autre religion, en l'occurrence la chrétienne. Ce point de vue rassembleur n'exclut pas le recours à de vieilles discordes, considérées comme légitimantes. Les

Turcs étaient détestés de tous, les Berbères haïssaient les Arabes. En ce sens, la résistance des uns à l'invasion des autres constitue l'épisode le mieux mis en valeur du passé « musulman » de l'Algérie. Deux héros s'en détachent : Koceila[2] et surtout la Kahena. Elle représente l'ancêtre d'adoption par excellence. Comparée quelquefois à Jeanne d'Arc, cette reine aurasienne du VIIe siècle anima la résistance à l'armée d'Hassan qui l'écrasa et envoya sa tête au calife de Damas. C'est en tant que championne de l'indépendance berbère et de l'indépendance religieuse qu'elle est vénérée. Ses ennemis furent aussi ceux de la chrétienté dont sont issus les pieds-noirs. Son échec dramatique ajoute à son auréole le lustre de l'infortune. Avec plus de discrétion et une célébrité moins grande, sont chantés les mérites des Ben Djellab de Touggourt, considérés comme des précurseurs de l'œuvre française pour avoir créé, sur un périmètre restreint, un royaume bien organisé et viable puisqu'il dura du XVe siècle à la conquête française. La tiédeur de leur adhésion au système ottoman et leur reconnaissance précoce de la souveraineté française, dès 1844, contribuent à faire d'eux des personnages historiques de prédilection.

La sélection de grands hommes dans le passé autochtone ne correspond pas toujours au besoin de se justifier. Il s'agit parfois de s'inscrire dans la continuité d'un parcours mouvementé, auquel l'histoire pied-noir ajoute un accident de plus, et de reprendre en compte les caractères les plus prestigieux de cet ensemble. Alors prennent place à côté de Koceila, de la Kahena ou des Ben Djellab, tous ceux qui ont joué un rôle de premier plan dans l'histoire de l'Algérie, sans discrimination ethnique, religieuse ni géographique. Oqba ben Nafi qui, le premier, islamisa le Maghreb ou les grands raïs qui dirigèrent la course contre l'Europe chrétienne illustrent l'éclectisme du choix. Parmi les grands corsaires, on aime souligner le cas des renégats et les butins fabuleux dont Alger leur fut redevable : Ali Bitchin, Italien converti à l'islam, qui consacra une partie de ses profits à la construction d'une mosquée[3] en est l'exemple-type. Mais, sans conteste, le plus admiré reste Aroudj, dit aussi Baba Aroudj et souvent confondu avec son frère, Kheir-ed-din, surnommé Barberousse. Sous ce sobriquet, sont célébrés, en un seul, les deux personnages qui ont assuré la domination turque sur Alger, d'où ils chassèrent les Espagnols, et donné une impulsion durable à la course. Toutes ces grandes figures appartiennent à un passé suffisamment ancien pour être absorbé. Il peut sembler plus délicat d'assimiler l'histoire autochtone du XIXe siècle, en raison de la grande part de résistance à la France qu'elle comporte. Pourtant on en retient les individualités les plus fortes, les événements se confondant, eux, avec ceux de la conquête. Il s'agit des insoumis les plus farouches, tous éclipsés par la notoriété d'Abd el-Kader, respecté autant pour la bravoure de son combat contre la France que pour sa loyauté envers elle. Ceux qui rallièrent tôt la cause du conquérant sont souvent laissés dans l'ombre, sauf les Couloughlis, notamment ceux qui tinrent le méchouar de Tlemcen, en 1835. Le même phénomène s'observe pour des faits beaucoup plus récents : les récits de la guerre de 1954-1962, d'un esprit bien différent de ceux sur Abd el-Kader, sont traversés bien plus souvent par les silhouettes d'Ali la Pointe ou de Ben Bella que par celles des harkis. Ceux-ci n'auront leur place « historique » qu'après, ainsi que le bachaga Boualem.

Le souci d'enracinement a parfois recours à une anecdote semi-légendaire, celle des religieuses de Francis-Garnier, petite localité des environs de Ténès. A une époque mal déterminée, pour certains en 1803, un navire hollandais, transportant des nonnes vers les

Antilles, fit naufrage sur cette côte dépeuplée par une maladie qui avait emporté une grande partie de la gent féminine. Les sœurs se reconvertirent en épouses musulmanes et leur supérieure, pour son comportement exemplaire, fut vénérée comme un marabout, sous le nom de Lalla Mériem Binett, ou de Lalla Setti, selon les versions. De ce fait, une partie des habitants de la région serait de descendance européenne. De même, sont mis en valeur les liens historiques – occupation territoriale ou captivités résultant de la course – entre l'Espagne, l'Italie ou Malte, d'un côté, et le Maghreb, de l'autre, ainsi que les métissages ou filiations susceptibles d'en résulter.

L'histoire pied-noir prolonge, en effet, des bribes d'histoire espagnole, italienne ou maltaise, celles qui se rapportent aux relations de ces peuples avec l'Afrique du Nord. Car, tous trois ont eu maille à partir avec elle, en des temps forts anciens, bien avant 1830, mais pas nécessairement oubliés ou révolus. Le premier épisode de cette expérience est l'occupation musulmane, à la suite d'une invasion venue du Maghreb. De 711 à 1492, l'Espagne entretint avec l'islam maghrébin des rapports de lutte pour la reconquête ou la conservation du territoire, mais aussi d'interpénétration culturelle. Las Navas de Tolosa[4] ont une signification, quoique différente, des deux côtés du détroit de Gibraltar. Si les royaumes arabes ont leurs mozarabes, les terres ibères reconquises ont leurs mudéjares, et ces deux groupes donnent naissance à un art hybride original. De nombreux siècles après, les Mahonnais[5] se souviennent du « dernier Maure » de l'île et de la descendance métissée qu'il y laissa sous le nom d'Alimondo. Quant à Malte, la Sicile et la Sardaigne, elles restèrent sous la domination de dynasties tunisiennes du $IX^e$ au $XI^e$ siècle. La première en conserve un témoignage toponymique bien marqué dans des sites tels que Ras el-Qala ou Ras ir-Reqqa. De leur côté, ces insulaires, ainsi que les Espagnols, ont tenté le plus souvent sans succès de prendre pied sur la côte africaine, en des points comme Bougie ou Alger. Le plus illustre de ces essais et le plus fructueux vise Oran. En 1505, les Espagnols s'emparent de Mers-el-Kébir ; quatre ans plus tard, ils prennent Oran. Cette possession est abandonnée temporairement de 1708 à 1732, puis définitivement en 1792, à la suite d'un tremblement de terre qui laisse subsister suffisamment de traces architecturales de la présence espagnole pour qu'on les retrouve, une quarantaine d'années plus tard, au moment de l'arrivée des Français. Le dernier aspect des relations mouvementées entre Espagnols, Italiens et Maltais, d'une part, et riverains du Maghreb, notamment d'Alger, d'autre part, est la course. Longtemps acharnée de part et d'autre, elle fit encore de nombreux captifs dans le premier quart du $XIX^e$ siècle. Cet ensemble de convergences constitue pour les parties concernées un point d'attache et, pour les immigrants arrivés d'Espagne, d'Italie, ou de Malte à partir de 1830, une sorte d'enracinement. Ils ont entre eux d'autres liens historiques : Maltais et Siciliens furent dominés par les Normands, du $XI^e$ siècle au $XIII^e$ siècle, puis par les Aragonais, sort partagé par Naples, l'Italie du Sud et la Sardaigne. Tous eurent pour souverain, en même temps que l'Espagne, Charles Quint qui donna Malte aux chevaliers de Saint-Jean de Jérusalem.

Devenus français, les descendants des immigrants espagnols, italiens ou maltais, n'en perdent pas pour autant leur patrimoine historique qui intéresse aussi les descendants d'immigrants français, car les mariages mixtes ont entremêlé les legs du passé. Ainsi l'histoire pied-noir se fait l'héritière de toutes ses histoires croisées, dont elle annexe des événements et des personnages. La longue souveraineté espagnole sur Oran, le séisme de 1790 sont les grands moments retenus, ainsi que les aléas du Peñon d'Alger, pris par les Espagnols en 1510, repris par Barberousse en 1529. Le thème du retour dans un domaine abandonné s'épanouit à partir de ces faits. Sans avoir le prestige de la Kahena, les grands hommes sélectionnés ne manquent pas d'envergure : en premier lieu, Charles-Quint, et sur ses talons, au mépris de la chronologie, Ximenez de Cisneros qui conquit Oran. Cervantès, enfin, en tant que captif des corsaires et témoin du « bagne » d'Alger. En raison d'un afflux permanent d'Espagnols, l'histoire plus récente a aussi ses incidences sur l'histoire pied-noir, notamment la guerre civile de 1936-1939 ; à cette occasion l'entassement de réfugiés dans des camps au sud de l'Algérie a soulevé l'indignation.

1830, début de l'histoire pied-noir, est aussi la date où toutes ces histoires bigarrées se combinent ou se brouillent. Néanmoins, cette intrication complexe n'efface pas les cheminements qui y conduisent. Les héritiers de tous ces passés associés, autochtones ou allogènes, les revendiquent, tout ou partie, pour leurs. Les divers ancêtres ont un point commun qui les oppose aux ancêtres français, plus récents. Ils n'ont su ni dominer l'intégralité du territoire, ni y établir un système variable[6].

*Histoires interrompues*

La rupture avec le passé, à partir de 1830, caractérise aussi le point de rencontre de ces diverses histoires, et donc, le début de l'histoire des pieds-noirs d'Algérie. Que le divorce historique soit commun n'exclut pas la zizanie entre les nouveaux partenaires. L'enchaînement événementiel qui en découle, apparemment semblable pour tous, est expérimenté différemment par chaque communauté. Les conditions de la cassure et son amplitude varient selon les origines ethniques et géographiques.

Les autochtones, sans avoir à changer de territoire, assistent à l'intrusion d'une autre histoire dans la leur. La survie de celle-ci dépend de l'éviction de ces importuns, avec lesquels il faut désormais compter. Cette adaptation revêt des formes diverses, parfois contraires, qui ressortent, à la fois, de la continuation d'un destin propre, au-delà du choc de 1830, et de l'aventure composite qui débute. La résistance la plus farouche illustre couramment cette accoutumance difficile. Ses péripéties sont les derniers sursauts de la longue étape exclusivement musulmane de l'histoire du pays. Elles appartiennent aussi et déjà à l'histoire des pieds-noirs ; la naissance de celle-ci dépend de la tournure prise par cet affrontement entre assaillis et assaillants. Sur la côte, la riposte que leur réservent les Turcs se résume presque à la défense d'Alger. Une fois leur défaite consacrée par la prise de la ville, ils s'effacent sans encombre, quittent le pays ou tentent de vivre en bonne intelligence avec les nouveaux conquérants. Le même processus se répète à la prise des autres villes littorales. A l'intérieur, l'attitude est plus belliqueuse. Notamment, un des représentants de la puissance ottomane, le bey de Constantine, fort de l'invulnérabilité de sa ville, prétend prendre le relais du dey d'Alger et parvient à tenir la plus grande partie de l'Oriental jusqu'à 1837, prise de la citadelle inexpugnable.

L'hostilité d'Abd el-Kader et de ses partisans se montre plus durable et plus viscérale. Jugulée en 1847 seulement, elle obéit avant tout à des motifs religieux et y puise sa force. Les nouveaux prétendants à l'autorité sont chrétiens. Les visées des infidèles ne sont pas totalement sans précédent dans l'histoire du Maghreb musulman, mais ont toujours provoqué une réaction de rejet. Elles n'ont jusque là jamais été couronnées de succès. Les positions des Français, au moment où cette résistance s'organise, c'est-à-dire en 1832, ne sont ni suffisamment étendues, ni suffisamment anciennes pour présager de leur solidité. Les conquérants eux-mêmes sont dans l'incertitude au sujet de leur propre maintien et le manifestent par leurs hésitations. Les populations autochtones ont toutes les raisons de croire à l'imminence de leur départ et de chercher à l'accélérer. La mobilisation contre l'envahisseur nécessite une cohésion compromise par l'effondrement des cadres préexistants. Traditionnellement, les marabouts ont une influence considérable et représentent un facteur de résistance à l'immixtion étrangère. Or, la famille d'Abd el-Kader dirige la confrérie religieuse des Kadria, fondée par un saint profondément révéré, Abd el-Kader-el-Djilani. Elle est, de plus, de filiation chérifienne, c'est-à-dire descendante du Prophète. Cela confère un double prestige au jeune chef, dont l'accès au pouvoir a été annoncé par une révélation nocturne, faite par l'antique fondateur de la confrérie à un vieux marabout. Enfin, la piété et le courage au combat d'Abd el-Kader ajoutent à son charisme. Tout accrédite sa prédestination à combattre l'envahisseur chrétien. Cet ensemble de notions reste très enraciné dans la tradition et plaide contre la rupture historique. Le verdict appartient au cours des événements. En cas de réussite d'Abd el-Kader contre l'intervention française, la coupure aurait été trop brève pour compter. L'inverse s'étant produit, la résistance contribue, au contraire, à cerner l'accident historique, en le soulignant par les batailles, victoires ou échecs. La reddition terminale constate solennellement l'interruption du parcours strictement autochtone. Plus opiniâtres, l'insoumission berbère, en Kabylie et dans l'Aurès, la circonspection du Mzab ou l'animosité de chorfa[7] du sud s'inscrivent dans une logique de la continuité : celle de l'opposition séculaire à l'invasion et plus encore à la chrétienté. Leur insuccès final met en valeur, également, l'irrémédiabilité de là rupture. Lorsque les résistances reprendront plus tard, ce sera dans un contexte historique différent, dans l'édification duquel le cheminement nouveau amorcé en 1830 aura sa part.

L'attitude des autochtones ne se réduit pas, cependant, à des comportements belliqueux. Dès le départ, les nécessités vitales contraignent certains à une soumission pure et simple au fait accompli, quels que soient les sentiments sous-jacents. C'est le cas de la population des villes conquises précocement ou des campagnes colonisées d'entrée de jeu. Bon gré, mal gré, ces citadins et ces ruraux se trouvent spectateurs d'innovations considérables et importées. Certains d'entre eux, en tant que khamès[8], changent d'employeur, passant d'un propriétaire turc et musulman à un propriétaire français et chrétien. Pour tous, l'adaptation est nécessaire. Les procédés et les mœurs des nouveaux venus sont étranges. Leur religion est autre et antagoniste. Leur simple contemplation amène un bouleversement des habitudes prises et des observations faites à l'époque ottomane. Là se trouve la rupture pour les non-belligérants.

La fraction juive de la communauté autochtone l'éprouve peut-être davantage que la majorité musulmane. Pour elle, en effet, la disparition des mesures ségrégatives concrétise la bifurcation historique. Cette nouveauté provoque un certain enthousiasme, mais n'entraîne pas un changement radical des modes de vie, ni, probablement, l'extinction immédiate de mécanismes réflexes, comme celui de céder le pas dans la rue. Le décret de 1870 peut représenter, pour les juifs, un nouveau point de rupture qui n'entraîne pas une allégresse particulière. La mesure ne correspond pas à un besoin profond, mais se traduit par la privation arbitraire de pratiques traditionnelles. Inversement, ces deux moments significatifs pour les juifs ne sont dépourvus ni de sens, ni de conséquences pour les musulmans. Après 1830, ils perdent leur position de supériorité dans la société, par rapport aux juifs ; après 1870, ils régressent encore : ce sont désormais les juifs qui occupent une position supérieure à la leur.

L'ampleur et la signification de la rupture sont donc nuancées. Nette dans les événements – car liée à la résistance et à son échec – facilement constatable, elle est cependant floue, difficilement cernable et datable dans l'histoire quotidienne. Ici, elle se manifeste insensiblement et apparaît surtout comme un hiatus entre deux étapes, introduisant une notion imprécise d'antériorité et de postériorité. Dans le quotidien, les modifications sont lentes, progressives, dépendantes de facteurs sociaux et géographiques. Le seul aspect défini qu'y revêt la cassure historique, permettant ainsi de l'identifier, se produit brusquement et brièvement ; il s'agit du branle-bas qui accompagne le changement de spectacle : dans la plupart des cas, un siège ou un bombardement. Tous n'en feront pas l'expérience, ou tout au moins, pas à la même date, celle-ci variant au gré de la conquête française.

La rupture avec le passé est plus évidente encore pour les immigrants non-français. Eux passent d'un territoire à un autre, en même temps que d'une histoire à une autre. Cette transhumance constitue aussi leur premier lien historique, le premier chaînon d'une aventure partagée. Cependant, pour la plupart d'entre eux, la cassure n'est pas immédiate, dans la mesure où le départ en Algérie n'a rien de définitif et ne représente qu'une étape de leur existence. Ils ne se détachent pas de leur histoire ancestrale. Leurs communautés, même réduites, restent très individualisées, les unes par rapport aux autres, et l'ensemble par rapport à la communauté d'origine française. Le phénomène est favorisé par un afflux qui ne se tarit pas jusqu'à la fin du XIXe siècle. En ce sens, l'histoire qui se déroule en Algérie à partir de 1830 n'est pas réellement la leur. Mais, simultanément, elle ne leur est pas totalement étrangère, puisqu'ils en dépendent et qu'ils y contribuent par leur activité quotidienne. Cependant, tant qu'ils continuent à se dire d'Alicante, de Sardaigne ou de Gozo, leur histoire reste celle de l'Espagne, de l'Italie ou de Malte. C'est encore plus vrai des pêcheurs napolitains qui regagnent l'Italie, la saison de pêche terminée, ou des domestiques qui retournent en Espagne, lorsqu'elles ont amassé une somme suffisante. Ce n'est que lorsque l'implantation en Algérie est consommée que le décalage avec l'histoire ancestrale l'est également. Les « étrangers » qui ne sont jamais allés dans leur pays d'origine sentent leurs liens avec celui-ci se distendre. Géographiquement, ils ne le connaissent pas. Culturellement, avec leur mauvais français, encombré de mauvais italien ou de mauvais espagnol, ils s'y reconnaîtraient difficilement. Historiquement, il leur serait ardu de relier leur présent à un passé auquel il ne s'enchaîne pas. Ils ne s'intègrent pas non plus à l'histoire française. Leur faible niveau d'instruction et leur nationalité différente ne le leur permet pas. Ils se situent, en quelque sorte, entre deux histoires, au milieu de la cassure. Ils ne la franchissent définitivement qu'avec la loi de 1889. Adhèrent-ils en connaissance de cause à cette citoyenneté nouvelle ? Elle n'est pas toujours ressentie comme un avantage : participer à l'histoire immédiate de la France par le biais de la caserne et, éventuellement, de la guerre ne suscite pas, de prime abord, une liesse démesurée. Mais cela signifie être enfin vraiment « chez soi » en Algérie, puisqu'elle est française. En adhérant à la France, les ex-étrangers font de son histoire la leur et ils renouvellent l'opération, une vingtaine d'années plus tard, avec l'histoire de France, en participant à la Grande Guerre.

Il est donc malaisé de séparer histoire et identification communautaire. Le moment où les différentes communautés troquent l'histoire inadéquate des origines contre l'histoire nouvelle, celle des pieds-noirs, dépend plus de l'acquisition de la nationalité française que de la conquête ou de leur propre arrivée en Algérie. Entre les deux dates, 1830 et celle de la naturalisation, leur histoire est celle de la vie quotidienne ; les grands événements les atteignent, mais ne sont pas les leurs. C'est quelque peu le sort des autochtones musulmans. En l'absence de nationalité française et d'une autre option possible, passées les grandes résistances et en dehors des périodes insurrectionnelles, ils se trouvent maintenus dans le hiatus, privés d'histoire, bien qu'ils participent à celle des pieds-noirs et à celle de la France. Les plus cultivés adhèrent même à celle-ci par le biais des études et en retirent des idées nouvelles, mais ne jouissent pas tous de la citoyenneté qui leur permettrait de s'en réclamer. La rupture de l'histoire et son inconfort sont plus marqués, plus éprouvants pour les autochtones musulmans, qui n'ont pas changé de territoire, que pour les immigrants non-français. Au contraire, les immigrants français connaissent une relative continuité, puisque c'est leur histoire qui se prolonge sur ce territoire, happant des fragments d'autres histoires brisées pour faire de l'amalgame l'histoire originale des pieds-noirs. Mais, pour appartenir à celle-ci, il faut être à la fois d'Algérie et Français : ceux qui n'ont pas ce double titre sont exclus de son bénéfice. On conçoit qu'en contrepartie l'histoire des pieds-noirs soit difficile à intégrer dans une histoire algérienne. La situation est ambiguë pour une aventure qui se cherche des précurseurs dans le passé musulman du pays et même dans les temps les plus reculés, antérieurs à l'implantation de l'islam.

## *L'Antiquité empruntée*

Le souci constant, dans l'histoire des pieds-noirs, de rechercher minutieusement et de cultiver amoureusement ses racines explique son recours, par-delà la période musulmane, à l'histoire antique. Cet appel s'apparente subtilement, inconsciemment ou ostensiblement, à une justification. Les traces matérielles de l'Antiquité, en Algérie, encouragent au rapprochement des deux histoires : la contemporaine cherchant sa source dans celle des siècles proches des débuts de l'ère chrétienne.

Dans cette optique, les Romains se révèlent les renforts les plus efficaces. Ces ancêtres de fortune lèguent à leurs héritiers tardifs le prestige des bâtisseurs d'empire et des vestiges attestant du succès de leur entreprise. C'est de cet édifice réussi, achevé et inviolé que l'histoire des pieds-noirs se veut la légataire. Car, dans le grenier de Rome, elle ne découvre que des reliques prometteuses. Les Romains ont fait de l'Afrique une corne d'abondance regorgeant de céréales nourricières, d'oliviers féconds et de vergers tentateurs. Ils sont les fondateurs de villes monumentales, de voies civilisatrices, d'aqueducs généreux. Avec leurs villages de colonisation, leurs routes et chemins de fer, leurs barrages et équipements divers, les pieds-noirs s'en montrent les dignes successeurs. Face aux montagnes aurasiennes et au vaste sud, les Romains ont dû, aussi, édifier un limes solide, ponctué de sites vénérés – Timgad ou Lambèse – pour protéger leurs plaines fertiles, déjà menacées par les incursions nomades. Car si l'Afrique romaine inspire une fierté rétrospective à ses dauphins adoptifs, elle engendre, également, en tant qu'empire défunt, une indéfinissable mélancolie. Les marques, laissées par les Romains sur tout le territoire, témoignent certainement de leur puissance, mais leur état de ruine rappelle leur effondrement et la vulnérabilité des empires. La mort de l'empire romain prophétise celle de l'empire français, sur cette terre qui, à terme, anéantit toujours ceux qui la fertilisent. La destruction de l'empire romain par les Vandales annonce les « siècles obscurs », ceux du triomphe de l'islam.

La romanité revendiquée se distingue mal, en effet, du christianisme. Les saints personnages de l'Afrique romaine y jouent un rôle plus grand que les conquérants. La ferveur chrétienne s'y confond avec l'immolation pour une Afrique christianisée. Un parallèle, à peine perceptible, s'établit, entre d'une part, la persévérance de ces saints et les épreuves qu'ils subissent, et d'autre part la ténacité des soldats français ou des colons européens du XIXe siècle et les difficultés qu'ils rencontrent. Leur mission n'est-elle pas aussi de ramener l'Afrique dans le giron de la chrétienté ? De ce fait, la conquête contemporaine, la pacification et la colonisation symbolisent le juste retour des continuateurs de Rome et du christianisme antique. Dès 1848, un « Chant des Colons » leur propose pour mission de fonder, en Algérie, le « grenier d'abondance » de la France, en « rouvrant les vieux sillons » des Romains, sous l'égide de « Dieu protecteur » qui « d'en haut (leur) a montré l'Afrique ». Rien de surprenant à ce que l'histoire des pieds-noirs choisisse sans véritable souci de la chronologie, ni de l'impact global, comme personnages de premier plan de l'histoire antique pour en faire ses lares, des personnalités religieuses. L'illustrissime Saint-Augustin, natif de Thagaste[9], évêque d'Hippone[10] et tué pendant le siège de sa ville par les Vandales, est davantage, dans cette perspective, le dernier rempart de la romanité chrétienne contre la Barbarie que le Père de l'Eglise. Quant à l'obscure Sainte Salsa, mise à mort à Tipasa pour avoir détruit la statue d'un dieu, le seul motif susceptible de faire de cette Africaine une devancière des Européens des XIXe et XXe siècles est le christianisme qui leur est commun.

Malgré la conjonction entre aube chrétienne et crépuscule impérial, d'autres héros proprement « romains » se profilent timidement sur ce diorama antique. Constantin assure le lien entre chrétienté et romanité. Il a, en outre, le mérite d'avoir fait rebâtir la cité la plus authentiquement africaine et qui porte son nom, Constantine. C'est à travers son personnage et l'histoire romaine qu'est parfois examinée la prise de la citadelle par les Français, en 1837. Septime Sévère est l'initiateur d'une lignée impériale africaine, de Leptis Magna, il est vrai. Mais la quête de glorieux devanciers antiques ne s'arrête pas aux frontières actuelles. Rome n'a pas seulement conquis l'Afrique, elle l'a aussi assimilée, puisqu'un Africain a pu lui donner une dynastie. Septime Sévère représente, abusivement[11], un « pied-noir » romain. Dès l'Antiquité, les cités d'Afrique lui rendirent hommage, ainsi qu'à ses successeurs, comme l'attestent temples et arcs de triomphe, dédiés à lui-même ou à Caracalla, de Cuicul[12] à Théveste[13], en passant par Lambèse. Scipion surgit, de temps à autre, sans précision de surnom. Le vainqueur de Zama masque-t-il le destructeur de Carthage ou inversement ? Les deux sont des gagnants et les promoteurs de la conquête romaine. L'idée que la victoire fut remportée et la domination établie au détriment d'occupants venus, des siècles auparavant, de Méditerranée orientale – colonisateurs de Malte, de la Sicile et de l'Espagne, avant qu'elles ne fussent romaines –, à l'instar des musulmans, existe-t-elle en contrepoint ? Le parallèle n'est jamais développé à ce point, mais il est nettement établi entre la conquête romaine et la conquête française. De même, est cultivé le thème d'une histoire de l'Afrique du Nord se réduisant à une succession d'occupations étrangères et tendant à faire de l'assujettissement de cette terre une sorte de postulat historique. Parmi les éléments de la série, Carthage est maintenue dans l'ombre, alors que Rome est puissamment mise en lumière. Les Européens, et plus particulièrement les Français, sont fondés à récupérer en Afrique le legs de la romanité, à qui ils doivent déjà leur langue et leur civilisation. Le nom de « roumis » que leur donnent les autochtones leur semble confirmer l'illusion qu'ils éprouvent de revenir dans un domaine quitté quelques siècles auparavant. L'affectation de désigner les villes par leurs appellations latines se rattache à cette tradition rétroactive. Cherchell, Alger, Bône, Souk-Ahras et Tébessa l'illustrent amplement, en redevenant, sous certaines plumes, Césarée, Icosium, Hippone, Thagaste, Théveste. Philippeville-Rusicade et Constantine-Cirta échappent au moule romain, leurs anciens noms étant, respectivement et vraisemblablement punique, pour l'une et « numide », ou berbèrc, pour l'autre.

Parmi les alliés antiques, les Numides sont, en effet, parfois les forces d'appoint des Romains. Les uns se rangent parmi les vaillants opposants à Rome, tels Syphax, éclipsé par son épouse Sophonisbe[14] nimbée de tragédie, l'implacable Jugurtha et le premier des Juba, bien malavisé dans ses alliances, tous héros malchanceux. Les autres représentent les tenants de Rome, catégorie monopolisée par Masinissa qui apporta à Scipion l'Africain la contribution de sa redoutable cavalerie. C'est en raison de leurs qualités équestres, en effet, que Romains et Carthaginois se disputèrent l'alliance des Numides. C'est en qualité de premiers autochtones que l'histoire des pieds-noirs ne peut se dispenser de leur concours. Cirta fut leur capitale avant d'être romanisée. Ils préfigurent l'attitude de leurs descendants, adeptes d'une civilisation importée d'Orient, la phénicienne, mais se ralliant – au gré des opportunités – à une autre, venue d'Occident, la latine. Juba II réalise la synthèse entre les fiers autochtones et leurs sagaces envahisseurs. Il est certainement le plus populaire de ces ancêtres de secours que sont les Numides. Captif à Rome, après la défaite de son père, il se vit attribuer par Auguste une épouse, Cléopâtre Séléné, fille de Marc-Antoine et de la célèbre Lagide, et un royaume plus vaste que ceux dont avaient disposé ses prédécesseurs. De sa capitale, Cherchell, il contribua à répandre l'hellénisme et la latinité. Sa notoriété auprès des pieds-noirs égale presque celle de Saint-Augustin, quoiqu'inconsciemment, car il est essentiellement connu par le mausolée qu'il partage avec son épouse, dit le « Tombeau de la Chrétienne » et célèbre dans tout l'Algérois. Numide idéal pour les Romains, il campe ce que pourrait être le parfait Berbère, d'un point de vue français.

Indépendamment de ces individualités historiques, les dispositions des Berbères à assimiler les apports extérieurs sont soulignés dès l'Antiquité. Judaïsés, en des temps très anciens, certains d'entre eux sont les ancêtres légitimes des nouveaux Français de 1870. D'autres adoptèrent le christianisme lorsqu'il se répandit dans l'empire romain et les en détacher demanda plusieurs siècles à l'islam. Devenus musulmans, ne conserveraient-ils pas quelque atavisme chrétien, malgré des siècles d'oubli ? A l'appui de cette doctrine, on signale que certains d'entre eux se disent « Roum », soit Romains ou chrétiens. On avance que les mieux francisés ou les meilleurs catholiques parmi les autochtones, sont des Berbères convertis. Chez eux, on compte retrouver leurs ancêtres, des ancêtres romanisés et christianisés dont les mœurs adoptives, assouplies des centaines d'années durant, peuvent être réveillées.

Ainsi, un lien se crée entre les ex-adeptes de Rome et ses héritiers européens. Ils peuvent à juste titre partager le même sol.

Le regard sur l'Antiquité constitue un moyen de s'ancrer dans l'histoire du pays et de s'y raccorder. Il permet de placer l'histoire des pieds-noirs dans une continuité et de lui trouver des références supplémentaires. Il a parfois pour objectif d'enfermer dans une parenthèse et de contourner la période de l'hégémonie musulmane. Celle-ci, d'un autre point de vue, s'intègre au tout par le biais des irréductibles Berbères, alias Numides, ralliés à l'islam. Accident parmi d'autres, cette adhésion indispensable lui confère une appartenance légitime à l'ensemble historique reconstruit et la transmet aux autres accidents, l'histoire des pieds-noirs comprise. Dans le souci de légitimer cette période, on peut démontrer, dates et siècles à l'appui, que l'histoire qui la précéda, en Algérie, fut celle d'une discontinuité féconde et l'y insérer comme un élément du coq à l'âne. Ce faisant, on referme le piège sur l'histoire des pieds-noirs, la ligne brisée définie se composant de portions bien délimitées. Pour s'inscrire dans cette logique, l'histoire des pieds-noirs doit comporter le mot fin, comme celles qui l'ont précédée.

Le recours à l'Antiquité est également simplificateur et réducteur. Il vise à emprisonner l'Algérie dans une destinée romano-chrétienne, mais se heurte à une histoire cosmopolite et pluriculturelle, née du contact entre le continent africain et la Méditerranée. L'Antiquité de l'Afrique n'est pas que latine, de même que l'histoire des pieds-noirs n'est pas que française. Cette pluralité antique est très généralement négligée par les pieds-noirs dans l'appréhension spontanée du passé de leur pays. Ce qui en subsiste dans le décor a joué, sans doute, un rôle prépondérant dans la schématisation de l'Antiquité. Les théories officielles l'ont consolidée.

Le raccordement de l'histoire des pieds-noirs aux histoires, autres que celles de la France, dont elle est indirectement issue, sans y être cependant liée, montre encore la difficulté de l'insérer dans un ensemble historique. On la voudrait, en effet, cohérente et logique, ce qui s'oppose à sa réalité et plus généralement à la réalité de l'histoire. La quête de tous les ancêtres possibles se heurte à leur disparité et à leur invraisemblance. Les revendiquer tous et pour tous est une entreprise vaine. Mais identifier les siens propres s'avère souvent difficultueux. Le télescopage de plusieurs histoires, en un même lieu et en une même période, accentue la confusion en contraignant à les situer les unes par rapport aux autres. Tous ces parcours syncopés se communiquent leur dislocation et la font passer dans l'histoire des pieds-noirs sur laquelle ils débouchent inévitablement et qui s'en alimente. Impossible de déterminer où réside l'unité de l'ensemble, si ce n'est dans sa diversité. Facteur d'enracinement, le pluralisme est dépouillé de ses vertus par ceux qui tentent de restreindre l'histoire antique de l'Algérie aux limites de l'empire romain et en réservent l'héritage à ses dérivés. Ce type de démarche se propose de trouver à l'histoire des pieds-noirs une légitimité irréfutable et une belle continuité.

Il n'y parvient qu'au prix de découpes opérées dans l'Antiquité et d'emprunts fragmentaires aux autres périodes.

## Chapitre VIII

## MÉCOMPTES ET COMPTES

Au moment où les Français d'Algérie semblent avoir opéré et scellé la synthèse entre ce qu'ils portent en eux de France et ce qui leur est spécifique, leur univers s'effondre, lentement d'abord, par écaillures, puis brutalement, par pans de plus en plus larges et à une vitesse de plus en plus folle. L'Algérie, sur laquelle ils ne se posent plus de questions depuis bien longtemps, malgré une suspicion diffuse vis-à-vis de l'islam et des insurrections toujours circonscrites, largue leurs amarres, sans précipitation, mais inexorablement. La France, dont ils se sentent totalement indissociables depuis les deux conflits mondiaux et dont ils pensent, en conséquence, être légitimement les créanciers, leur tourne graduellement, mais implacablement et délibérément le dos. De nouveau ou à leur tour, ils se trouvent dans un hiatus de l'histoire. Ils n'aperçoivent ni filin pour gagner l'un ou l'autre bord, ni sauvegarde pour les soustraire à la tempête. Alors qu'ils sont définitivement séduits et sous le charme, on les abandonne. Dans des circonstances où fermeté et compréhension leur sont nécessaires, ils se trouvent écartelés entre des directives et des apaisements contradictoires, qui se muent, petit à petit, en attaques et en condamnations.

Enfin, la rupture consommée, ils doivent renoncer à un cheminement propre, s'intégrer d'une nouvelle façon à l'histoire de France et se résoudre à ne plus en avoir d'autre. Puisque celle qui se continue sans eux en Algérie ne les concerne plus, la seule continuité envisageable à leur aventure particulière se confond désormais avec les événements nationaux et ils perdent ainsi leur originalité historique. Certains adhèrent à cette nécessité et paraphent, ce faisant, la disparition de leur histoire. Ils s'assimilent et s'adaptent, non sans perte d'identité. D'autres préfèrent tout conserver, histoire et identité, et se sentir exclus. Pour eux, le parcours historique est parvenu à son terme ; il se cantonne au passé et se nourrit de lui. L'histoire nationale en marche ne les touche que par des événements ou des situations qui réveillent les échos de faits antérieurs et les font retentir dans le présent.

*La mort du canari*

L'histoire des pieds-noirs n'en finit pas de mourir. Ce qui est pour l'ensemble de l'histoire de France un phénomène extérieur est pour elle une épreuve et non la moindre. Par le déroulement, plus que par la durée, elle semble prendre le rebours de la conquête. Violence et haine y vont crescendo au lieu de s'atténuer. Les métropolitains envoient un contingent faire la guerre outre-Méditerranée et en souffrent ; les pieds-noirs vivent et baignent dans la guerre ; ils l'endurent comme une peine momentanément inhérente à leur quotidien. C'est pourquoi ils ne peuvent l'appeler d'abord « guerre » ni jamais « d'Algérie ». De même qu'un Espagnol ne pourrait appeler « guerre d'Espagne », la guerre civile de 1936-1939. Le tissu quotidien de cette période – bombe après bombe, grenade après grenade, assassinat après assassinat – meurtrit pour longtemps l'histoire des pieds-noirs, en même temps que les jugements portés depuis la métropole, inconsidérément et mesquinement, l'ont flétrie durablement. Tandis que, dans l'intervalle 1954-1962, s'amoncellent les mauvais souvenirs qui ont déchiré son avenir et lacéré son passé, l'histoire de France retient surtout 1962, le soulagement de voir s'achever une « sale guerre » et la bonne conscience d'une indépendance généreusement accordée.

Longtemps, du reste, la « guerre » n'en a pas été une. Le 1er novembre 1954 apparaît d'abord comme un incident dramatique. Les « événements » qui le prolongent sont d'abord assez espacés, au moins dans la conscience de ceux qui les vivent. Puis, alors qu'officiellement on apaise l'inquiétude des pieds-noirs par de pieuses assurances et que, sévèrement, on leur présente tout départ comme une désertion, meurtres et attentats s'amplifient. Les massacres de populations civiles de tous âges, conditions et religions, le 20 août 1955 dans le Constantinois, bouleversent les Français d'Algérie. Le cas du village minier d'El Halia exaspère particulièrement, en raison du très jeune âge d'une grande part des victimes. C'est alors que se manifeste la première riposte des pieds-noirs aux violences dont ils sont la cible. Elle fut aveugle ; à Philippeville notamment, des musulmans sont pourchassés dans les rues et tués. Cette vague vengeresse ne touche cependant pas tous les Européens dont les portes s'ouvrent aussi pour protéger les malheureux boucs émissaires. Pour la première fois, la manipulation FLN atteint son but parmi la population pied-noir qui commence à douter des assurances qu'on lui dispense. Parallèlement, s'exerce sur elle l'influence de gaullistes, désireux de ramener leur chef au pouvoir et favorisant donc le développement de l'activisme à Alger. Fière et forte d'une tradition de turbulence et de vitalité, cette ville, privée depuis peu d'un gouverneur général auquel elle s'était attachée – Jacques Soustelle – fait un accueil frondeur et houleux au président du

Conseil, le 6 février 1956. La journée est restée celle des « tomates à Guy Mollet ». Les années 1956 et 1957 sont, pour les Algérois, éclaboussées par la poussée du terrorisme urbain. Alors qu'on en retient surtout en métropole, l'assassinat du maire de Boufarik, les excès des ultras ou la bataille d'Alger, la mémoire des pieds-noirs algérois conserve essentiellement les épisodes qui atteignirent des éléments anonymes de leur communauté. Occupés à pleurer les morts et à soigner les blessés des attentats du Milk-Bar, de l'Otomatic, du Casino de la Corniche ou d'autres moins notoires, mais tout aussi meurtriers, la plupart n'ont pas pour souci immédiat de se laisser aller à la vengeance. Néanmoins, sous l'impulsion d'une minorité, des représailles ont lieu. Tiraillée par les extrêmes, l'histoire des pieds-noirs se trouve au bord d'une double rupture : avec l'histoire de France, par le biais de l'incompréhension grandissante des Français d'Algérie vis-à-vis de la politique de leur gouvernement et des réticences de leurs compatriotes métropolitains ; rupture avec son support territorial, l'Algérie, et le passé commun à ses différentes composantes ethniques. Leur histoire se scindait tout au long de la fissure ouverte et opiniâtrement élargie dans la fragile entente intercommunautaire.

En 1958, cependant, tout semble se raccorder. Les événements d'Algérie font irruption dans l'histoire nationale et en détournent le cours. Ils ont raison de la IVe république. Après le 13 mai, les pieds-noirs peuvent avoir l'illusion d'avoir imposé leur révolution à Paris et les métropolitains penser que ce sont de dangereux putschistes. En réalité, les premiers sont habilement manœuvrés, afin que les destinées de tous soient à nouveau confiées à Charles de Gaulle, dont la trop longue éclipse prenait la forme d'une extinction. Par la suite, les pieds-noirs baptisèrent cette journée « nouvelle journée des dupes ». Pourtant, ils croient sincèrement, aux slogans plus tardifs énoncés par celui qu'ils avaient appelé au pouvoir, à leur insu. Ils ne mettent en doute ni les « Français à part entière », sanction, selon eux, de la fraternisation du Forum[1], ni le prudent « je vous ai compris » d'Alger, ni l'étourdie « Algérie française » de Mostaganem. Au fil des mois qui suivent, l'inquiétude se ravive chez les pieds-noirs, suspendus aux paroles du président de la République qui leur paraissent de plus en plus atermoyantes et équivoques. Le discours de l'autodétermination, le 16 septembre 1959, toujours ambigu, achève de les décourager. Tout bascule pour eux, au cours de l'année suivante. A l'occasion d'une manifestation en faveur du général Massu[2], pour la première fois l'armée française[3] tire sur les Français d'Algérie et ils se retrouvent, seuls, derrière des barricades dont personne n'avait besoin, cette fois-ci, pour accéder au pouvoir. La population musulmane, quels que soient ses sentiments, reste sur sa réserve. Attitude raisonnable, en une année où la « paix des braves » est remisée au profit des « couteaux au vestiaire » et de « l'Algérie algérienne ». Avec le putsch des généraux, le 22 avril 1961, l'espoir des pieds-noirs renaît pour s'évanouir, en même temps que lui, au bout de quelques jours.

A partir de ce printemps, plus rien ne peut endiguer le déferlement d'une fureur désespérée. Déçus dans leur foi en la patrie et en les sentiments confraternels de leurs concitoyens d'outre-mer, coupés de leurs « pays » musulmans par l'action du FLN et les excès meurtriers des plus enragés d'entre eux, ils se voient privés du réconfort d'une armée compatissante et sympathisante, livrés à la froideur hautaine d'un chef d'Etat marmoréen. La fièvre obsidionale, qui les a assaillis par intervalles depuis 1954, ne va pas leur laisser de répit, environnés qu'ils se sentent d'ennemis ou de détracteurs. Le climat est créé et le décor planté dans lequel l'OAS trouve à jouer son rôle. Mise sur pied dans les mois qui suivent les barricades de 1960, et malgré un terrorisme bien amorcé[4], cette organisation n'est pas connue de tous avant les tracts du début mars 1961 et reste une affaire de civils. L'échec du putsch en fait aussi le refuge des soldats perdus et l'exutoire d'une population minée par six ans de guerre civile, ulcérée par quatre ans de cajoleries et de rebuffades alternées. Les plus raisonnables ont bien du mal à garder leur sang-froid face aux sollicitations de l'OAS. Le plus grand nombre, sans doute, lit et approuve ses messages, participe aux concerts de klaxons ou de casseroles et s'amuse amèrement d'un folklore fanfaron. Puis la montée de la violence provoque des sentiments partagés : indifférence apathique ou satisfaite de ceux que les atrocités adverses ont endurcis ou meurtris ; angoisse de ceux qui voient l'horreur se multiplier par deux et même par trois, notamment les parents d'adolescents. Ils n'ont plus à craindre seulement l'assassinat de leurs jeunes par le FLN, mais aussi leur passage à l'OAS et leur capture par les barbouzes. Quant aux adultes, ils doivent se garder à la fois d'une tiédeur trop discernable vis-à-vis de l'OAS, passible de représailles de la part de celle-ci, et du moindre indice de sympathie pour l'organisation, un simple tract justifiant une fouille rageuse du logis, l'arrestation et un interrogatoire « vigoureux » par la police officielle ou la gendarmerie. En même temps, ils sentent leur protection s'affaiblir, tandis que leur insécurité croît à un rythme accéléré. Les dés sont jetés et les faits de 1962 ne seront que les derniers râles d'une histoire agonisante.

En effet, pendant ces dernières années de l'histoire des pieds-noirs, plus que la chronologie importe l'aura qui en émane ou qui l'enserre. Comme souvent par le passé, les circonstances sont telles que les pieds-noirs éprouvent un besoin incoercible d'être « aimés ».

Presque sûrs de l'être, au début, et convaincus en tout cas qu'ils méritent l'affection de leurs compatriotes d'outre-mer, en tant que « petit-fils de Verdun » et « fils de Cassino », ils en doutent de plus en plus, au fur et à mesure que la phase terminale de leur histoire se rapproche de l'échéance. Depuis la métropole, au fil des années, les jugements pleuvent dru, comme ceux des animaux pestiférés sur l'âne, mangeur de l'herbe d'autrui. La presse les fustige et d'aucuns n'hésitent pas à soutenir moralement et matériellement leurs meurtriers et mutilateurs potentiels. La mère-patrie, quant à elle, s'est muée en Minerve froide, rationnelle et soucieuse de tirer son épingle du jeu dans les meilleures conditions possibles. Tout autour d'eux, cependant, les trottoirs se jonchent de cadavres dont une implacable logique assure, avec efficacité, le renouvellement. Les parents, les amis, les voisins, les passants – anonymes, mais familiers : juifs, chrétiens, musulmans – tombent de plus en plus nombreux. Le tumulte s'amplifie avec la fureur dévastatrice. Explosions lointaines ou proches font tressaillir les entrailles. Le crépitement des armes devient affreusement anodin. Les sirènes des ambulances, le bourdonnement des hélicoptères charriant les blessés rivalisent de stridence ou de menace avec les cris de désespoir devant les corps mutilés, les gorges béantes et les « you-you » qui n'annoncent plus les fêtes. Dans les campagnes, il faut y ajouter les poteaux électriques et les arbres fruitiers sciés, les récoltes détruites, le bétail massacré, les pères surpris et tués en lisière de leurs champs. Après l'étonnement, le chagrin, la rage, s'installent l'accoutumance, l'abattement, la routine. On ne voit plus le grillage des fenêtres d'autobus, les flaques pourpres sur les trottoirs ou les marchepieds des véhicules, et dans lesquelles on marche, par une inadvertance qui soulève le cœur. Lever les bras pour la fouille dans les magasins, ne plus sortir à certaines heures, en certains lieux, deviennent des automatismes.

Le tissu fragile et imparfait des relations avec la communauté musulmane, parallèlement, se déchire. Les avertissements mystérieux et craintifs, les réticences soudaines et inexpliquées des proches musulmans, l'hostilité des plus jeunes d'entre eux ou le désarroi des plus âgés engendrent, selon les cas, une stupeur chagrinée ou un emportement méprisant qui contribue à ruiner les relations. Et lorsque viennent les derniers jours, tandis que, chez les uns dominent la prostration et le sentiment d'inutilité et, chez les autres la colère, tous fuient éperdument, laissant le café sur la table, prenant le soin d'ouvrir la volière ou détruisant aveuglément meubles, vaisselle, linge. Dans la rumeur des dernières tueries, des derniers enlèvements, de l'occupation sauvage des logis, des représailles exercées sur les musulmans fidèles à la France, dans la fumée noire des ultimes destructions de l'OAS, dans l'entassement des ports et des aéroports, loin des villages abandonnés et des rues désertées, ce ne sont plus que visages figés, regards atterrés, doigts se crispant sur les ficelles ou les poignées des bagages remplis hâtivement. Et à l'arrivée en France, ces hommes vaincus, ces femmes décoiffées, ces vieillards apeurés croisent l'indifférence d'autres migrants, les vacanciers métropolitains. D'eux aussi, pendant quelques semaines, la voix officielle s'efforcera de faire des estivants.

De cette apocalypse qui la consomme, l'histoire des pieds-noirs conserve ses derniers personnages. Certains sont anonymes : jeunes des commandos Delta ou barbouzes, car les héros côtoient les félons. Parmi les personnalités amies et considérées comme victimes, on remarque le capitaine Le Pivain, tué au passage d'un barrage de police à Alger ; le lieutenant Degueldre, créateur des commandos Delta ; le général Salan.

Toutes ces figures sont éclipsées par la plus détestée, celle de Charles de Gaulle. Malgré une réputation de vieille animosité réciproque, certains pieds-noirs avaient des sentiments gaullistes ; quant aux autres, ils ont cru en l'homme providentiel et ont imaginé qu'il était suffisamment magnanime pour faire taire toute antipathie résiduelle. Sa « forfaiture » et son machiavélisme l'ont transformé, à leurs yeux, en ennemi mortel pour lequel il n'est pas de surnom assez ignominieux : du « Prince » à « Charles le Mauvais », en passant par la « grande Zohra ». Même l'archevêque d'Alger, Mgr Duval, déconsidéré et haï pour son attitude favorable au FLN, fait pâle figure en regard du fondateur de la V$^e$ République. Celui-ci, pour beaucoup de pieds-noirs, reste le bradeur de l'Algérie, en même temps que celui qui les a abusés. Commencée par de grandes figures de soldats et de modestes immigrants, leur histoire s'achève sur une grande figure de soldat et une lamentable émigration. Mais, alors que ses lointains prédécesseurs se sont illustrés dans la conquête et en ont, à terme, recueilli l'admiration des pieds-noirs, Charles de Gaulle a peu de chance d'entrer de la même façon dans la postérité, pour une victoire remportée finalement sur une population civile désarmée et sur ses canaris[5].

*Le syndrome d'Antigone*

La tempête éloignée, le besoin d'histoire se manifeste très fortement chez les pieds-noirs. Il ne se réduit pas à une simple nostalgie, irritante pour le profane, ou à une manie justificatrice de « colonisateur », devenue caduque. On peut y voir plutôt l'exercice d'un droit naturel, « le droit à l'histoire » [6]. Cependant, l'usage de cette faculté n'est pas aisé pour les pieds-noirs. D'une part, ils n'ont plus d'histoire spécifique à vivre ensemble. D'autre part, leur histoire défunte est restée sans sépulture, au terme d'un combat à tous égards fratricide. Le dernier épisode de l'histoire des pieds-noirs étant présenté comme une atteinte aux lois de la cité, c'est cette histoire toute entière qui en pâtit. En la maintenant dans une obscurité commode, pour la plus grande partie de la communauté nationale, on évite de mettre en lumière ceux de ses aspects peu flatteurs pour une histoire de France qui se veut exemplaire et infaillible. Ainsi, laissée dans l'ombre, l'histoire des pieds-noirs baigne également dans le doute, le soupçon, le péché, écartant l'histoire-mère de ces écueils. Mais, en jetant le discrédit sur l'histoire des pieds-noirs, on en a fait une histoire coupable, dont les héritiers ne peuvent se satisfaire.

En outre, l'agonie et la disparition de leur histoire a provoqué chez les pieds-noirs le désir de la connaître, afin de mieux se connaître eux-mêmes. Le souci du passé n'a probablement jamais été aussi puissant que depuis que ce passé est mort. Il erre encore dans la conscience de ses légataires qui se partagent sur la façon de l'appréhender. Car, il s'agit, en fait, de la manière dont ils s'insèrent dans l'histoire immédiate, insertion inévitable et indispensable. Or, la communauté, hétérogène depuis toujours et actuellement dispersée, n'adopte pas, pour ce faire, un processus unanime, mais une démarche individuelle ou groupusculaire. Le point commun à ces raccordements historiques demeure, comme souvent par le passé, une histoire déracinée, et, maintenant, en rupture de ban. Il faut l'implanter valablement et durablement dans un parcours historique en activité. Elle a subi, en effet, une double scission : avec son support algérien, du fait de l'indépendance, et avec son support français, du fait des circonstances et de l'atmosphère qui ont présidé à sa fin. Son incorporation à une histoire vivante s'impose, car toutes les attitudes de la vie quotidienne, toutes les prises de position supposent, pour chacun, une assise historique. Sans elle, il est difficile de se fixer et d'éviter des fluctuations périlleuses. La seule jonction possible, pour l'histoire des pieds-noirs, consiste à se fondre dans celle dont elle est issue, l'histoire de France. Mais, cette fusion implique qu'elle y soit acceptée, dans ce qu'elle a de meilleur et de pire, et qu'elle soit assumée, au lieu d'être reléguée dans l'inconscient comme un lapsus indigne. Enfin, l'histoire des pieds-noirs est aussi une séquence de l'histoire de l'Algérie. L'ignorer serait lui retirer son essence et priver une partie de ses héritiers de l'essentiel de leur passé. Cette ambiguïté ne facilite pas son insertion et plonge dans la perplexité ceux qui ont à la réaliser. Comment traiter exactement cet encombrant défunt qu'est le passé des pieds-noirs ?

On peut opter pour un lent pourrissement dans l'oubli et hors de l'enceinte de la cité. Le besoin d'histoire prend alors la forme d'une assimilation totale à l'itinéraire métropolitain, à l'exclusion de tout autre. « Tourner la page », faire une croix sur le passé algérien peut paraître l'attitude historique la plus raisonnable. Aux métropolitains, elle évite de reconsidérer la question et de faire des taches sur leur histoire bien nette. Aux pieds-noirs, elle montre la voie d'une intégration bien réussie. Ne peut-on pas observer au bout de vingt-cinq ans que l'amalgame entre eux et le reste de la communauté nationale s'est fait et estimer donc inutile de revenir en arrière ? Cette formule peut s'avérer convenable pour ceux qui ont fait leurs études en France et qui y sont demeurés, bien avant que n'éclate le conflit de 1954-1962. Ayant vécu celui-ci de l'extérieur, ils auraient moins souffert de la lapidation de leur histoire et de leur image. Ce n'est pas toujours le cas. Ils ont pu vivre intensément tous les événements de la guerre, depuis la métropole, et être blessés par l'incompréhension de leurs compatriotes métropolitains devant leurs émotions restées « algériennes », ou par l'indignation de leurs compatriotes pieds-noirs devant leur regard nuancé par la distance, ou par les deux à la fois. De vieilles attaches familiales, des responsabilités municipales, politiques ou la réussite professionnelle, facteurs d'adaptation, favorisent aussi l'insertion dans l'histoire immédiate et l'amnésie vis-à-vis de ce qui n'est plus qu'un bloc de mauvais souvenirs. Créon est le plus fort ; il faut se résigner à une certaine forme de bonheur, par raison. Mais, l'oubli, lui-même, signifie la latence d'une portion d'histoire spectrale, susceptible de réapparaître inopinément, et de soulever la question de ses litiges avec l'histoire de France. En outre, la descendance qui n'a pas les mêmes souvenirs a, néanmoins, la même filiation et peut se montrer inquisitrice, obligeant les oublieux à sortir de leur abstention historique et à réaliser le lien entre leur présent et leur passé.

Ce sont généralement les dernières péripéties de celui-ci qui s'interposent et gênent le processus d'intégration à l'histoire nationale. Ces dernières années sont-elles honteuses, honorables ou seulement malheureuses ? Conçues comme honteuses, elles ne sont que l'aboutissement normal d'une histoire entièrement répréhensible. Les péchés des pères retombent sur les enfants pendant quatre générations. Lorsque les pieds-noirs se rallient à cette vision de leur histoire, ils reprennent à leur compte les accusations-leitmotive dirigées contre leur communauté, au moment de la guerre d'Algérie. Il ne faut en déduire aucune flagornerie historique. Ceux qui procèdent ainsi y voient une façon d'assumer leur passé, de comprendre pourquoi il s'est perdu et pourquoi ils sont là. La culpabilisation et la théorie des « erreurs » qu'on aurait pu éviter sont aussi des biais pour insérer, d'une manière sensée, l'histoire des pieds-noirs dans l'histoire nationale. Cependant, ce moyen se révèle réducteur, doctrinal et ne peut rassembler tout le monde. Souvent adopté par des personnalités ayant joui d'une certaine aisance familiale ou d'un large panorama culturel, elle heurte ceux qui en étaient dépourvus et ne se sentent pas les mêmes raisons de battre leur coulpe. Autocritique sans concession, cette attitude devant l'histoire est aux antipodes d'une autre position, tout aussi exigeante, qui soutient une version outrageusement élogieuse de l'histoire des pieds-noirs, héritée d'une longue tradition officielle aujourd'hui périmée. Il en résulte parfois une zizanie difficilement compréhensible, au sein d'une si petite communauté, pour le non-initié, et du plus déplorable effet, lorsqu'elle prend pour cadre un plateau de télévision. La modération semble interdite à cette histoire contestée, prise sous le feu croisé de jugements contradictoires.

Là est bien la difficulté majeure de l'histoire des pieds-noirs. Passionnelle et émotionnelle, encore en puissance de témoins de tous les horizons et de toutes appartenances, elle subit des appréciations qui se veulent irréfutables, car fondées sur des chiffres et des faits, mais qui sont toutes subjectives, qu'elles soient impitoyables ou hagiographiques. Et ceux des pieds-noirs qui croient échapper à la partialité par une extrême sévérité envers leur passé font tout autant fausse route que ceux qui adoptent la voie inverse. Pour l'histoire des pieds-noirs, tout comme pour les autres histoires, les chemins de la morale et de la raison ne représentent pas des parcours praticables. Eminemment soumise aux élans de l'affectivité, la liaison du passé pied-noir à l'histoire immédiate tend à rester épidermique et analogique. Les notions qui sous-tendaient autrefois, pour eux, l'histoire de France, telles que puissance et patriotisme, ayant fait long feu, certains pieds-noirs n'ont plus recours, pour appréhender les faits actuels, à cette épopée glorieuse, mais à leurs ultimes expériences algériennes. Ainsi, pour tout ce qui se rapporte à la

Nouvelle-Calédonie, un parallèle s'établit avec l'Algérie. Les violences du FLNKS sont comparées au terrorisme du FLN. On reproche aux autorités leur laxisme et leur parti pris, aux moyens d'information leur manque d'objectivité ou leur mutisme. Et on présage que les caldoches n'auront le choix qu'entre partir et mourir. Ces prises de position peuvent résulter du fait que des pieds-noirs ont choisi pour refuge la Nouvelle-Calédonie et se trouvent poursuivis par une sorte de fatalité. Elles s'expliquent aussi par la volonté de manifester aux caldoches une solidarité nationale que les pieds-noirs se sont vu refuser, en des circonstances analogues. Aussi tous les discours, toutes les promesses, toutes les mesures relatives à ce territoire d'outre-mer sont-ils interprétés à la lumière de paroles et de dispositions similaires, se rapportant à la période 1954-1962, en Algérie. Les événements métropolitains suggèrent également des correspondances : la question des immigrés ne laisse pas indifférent. Leur départ, en cas de chômage ou de délinquance, semble une solution évidente, lorsqu'on la met en parallèle avec l'obligation dans laquelle les pieds-noirs se sont trouvés de quitter l'Algérie, en 1962. La sécheresse de 1976 et les mesures immédiates pour l'indemniser suscitent une comparaison avec les pertes matérielles des pieds-noirs, l'absence de solidarité à leur égard et l'extrême lenteur de l'indemnisation en ce qui les concerne.

Bien que ces réparations matérielles tardives et peu satisfaisantes restent un point de rupture entre eux et la communauté nationale, les pieds-noirs refusent de voir leur histoire réduite à une perpétuelle requête et d'être, de ce fait, assimilés à d'éternels quémandeurs. Ils n'acceptent pas non plus que les événements de cette histoire soient résumés en ses seuls épisodes belliqueux : la guerre de 1954-1962 et, pour les moins profanes, la conquête, entre lesquels rien de pied-noir ne se produit. Ils ne veulent pas que la simplification de leur passé contribue à les enfermer dans une image qui pèse sur eux, celle d'aimables braillards prédateurs, se nourrissant de merguez et s'abreuvant d'anisette. Ils souffrent et s'irritent de la façon dont est enseignée la fin de leur histoire, parfois source de conflits familiaux. C'est pourquoi certains d'entre eux reconstruisent patiemment leur aventure. Cette restauration adopte plusieurs formes : généalogie et histoire familiale, naissance et développement du village ou de la ville natale, études thématiques sur les instituteurs, les médecins, l'agriculture, le sport... Le Centre de documentation historique de l'Algérie, le Cercle algérianiste et la Société de généalogie se consacrent à cette tâche, ainsi que de nombreuses associations et des individus isolés. Face à celles qui ont démontré que les voies de communications, les barrages, la mise en valeur des sols et soussols, l'action médicale et sanitaire n'étaient que peu de choses, eu égard aux exactions coloniales, ces entreprises s'efforcent de revaloriser les unes, sans nécessairement évacuer les autres. Loin de s'écarter de l'insertion dans l'histoire nationale, de telles démarches la favorisent. En effet, cette histoire des pieds-noirs reconsidérée – ni coupable, ni innocente, ni odieuse, ni parfaite, mais d'ombre et de lumière – peut s'inscrire honorablement dans l'histoire de France. Plus encore, elle permet à celle-ci de porter un autre regard sur son passé algérien et de l'assumer. Cette voie est difficile à suivre, pour ceux qui ont défendu des positions extrêmes. Mais, elle est de nature à supprimer le malentendu entre les héritiers de deux histoires-sœurs et à permettre le raccordement de celles-ci. Les rigueurs de 1962 peuvent être admises, si elles sont reconnues. L'histoire des pieds-noirs peut cesser son tapage, si elle est enterrée convenablement, c'est-à-dire si tous les Français s'en sentent les acteurs solidaires. Enfin, ce processus est un moyen de rattacher l'histoire des pieds-noirs à celle de l'Algérie, par le biais d'un héritage positif. Encore faudrait-il que la bénéficiaire reconnaisse ce legs[7]. Mais, pas plus que les autres, cette approche n'élimine le risque de maintenir à l'écart les interdits de l'histoire[8].

*Les emmurés du silence*

Dans l'histoire de l'Algérie française, les musulmans français ou attachés à la France ont eu une place imprécise. Parviennent-ils à s'en forger une, mieux déterminée, dans l'histoire immédiate et métropolitaine, maintenant que, Français de longue date ou « à part entière » de 1958, ils le sont doublement par le renoncement à leur terre ancestrale et, parfois, à leur famille ?

L'appellation à adopter est la première question qui se pose à leur sujet. On ne les englobe pas dans le terme « pied-noir ». L'expression de « Français musulman », à première vue la plus appropriée, se révèle cependant malencontreuse et prête à confusion. Elle comporte, en effet, une nuance discriminatoire, si involontaire soit-elle, fondée sur la religion. De plus, elle s'applique à tous les musulmans français, sans distinction d'origine et surtout de « parcours » et, en particulier, aux enfants de travailleurs immigrés musulmans. Si l'usage multiforme d'un vocable unique ne semble pas poser de problèmes à la majorité de la communauté nationale, il en soulève pour les pieds-noirs et pour les intéressés. Les premiers acceptent mal que l'on méconnaisse, pareillement, les services rendus, au cours de toutes les guerres, et l'adhésion, au cours de l'ultime, à une cause commune, celle de l'Algérie française. Les seconds refusent d'être placés sur le même plan que les enfants d'immigrés, car ils y voient également l'ignorance de leur engagement pour la France. Ils peuvent difficilement admettre de partager le même nom que la descendance de ceux qui ont fait un choix inverse et qui furent peut-être les bourreaux des leurs.

On peut utiliser le mot « harki ». Mais il est limitatif. Tous ces Français « volontaires » ne furent pas des combattants de la guerre d'Algérie ; certains étaient déjà à ce moment-là d'anciens combattants, d'autres remplissaient des fonctions administratives ou électives. Et même parmi les combattants, tous ne répondaient pas au nom de « harki » ; il y avait aussi des moghaznis, des GAD, des GMS, des engagés volontaires[9]. De plus, harkis ou non, ces Français musulmans s'indignent de l'emploi souvent péjoratif du terme dans le langage courant[10]. L'amalgame harki-mercenaire leur est particulièrement insupportable. Ayant fait un choix précis, bénévole ou chichement rétribué, ils ne peuvent souscrire à cette acception. Plus intolérable encore leur est l'assimilation injurieuse, reprise du FLN, des partisans de la France à des traîtres. Elle est, du reste, du point de vue de la communauté nationale, inconséquente. Enfin, les enfants ou petits-enfants de « harkis » justifient-ils vraiment de cette étiquette ?

Jugées particulièrement détestables, les périphrases, telles que : « ces Algériens ayant opté pour la France », ou des calembours, comme « ces éphémères », mis pour FMR[11], « qui combattirent aux côtés des Français pendant la guerre d'Algérie », traduisent ignorance et indifférence vis-à-vis de leur personnalité et de leur passé. Berbères christianisés, musulmans dont la citoyenneté française de plein exercice date du XIXe siècle, anciens combattants des guerres mondiales, d'Indochine et d'Algérie, bénéficiaires tardifs d'une citoyenneté sans restrictions à laquelle ils restèrent fidèles, tous se trouvent ainsi englobés dans un flou commode, lorsqu'ils ne sont pas noyés dans l'oubli ou dans une suspicion qu'ils partagent avec les pieds-noirs. Les querelles de vocabulaire, formelles en apparence, recouvrent une situation non consolidée dans la communauté nationale et dans l'histoire de la France. Cet inconfort n'est pas dissociable du malaise qui affecte l'histoire des pieds-noirs, quoiqu'il ne soit pas toujours au premier rang de leurs préoccupations. S'ils n'acceptent pas qu'un voile obscur et douteux s'étende sur leur histoire, les pieds-noirs sont sensibles aux ténèbres dans lesquelles sont maintenus les « harkis », leur passé, leur présent, leur avenir. C'est pourquoi, dans leurs diverses reconstructions historiques, ils réservent souvent une place à leurs compagnons d'infortune. On peut voir également des pieds-noirs prendre spécifiquement le parti ou la défense des Français musulmans rapatriés. Cependant, les points de vue des deux parties ne se rejoignent pas toujours. Pour les pieds-noirs, la situation des « harkis » est une ampliation de la leur ; même lorsqu'ils y sont très attentifs, elle leur est extérieure. Pour les « harkis », la méconnaissance dont souffrent les rapatriés, en général, s'augmente de celle qui entoure l'islam et sa diversité. Ils sont la minorité d'une minorité. Malgré des divergences, les uns et les autres appréhendent semblablement certains aspects de la question.

L'un de ceux-ci est le vide historique dans lequel flottent les événements vécus par les harkis, après les accords d'Evian. Il est comparable à la marginalisation des aléas que connurent aussi les pieds-noirs pendant la même période. Cependant si, par une globalisation hâtive, on a pu rapprocher ces derniers du « catoblépas » [12], peut-on englober les Français musulmans fidèles dans la même appréciation ? Se sont-ils leurrés eux-mêmes sur la question de l'Algérie française ? Comme ils le font remarquer, ils ont simplement cru à la parole donnée par les représentants les plus illustres de la France. Ils pensent notamment au discours de

Mostaganem et aux promesses répercutées par leurs officiers dans lesquels ils avaient une confiance totale. Ont-ils « saccagé » les accords d'Evian rédigés dans le souci « essentiel de (les) protéger[13] » ? Au contraire, assurés que leurs personnes et leurs biens seraient garantis, ceux d'entre eux qui avaient combattu rendirent leurs armes, acceptèrent leur pécule et rentrèrent chez eux où l'horreur les attendait. Cet épisode est considéré par eux comme le plus honteux de l'histoire de France. Ils s'exaspèrent de le voir maintenu, vingt-cinq ans après, dans une nébulosité discrète. Ils en sont blessés et plus encore, quand on les accuse d'observer un « silence coupable » sur leur histoire[14]. Car, ils désirent que, sur le plan historique, justice leur soit rendue.

Deux aspects principaux se dégagent du massacre des harkis et autres Français musulmans fidèles : son ampleur et l'attitude adoptée par les autorités françaises. Sur le premier point, les chiffres avancés par la presse[15] de l'époque semblent très au-dessous de la réalité. Se fondant sur un total de combattants variant entre 180 000 et 210 000[16], les associations de Français musulmans ou de pieds-noirs avancent une estimation de 150 000 victimes, résultat d'une extrapolation à partir de pourcentages établis pour des localités où il y avait des témoins. Cependant, l'importance de l'hécatombe ne se mesure pas seulement en chiffres. Il faut considérer également pour l'évaluer les catégories de personnes visées et la nature des représailles, ainsi que leurs prolongements. Les cibles n'en furent pas seulement les supplétifs ou ceux qui avait combattu dans l'armée française, mais aussi leurs familles, au sens le plus large du terme, ou encore des maires, des gardes-champêtres, des anciens combattants, des instituteurs, tous ceux qui avaient manifesté un quelconque attachement à la France. Qui furent les bourreaux ? L'ALN et une partie de la population civile, entraînée par elle. La vengeance revêtit des formes incroyablement ingénieuses dans l'atrocité ; sciage et déchiquetage à la tenaille, ébouillantage, mutilations, paupières cousues, égorgement et éventration sous les yeux des parents ou enfants. Des humiliations de toutes sortes précédaient fréquemment ces supplices. Ceux qui ne moururent pas demeurèrent captifs. Ceux qui purent s'échapper le firent à pied, sans vivres ni bagages.

Quelle fut l'attitude des responsables français, dans ces circonstances ? La manifestation la plus douloureuse pour les Français musulmans fidèles et la plus souvent dénoncée en est le télégramme du 16 mai 1962, interdisant strictement toute initiative individuelle pour installer en métropole des Français musulmans. Les moyens d'information, quant à eux, firent peu état de cette situation dramatique. Quant à l'accueil en France, dans des villages abandonnés ou sous la tente, on ne peut pas dire qu'il mobilisa fortement les compatriotes métropolitains de ces réfugiés à qui on s'efforçait, par ailleurs et sous divers prétextes, de fermer les frontières. De ces événements, les Français musulmans conservent des séquelles non négligeables.

Les premières concernent leur situation actuelle, matérielle et morale. Logés dans des camps d'accueil, des hameaux de forestage, des cités de la Sonacotra, beaucoup s'y trouvent encore et considèrent ces ghettos comme un obstacle à leur insertion communautaire. Ils estiment avoir été marginalisés depuis vingt-cinq ans. Le fait d'avoir vu leurs intérêts confiés à un office spécifique[17] a été perçu par certains d'entre eux comme une mesure ségrégative supplémentaire, une sorte de bureau des « affaires indigènes », contraire à leur dignité de citoyens. Comme les autres rapatriés, ils déplorent les longueurs de l'indemnisation, sans se faire d'illusions, persuadés qu'ils sont d'être réduits à la portion congrue. Mais leur contentieux financier est plus vaste. Il concerne les droits en matière de retraite, acquis avant l'Indépendance de l'Algérie, garantis par les accords d'Evian et non respectés, mais aussi la revendication de pensions pour les invalides, les veuves et les anciens supplétifs arrivés à l'âge de la retraite[18], au même titre que les victimes et participants aux autres conflits. Néanmoins, ils n'entendent pas rester des éternels secourus ou subventionnés. Notamment, ils se préoccupent de la situation et de l'avenir de leurs jeunes. S'ils sont fiers de compter parmi eux de belles réussites, ils n'oublient pas que 75 % n'ont aucune formation et que leur taux de chômage est de 80 %. Aussi désirent-ils une politique d'emploi et de formation qui leur permettrait encore de sortir de leur isolement. Pour les jeunes se pose également la question du service militaire. En effet, les textes en vigueur entre la France et l'Algérie supposent qu'il peut être accompli en Algérie, éventualité que les Français musulmans rapatriés récusent.

La situation vis-à-vis de l'Algérie indépendante fait partie du reliquat de 1962. Elle n'est qu'une facette de l'incapacité de la France à intégrer les Français musulmans rapatriés. En vertu des accords d'Evian, ceux-ci sont devenus Algériens, même s'ils étaient Français depuis trois générations ; ils ont dû opter pour la nationalité française et n'en restent pas moins Algériens pour la République algérienne. Ils ne peuvent perdre cette nationalité que sur demande expresse et décret du gouvernement de ce pays. Malgré cela, certains sont interdits de séjour en Algérie et risquent, s'ils s'y rendent pour revoir leur famille, l'arrestation et l'emprisonnement. Ils ne manquent pas de comparer leur insécurité, dans ce domaine, avec la circulation, sans restrictions, sur le territoire français, d'anciens du FLN. Indésirables en Algérie, ils ne se sentent pas pour autant désirés en France où ils sont parfois en butte aux sarcasmes des immigrés algériens, tout en étant confondus avec eux par la majorité de la communauté française. Ils souffrent du préjugé favorable dont bénéficient les « beurs » auprès de certaines personnalités ou certains groupements et s'en sentent davantage exclus de la nation, puisqu'on continue à ignorer leurs difficultés propres. Cela n'empêche pas certains d'entre eux de conserver suffisamment de lucidité pour ne pas être dupes des manœuvres de récupération dont ils sont l'objet en période électorale. Ce à quoi ils tiennent avant tout, c'est à la réhabilitation de leur communauté spécifique et à la reconnaissance de leur appartenance à la communauté nationale, par des mesures qui ne s'appliqueraient pas à eux, en tant que musulmans, mais en tant que défavorisés comme les autres.

Bien que la plupart de leurs soucis présents découlent de leur histoire, les Français musulmans rapatriés s'intéressent à l'actualité. Ils l'abordent naturellement par le biais de l'expérience et sont touchés par les faits dans lesquels ils décèlent un lien avec elle. Ils sont donc concernés par les événements de Nouvelle-Calédonie, mais aussi par les obstacles opposés à la départementalisation de Mayotte. Ils y retrouvent les restrictions relatives au statut personnel coranique, opposées autrefois en Algérie à une naturalisation massive des musulmans. Ils sont très attentifs à la politique en matière d'immigration, de nationalité et à ce qui se déroule, s'écrit ou se filme en Algérie ou sur l'Algérie. Ils s'offusquent de l'arrogance persistante de celle-ci dans ses relations avec la France et du manque de fermeté de leur pays, notamment dans des questions telles que les enfants de mariages mixtes ou les brimades subies par des Français outre-Méditerranée. Mais, surtout, leur préoccupation est de faire entendre leur voix et leur principale déception est de ne point y parvenir.

L'histoire des pieds-noirs débouche donc, pour l'instant, sur un contentieux. Du règlement de celui-ci dépend la rupture définitive ou le raccordement à l'histoire de la France. Si ce rattachement n'est pas réalisé, l'histoire des pieds-noirs, déjà coupée de son assise algérienne, s'en ira à la dérive vers l'oubli. Celui-ci est déjà partiel puisqu'on tend à ne retenir de ce passé particulier que les derniers instants. Il ne pourra être évité que si la communauté nationale assume l'histoire de l'Algérie française, avec ses grands moments et ses médiocres vicissitudes, et l'intègre, comme autrefois, à son parcours ancestral. Cela suppose une prise de conscience communautaire qui s'écarte des sentiers battus de l'insouciance et de l'indifférence. Jusqu'à présent, en effet, le mode d'appréhension des questions concernant les « rapatriés », pieds-noirs et Français musulmans, s'est cantonné dans une belle froideur intellectuelle. Cette attitude conduit à des généralisations, comme celle rapprochant la guerre d'Algérie de l'occupation allemande, en France. Elle mène aussi à une banalisation des difficultés qui dispense de les affronter. Elle contribue à conforter les groupes humains concernés dans leur sentiment de minorité et la majorité de la communauté dans son irréprochabilité. L'histoire de France risque ainsi de se priver d'un de ses aspects les plus originaux, d'un épisode riche et chaleureux. En même temps, la communauté spécifique, qui en est l'héritière et qui est amenée à s'effacer par la fusion dans l'ensemble, est frustrée de son passé et n'a d'autre avenir que la perte de mémoire.

L'histoire des pieds-noirs, comme les plantes xérophiles, a connu les nécessités de l'adaptation. Enchevêtrement d'implantations et de déracinements, elle s'est cherché, à maintes reprises, des sources nouvelles. Ce faisant, ses racines se développèrent démesurément et dépassèrent en dimension les ramifications de surface. Les éléments qu'elle allait débusquer ainsi en profondeur étaient de nature à consolider et à abreuver l'enracinement algérien. Les éléments de surface restaient clairsemés, mais très denses et chargés de signification.

Actuellement, comme la végétation des steppes, elle est privée de l'apport nécessaire à sa croissance : l'alimentation en événements nouveaux. Cette sécheresse est aggravée par la négligence avec laquelle cette histoire est traitée. Soigne-t-on les mauvaises herbes ? Elle tend donc à se nourrir d'elle-même, grâce aux soins attentifs d'un cénacle de jardiniers initiés qui choient les moindres pousses et tentent toutes les greffes possibles. Mais un tel confinement peut en faire une histoire ésotérique et l'étouffer définitivement. Il ne convient pas à une aventure exubérante dont la tradition fut d'empiéter sur plusieurs passés pour les absorber et les réutiliser. Désormais fermée, elle ne peut pas rester enfermée. Elle ne peut non plus se réduire à ses ultimes bourgeonnements, ni à son affleurement actuel dans la société française, qui la cantonne dans un folklore simplificateur.

TROISIÈME PARTIE

## *L'AMBIGUÏTÉ DE TEMPÉRAMENT*
### *OU*
## *LE PLURIEL D'UN FRANÇAIS SINGULIER*

Chaque pas fait pour cerner le pays des pieds-noirs ou pour délimiter leur histoire achoppe sur le rébus de leur communauté. Avancer sur son territoire ou répertorier les événements de son passé, c'est se heurter à de multiples facettes et en être désorienté. Groupes et sous-groupes s'entremêlent et on serait tenté d'en définir autant qu'il y a de familles. La diversité ethnique, sociale, culturelle, les différences liées à l'ancienneté de l'implantation semblent plus caractéristiques d'un éparpillement que d'une collectivité cohérente. Pourtant, à divers moments de leur histoire, les pieds-noirs ont eu le sentiment de former un ensemble soudé par des modes de vie, des attitudes communes. Ils s'appliquèrent alors à décrire cet éventail de particularités partagées. Cette tâche peut désormais paraître désuète ; cependant parlerait-on encore de « pieds-noirs », s'ils ne constituaient précisément une de « ces minorités qui font la France »[1] ? De cette minorité, on a fait le procès, la caricature, l'apologie. Avant la guerre d'Algérie, on ne s'en souciait guère, car elle était sans histoires. Depuis la fin du conflit, plus n'est besoin de s'en préoccuper. Ses coutumes alimentaires ou les parcelles qu'on en connaît sont appréciées pour leur commodité dans les repas champêtres ou abondants en convives. Leur

« gentille vulgarité » constitue un bon argument publicitaire, saupoudré d'un accent inévitablement outré. Mais aujourd'hui comme hier, ils n'apparaissent qu'à travers le désagrément qu'ils occasionnent : la guerre maudite et le rapatriement importun, la volonté persistante d'exister et de le montrer. Les difficultés nées d'hier et non résolues aujourd'hui entretiennent dans la mémoire de leurs compatriotes métropolitains un inconfort diffus. Les Français d'Algérie ou pieds-noirs ne sont-ils que ces perdants, ces victimes, ces coupables, ces bâtards ? Ni la compassion, ni les réquisitoires ne révèlent leur réalité.

Celle-ci est mouvante et insaisissable dans sa totalité. Elle comporte une forte dose de France, mais d'une autre France, comme surannée ou venue d'ailleurs. Elle se singularise surtout par l'algérianité, plus vaste qu'un simple folklore, plus complexe que la simple juxtaposition de plusieurs cultures ou que leur mélange. Résultat de cet amalgame, elle le dépasse et échappe à l'histoire, galopant échevelée à côté des événements et en dépit d'eux. Ramifiée et déconcertante, elle déborde les frontières qu'on veut lui assigner et se rit des étiquettes. La classification qu'on peut en faire néglige inévitablement certains de ses aspects.

Chapitre IX

# DES ENFANTS CHERCHÉS ET TROUVÉS

Ceux qu'on appelle « pieds-noirs » sont issus de la mise en présence brutale et de l'interpénétration lente de populations diverses, en majorité méditerranéennes. Ces deux phénomènes sont partiellement le fait de la conjoncture, secondée parfois par une volonté orchestrée, mais syncopée. Poussés vers l'Algérie comme les jeunes picaros à la rue ou le matador dans l'arène, les uns n'ont été l'objet d'aucune sollicitation, d'aucune dissuasion, ni d'aucune mesure favorable à leur maintien ; ce sont les affamés et les prolifiques des rives nord de la Méditerranée. Ils se sont trouvés là, avant qu'on ne sût pourquoi ni comment, tantôt au milieu de la plus grande indifférence, tantôt provoquant l'effarement et l'inquiétude par la constance et l'importance de leur afflux. Celui-ci fit qu'on les prit en compte et que la France, en mal de représentants sur le sol algérien, les reconnut pour siens. D'autres, Français ou – plus rarement – Allemands ou Suisses, doivent leur présence en Algérie, sinon à un plan délibéré, au moins à un détournement des circonstances en direction de ce territoire. A leur égard, la France s'est, en quelque sorte, comportée en « pirate de l'histoire ». Elle a non seulement cherché à favoriser leur venue, mais à l'amplifier sporadiquement pour faire contrepoids à l'élément spécifiquement méditerranéen. Elle eut quelque difficulté à adopter celui-ci et à le convaincre de se laisser adopter. Mais, une fois le but atteint, cette progéniture hétéroclite surprit et désorienta sa mère, par un comportement non conforme, différent de l'orthodoxie nationale. Progressivement, pourtant, ces « plus-que-Français », à la fois laudateurs et contempteurs d'une France pour laquelle ils avaient de grandes et exigeantes ambitions, s'imprégnèrent de sa langue et de sa culture.

*Français ?... Bessif !*

C'est ce que pourrait répondre un pied-noir à une telle question. « Bessif » est un terme d'origine arabe, signifiant « par le sabre », « par force ». Repris dans le langage des Français d'Algérie et, à une certaine époque, dans l'argot métropolitain, il a pris les sens de « obligatoirement », « nécessairement », « naturellement ». Ces différentes significations traduisent la position des pieds-noirs et leur opinion vis-à-vis de leur qualité de « Français ». Les pieds-noirs sont obligatoirement et fondamentalement français, soit par leur origine, soit par une naturalisation collective ou automatique, qui n'a guère tenu compte des aspirations des intéressés, mais qui à terme, a recueilli leur adhésion.

Réunis par la force des événements sur une terre française, ils se situent les uns par rapport aux autres selon qu'ils appartiennent ou non au peuple conquérant. La coexistence de vainqueurs, de vaincus et d'intrus instaure un système de références entre ethnies et une hiérarchisation de celles-ci. La prédominance, dans les zones urbaines du nord, de peuples non-français favorise le phénomène. La prépondérance initiale de l'élément français, parmi les immigrés, renforce sa qualité de triomphateur. Les deux se conjuguent pour placer celui-ci au sommet de la pyramide ethnique. Cette supériorité tacite ou affichée résulte des événements, mais aussi des conditions économiques et culturelles des peuples mis en présence. Même pauvres, les arrivants français le sont moins que les Espagnols, les Italiens ou les Maltais. Les premiers d'entre eux sont souvent de milieu aisé ou fortuné. Ceux de 1848 possèdent des bagages, attendent parfois un déménagement, si sommaire soit-il. Ce n'est pas le cas des Espagnols, souvent saisonniers, ou des Italiens et des Maltais : les trois groupes considèrent généralement leur venue en Algérie comme temporaire et ne tentent pas, du moins dans un premier temps, de devenir propriétaires. S'ils le désirent, cependant, ils doivent s'armer de patience, car ils ne bénéficient pas de lots de colonisation et ne peuvent investir ni dans la terre, ni dans les semences, ni dans le matériel. Leur unique richesse est le travail : ils en feront un usage forcé. Le vêtement est également un signe distinctif : les Espagnols conservent leur large ceinture, les Maltais leur long bonnet et leur habitude de porter leurs chaussures, lorsqu'ils en ont, sur l'épaule, tandis que les Parisiens de 1848 arborent encore à l'arrivée une certaine élégance citadine. L'alimentation oppose encore les ethnies. L'oignon est l'apanage des Méditerranéens. La sardine séchée, consommée avec un pain très dense, constitue l'ordinaire des Espagnols ; l'un et l'autre garderont jusqu'au bout leur appellation d'origine, respectivement « côtelette espagnole » et pain « mahonnais »[2]. Quant aux Français, passé le temps des racines et des fèves des marais, pour les ruraux, ils perpétuent leurs traditions culinaires régionales. Aux yeux des Espagnols « buveurs d'eau », ils passent pour des « buveurs d'absinthe » et, dans l'ensemble, leur frugalité est moindre que celle des autres groupes. Pour le Maltais, le Français est souvent un « signor », un riche. Enfin, il dispose d'un avantage culturel non négligeable : sa langue, à laquelle tous doivent s'adapter avec plus ou moins de succès, puisqu'elle est celle de l'administration, et dans certains cas[3], celle de l'employeur. Inversement, cette langue est une gêne pour tous ceux qui doivent en acquérir les rudiments. Faute de la comprendre, ils peuvent se mettre en contravention avec la réglementation ; ils sont exclus de certains échanges verbaux qui se font parfois à leur détriment mais n'ont aucun moyen de s'en assurer. Faute de la bien pratiquer, ils s'exposent aux moqueries et parviennent difficilement à se faire entendre.

Les autochtones subissent aussi toutes ces difficultés, malgré les efforts de fonctionnaires et de colons pour apprendre l'arabe ou le berbère. Dans les villes, ils sont les spectateurs de modifications qu'ils ne maîtrisent pas. Dans les campagnes, ils sont même, dans certains cas, spoliés par des méthodes d'appropriation qui négligent leur conception de la propriété et leurs méthodes culturales[4]. D'une manière générale, ils passent d'une domination à une autre. Pour les musulmans, ce changement comporte une nuance de taille : les nouveaux maîtres sont chrétiens ; cela n'entraîne pas un rejet unanime ou au moins celui-ci ne s'exprime-t-il pas unanimement. Pour les juifs, le passage d'une puissance à une autre modifie théoriquement leur position dans la société ; dans le nouveau système chrétien ils ne se trouvent pas obligatoirement dans une situation d'inférieurs. En réalité, les habitudes prises pendant la période turque ne se sont pas effacées instantanément. De surcroît, leur place, par rapport aux Français, varie en fonction de leur degré ou de leur capacité de francisation, lesquels dépendent de leur histoire et de leur fortune. Il faut faire intervenir aussi, de la part des Français, l'éventualité de préjugés ou de préventions à leur égard, tenant soit à l'histoire européenne, soit à la permanence, chez les juifs, d'éléments distinctifs, comme le port du vêtement traditionnel ou l'abus féminin des bijoux.

La pyramide ethnique des débuts est assez facile à établir : Français, Espagnols, Italiens, Maltais, autochtones. Ce serait moins aisé en ce qui concerne les religions. Pourtant, leur impact sur la hiérarchie des peuples n'est pas négligeable. L'ordre français est également chrétien, essentiellement catholique. La conversion précoce de mosquées en églises le symbolise bien. Par extension, tout ce qui est chrétien est mieux placé dans l'échelle sociale que ce qui ne l'est pas, donc plus proche de l'élément dominant. Se trouve par conséquent repoussé vers le bas tout ce qui n'est pas chrétien. Pour les deux religions autochtones, il semble que les juifs doivent précéder les musulmans, car plus proches du christianisme, jouissant de l'appui du judaïsme français et généralement plus tentés par la francisation. Leur naturalisation collective, chronologiquement tardive, mais relativement précoce, va dans le même sens. Ils devancent, à cette occasion, les chrétiens non-français dans l'ascension pyramidale.

Ce dépassement, mal accepté en son temps et non exempt de séquelles durables, réveille les refus qu'a pu susciter la suprématie française sur les autres communautés. Effective, elle n'est pas acceptée d'emblée : par les vaincus d'une part, par les intrus de l'autre. Parmi les premiers, les seuls à y adhérer avec enthousiasme ou sans murmurer sont les juifs qui en attendent ou en reçoivent une promotion. Les musulmans ne peuvent avoir admis d'un cœur léger une domination chrétienne, même ceux qui l'ont tolérée pendant la période où sa longévité était incertaine. D'une manière générale, tous les immigrants européens sont pour eux des « roumis », même si les plus détestables sont les vainqueurs du moment. Tout au plus se sentent-ils intrigués par ceux qui présentent avec eux quelque similitude – les Maltais

– ou davantage méprisés par ceux pour lesquels ils restent les « Moros » – les Espagnols. Ces derniers supportent difficilement la prééminence des Français, usurpateurs d'un rôle qui leur était réservé, notamment en Oranie où ils abondent et retrouvent des pages de leur histoire. La superbe française heurte leur amour-propre. En conséquence, la première génération espagnole met quelque fierté à se déclarer telle, en ajoutant « d'Espagne », pour éviter toute confusion. Plus généralement, la primauté française, accompagnée ou non de dédain, engendre pour tous les Méditerranéens non-français un sentiment d'infériorité, dont ils n'ont pu que souffrir, même s'ils vivaient sans contrainte en Algérie. Actuellement, des descendants de Maltais répugnent encore à parler de leurs origines, témoignant par cette réticence d'une timidité atavique vis-à-vis de l'élément « français de souche ». Très probablement, aussi, existe-t-il un lien entre les sarcasmes d'Alger à l'égard des populations d'Oran et de Bône, le snobisme froid que celles-ci reprochent aux Algérois et l'origine massivement espagnole et maltaise des habitants de ces deux villes.

Malgré les inconvénients que suppose l'appartenance à une communauté « étrangère », les non-Français ne se montrent guère friands de naturalisation. Il fallut donc employer la force de la loi pour la leur imposer. En effet, être Français signifie « faire soldat », argument susceptible de décourager les amateurs de nationalité française. D'autre part, en dépit des affronts éventuels ou d'un possible complexe d'infériorité lié à la position dans la hiérarchie ethnique, les « étrangers » peuvent tenir à leur identité originelle. La coutume de ne pas dépasser les frontières de sa communauté pour se marier est symptomatique de cette fidélité aux sources, les mariages « croisés » inspirent méfiance, même si épouser un Français ou une Française apparaît parfois comme une promotion. Dans ces conditions, l'effet de la naturalisation légale sur les groupes concernés n'est pas toujours immédiat et ne prend pas nécessairement des dehors enthousiastes. Il dépend de l'élément de population bénéficiaire et il est diversement apprécié par les Français d'origine.

Pour une fraction des juifs, la législation entérine une francisation aboutie ou en voie de réalisation. La pratique d'une langue châtiée les distingue des Espagnols, Italiens et Maltais, ainsi que de la majorité de leurs coreligionnaires dont ils se démarquent également par l'adoption du costume « à l'européenne ». L'usage d'un français excellent caractérise aussi les milieux musulmans cultivés, que leurs membres appartiennent ou non au cercle des naturalisés. Les Méditerranéens utilisent eux un curieux mélange linguistique et il est plus que douteux que leur niveau de compréhension leur ait permis de pénétrer les arcanes législatives. L'incapacité dans laquelle se trouvent leurs descendants actuels de déterminer quand et dans quelles circonstances la famille est devenue française prouve que si le phénomène a été compris, on ne lui a pas accordé une importance démesurée. Quant aux Français d'origine, certains ont estimé que la naturalisation massive était une mesure positive, ouvrant la voie à la fusion de tous dans un « creuset » algérien. D'autres l'ont considérée comme néfaste : les naturalisés sonneraient le glas de l'influence française en Algérie le jour où ils seraient majoritaires sur les listes électorales. Passait encore pour les Juifs, peu nombreux. Le vrai danger venait de ces peuples bigarrés franchissant sans cesse la Méditerranée. Leur mentalité différente compromettrait les « idées natives » des Français : « sociabilité… tolérance… justice ». La naturalisation n'aurait dû être octroyée qu'en récompense de « services importants » et accordée individuellement « après une demande personnelle et un examen attentif ». Qu'ils se sentent français ou non, les naturalisés de fraîche date ne sont pas jugés comme tels par tous les Français d'origine. Les termes de néo-Français ou de « champoreaux »[5] qui les désignent, pendant un certain temps encore, marquent la différence entre eux et le « noyau vital ». Eux-mêmes continuent, longtemps, à appeler « Français » ceux qui ne le sont pas par naturalisation.

Cependant, progressivement, les dissemblances s'atténuent, sans pourtant jamais disparaître dans certaines familles, en raison d'une immigration tardive ou d'un retard culturel dû à la pauvreté. Cette évolution s'accompagne d'un sentiment tout neuf qui tend à remplacer celui d'infériorité : la fierté naissante et croissante d'être Français. Elle s'exprime par l'adoption de prénoms français. Pedro préfère se faire appeler Pierre et sa sœur Dolorès regrette de ne pouvoir l'imiter, afin de « faire plus chic ». Moïse devient Maurice, Nedjma, Étoile ou Stella. Tel pêcheur de Chiffalo nomme sa fille Françoise, en souvenir d'une « Française » qu'il n'a pu épouser, mais aussi en hommage à son « cher et bien-aimé pays ». Quelquefois, la francisation gagne les patronymes : le « -ez » terminal des noms espagnols s'orthographie « -ès », puis perd son accent ; Doukhane donne naissance à Durand ou Ducamp. L'accomplissement du service militaire et la participation aux guerres amplifient la fierté d'être Français. Enfin, pour les plus pauvres, le statut d'électeur représente le seul atout dont ils disposent et les place dans une situation de supériorité par rapport aux musulmans non-naturalisés qui en sont dépourvus. Tous, Français de souche ou d'adoption, sont fiers de l'image de la France dont l'éclat rejaillit sur eux : pacificatrice, bâtisseuse, civilisatrice, puissante et prestigieuse. Sa mission est de montrer l'exemple au monde : c'est aussi la leur.

Ayant une haute idée de la vocation des Français, ils s'indignent de tout ce qui peut en paraître un galvaudage. Leur attitude intransigeante, sur ce sujet, fut un certain temps au diapason de la doctrine officielle qui l'inspirait. Mais, après la Seconde Guerre mondiale, l'engouement colonial n'est plus de mise, ni de mode. Quand les événements de la guerre d'Algérie se précipitent, leur attachement national paraît archaïque, incongru, déplacé. Cependant, ils revendiquent leur qualité de Français jusqu'à la lie et s'étonnent d'être considérés comme « fascistes » ou « colonialistes », parce qu'ils possèdent un drapeau tricolore ou crient « Algérie française ». Malgré ce décalage entre leur conception de la nationalité et celle de leurs compatriotes métropolitains, ils restent persuadés que leur place est auprès d'eux et que leur avenir, dans une Algérie non-française, n'est pas envisageable. Cela implique alors un départ massif et définitif pour la France.

Cette sensibilité nationale exacerbée, sans doute parce qu'elle est récente pour certains, mais aussi parce qu'elle a été encouragée, s'explique également par l'impression d'être mésestimés de l'autre côté de la Méditerranée. Bien avant 1954, les pieds-noirs se plaignent d'être maltraités par la presse métropolitaine et souffrent d'être présentés comme des « gens douteux », ayant « un casier judiciaire pour feuille de route ». Ils se sentent mal aimés. Or, leur besoin de France n'est pas seulement matériel. L'affectivité, la passion y entrent pour une grande part. Le désaveu métropolitain, quelles qu'en soient l'époque et les circonstances, blessera toujours profondément les pieds-noirs et les frustrera durablement. Ces désillusions sont d'autant plus mal tolérées, que, pour eux, le Français de métropole représente une sorte de citoyen-étalon.

*Un frère modèle*

Parfois, un étrange météore traverse le firmament des Français d'Algérie. Brillant d'un vif éclat, il suscite l'admiration ; mais il arrive que ce corps étranger oublie de jouer les étoiles filantes et qu'il tombe sur le sol. Désormais terni, il s'expose alors à la dérision ou inspire irritation, voire exaspération. Cet astre, c'est le « Français de France ». Particularisme régional, le portrait du Français d'Algérie se dessine par contraste avec les autres particularismes régionaux, groupés dans le cadre hexagonal. En simplifiant l'ensemble de ceux-ci, les pieds-noirs ont créé un stéréotype du métropolitain, considéré tantôt avec vénération, tantôt avec ironie.

Lorsqu'on le nomme « Français de France », c'est le premier sentiment qui triomphe. Il représente l'idéal vers lequel tendent les Français d'Algérie, l'image à laquelle ils ont tenté de se conformer ou de rester dignes au cours de leur histoire de Français. Si, dans la hiérarchie ethnique, les Français occupent les gradins sommitaux, avec priorité pour les Français « d'origine », les Français de France jouissent d'un préjugé plus favorable encore : ce sont les meilleurs des Français. Cet engouement tient à de multiples facteurs. Premièrement, le prestige dont bénéficie la France retombe prioritairement sur ses plus authentiques représentants. Toutes les vertus dont on pare l'une s'étendent aux autres. Les plus beaux objets ne viennent-ils pas de France ? Le goût que l'on a pour eux s'accompagne d'émerveillement pour l'habileté, l'application, le talent de ceux qui les ont conçus et fabriqués. Les artistes en tournée arrivent de France ; les lois et le pouvoir, également. Les gouverneurs, les administrateurs et divers fonctionnaires qui, par leur recrutement, sont les plus sûrs vecteurs de la culture française, affichent, pour les besoins de leur fonction, une allure et un comportement exemplaires, façade – supposée ou réelle – d'une moralité irréprochable. Les juges, les professeurs, les instituteurs, sont fréquemment métropolitains. Symbolisant des valeurs respectées, ils rehaussent le portrait du Français de France. Même les petits fonctionnaires, qui, sachant lire et écrire, peuvent rendre de menus services, contribuent à donner à cette représentation simplifiée des aspects flatteurs. Enfin, tous ces arrivants de France possèdent correctement la langue, la manient avec aisance et sans accent, ou plutôt sans « l'accent », c'est-à-dire sans la prononciation et l'intonation locales.

Parmi les Français d'origine, le souvenir de la France, transmis d'une génération à l'autre, embelli par la nostalgie et la durée, peut également expliquer la haute idée que l'on se fait du Français de France, dont on s'est, en fonction du milieu, plus ou moins éloigné au fil du temps. Les voyages en France, à l'occasion de visites à la famille restée sédentaire, au cours des congés biennaux des fonctionnaires, les colonies de vacances, les correspondantes métropolitaines qui font rêver les adolescents constituent un réseau de contacts privilégiés au cours desquels les Français de France apparaissent sous leur meilleur jour. Dans une atmosphère détendue, ils impressionnent par leur douceur, leur amabilité, leur bon accueil, leur honnêteté ; en France, nul ne craint le vol. Cette vision d'ensemble ne néglige pas l'existence de régions nettement individualisées. En Algérie même, leur image est présente dans les villages de Provençaux, d'Alsaciens, de Franc-Comtois. Des amicales régionales perpétuent le souvenir de la Bretagne, de la Corse. Ce sont généralement les régions bordières qu'affectionnent particulièrement les pieds-noirs, celles qui ont été le plus tardivement rattachées à la France ou qui gardent de fortes traditions, sous forme de patois, de costumes régionaux. Les Français d'Algérie se sentent ainsi une parenté avec les Limousins, les Normands ou les Savoyards, parce que, comme eux, ils savent conserver leur personnalité, leur charme propre, tout en partageant avec eux et avec tous les « vrais Français »[6], des intérêts et un idéal communs.

Le prototype du « Français » est d'ailleurs, à la fois un Français de France et le représentant d'une région puissamment caractérisée : l'Alsacien. Cette valorisation particulière de l'Alsacien découle des liens spécifiques de ce provincial avec l'Algérie et avec la France. Il s'agit de celui qui a quitté son sol pour échapper à la tutelle allemande, donc du patriote par excellence, et qui s'est, dans certains cas, réinstallé en Algérie, donc d'un ancêtre virtuel. Il est porteur des valeurs françaises et susceptible d'incarner également les canons « algériens ». Il personnifie le meilleur intermédiaire entre les métropolitains et les pieds-noirs. Son courage, sa fidélité, son abnégation, ses souffrances passées l'auréolent. C'est en son nom que l'on a participé à la Première Guerre mondiale, à la libération de l'Alsace, pour lui rendre sa terre ravie et la conserver dans le giron national, comme lui-même n'hésiterait pas à le faire pour n'importe lequel de ses compatriotes. Comme les pieds-noirs, il est natif d'une de ces régions extrêmes, dont la possession a pu être discutée au cours de l'histoire, mais qui est toujours revenue à la mère-patrie. Le Lorrain côtoie parfois l'Alsacien sur cette image d'Épinal. Cependant, sa présence est généralement plus occulte ; l'étendard de Jeanne d'Arc, en dehors des préoccupations religieuses et ancestrales, dissimule peut-être un Lorrain de 1870. Les paroles de la Marche lorraine font frissonner d'émotion compatissante et reconnaissante, tout autant que la large coiffe de l'Alsacienne.

Lorsqu'il n'est pas idéalisé, le « vrai Français » est caricaturé. Admirable de loin et à travers un écran de préjugés favorables, il perd de son lustre lorsqu'il le traverse pour partager la vie quotidienne des pieds-noirs. Comme l'albatros sur le pont du navire, il paraît emprunté, ridicule, insolite. Sa gaucherie lui vaut une panoplie de surnoms moqueurs. « Patos », d'après l'espagnol « canard », stigmatise son inexpérience, de même que « nouveau débarqué ». Naïf, imbu d'idées préconçues et romanesques sur une Algérie dont il ignore tout, il se laissera berner comme un « boujadi », soit un novice. A ce stade, il lui reste la possibilité de s'adapter, à moins qu'il ne soit un vrai « babao », soit un niais incurable. Il demeure alors un « frangaoui », terme marquant la différence, mais qui peut comporter une nuance affectueuse : ou sans ambages un « métropolitain », appellation polie – mais dénuée de toute chaleur – soulignant la réelle incompatibilité entre le nouvel arrivant et les gens du cru. Certains n'hésitent pas à le baptiser « roumi », marquant implicitement que les dissemblances sont comparables à celles qui existent entre le musulman et le chrétien, et qu'ils se sentent pour leur part plus proches de l'autochtone que du métropolitain.

Physiquement, il est pâle – voire blême – traditionnellement blond aux yeux bleus. Correctement vêtu, il est mal à l'aise sur le sable, les rochers et s'empourpre au soleil. Il s'exprime de façon maniérée, surprend par ses exclamations inexplicables ou agace par son apathie. On lui reproche d'être « trop bon » et de tout prendre pour argent comptant. Les qualités qui ont fait de lui un être incomparable peuvent le rendre insupportable ou méprisable dans un pays auquel elles ne sont pas adaptées, selon les pieds-noirs. Il incarne alors celui qui ne comprend pas l'Algérie ou qui refuse de la comprendre au nom d'idées préconçues. Pourtant, il croit tout savoir, être apte à juger, donner des leçons et trancher sur tous les sujets. Qu'il se départe de ses travers naturels, il mérite alors l'adoption et peut se convertir en « pied-noir » à son tour. S'il s'agit d'une Française de

France, la perception est légèrement différente. Crédule aussi, elle prendra les grossièretés d'un gamin pour des gentillesses, pourvu qu'elles soient dites avec le sourire. Elle attirera tout naturellement les jeunes hommes, sans provoquer nécessairement l'antipathie féminine sauf si elle est réputée « facile », ou à l'inverse « trop réservée pour l'amour ».

L'image du Français de France s'est considérablement altérée et détériorée à la suite de la guerre d'Algérie, de l'indépendance et de l'exode vers la métropole. Toute nuance de sympathie tend à disparaître des surnoms railleurs dont on l'affublait. Son innocence de « babao » devient nuisible ; elle fait de lui un démagogue abusé, un Jupiter insouciant et démissionnaire. Les termes de « petits-blancs » ou de « pieds-noirs » qu'il inaugure rappellent que sa désaffection et sa hauteur vis-à-vis des Français d'Algérie étaient de tradition. Il s'assimile aux seules notions d'incompréhension et d'indifférence égoïste à tout ce qui n'est pas son intérêt immédiat, ses vacances ou ses loisirs. Les vertus dont on l'avait habillé s'évanouissent comme les atours de Cendrillon. L'afflux de certains métropolitains en Algérie, après l'indépendance, provoque dérision et indignation : leur idéalisme crédule sera à rude épreuve ou leur avidité cupide décevra vite la population avec laquelle ils n'établiront pas de vrais contacts. On les affuble du sobriquet de « charognards ». L'exploitation que firent, en France, certains propriétaires de la détresse des rapatriés les conforte dans l'opinion que seul l'argent compte pour les métropolitains. Cette généralisation souffre des exceptions. Un portrait très sombre du « vrai Français » se dessine alors : agité mais nonchalant au travail, discret par égoïsme, renfermé et renfrogné, sans enthousiasme et frappant d'interdit les sujets qu'il ne veut pas aborder, dépourvu de chaleur. On stigmatise sa dureté et son mépris à l'égard des employés, son imperturbable bonne conscience, sa manie des « chasses gardées » et des « propriétés privées », sa pingrerie en amitié. Les contours de ce croquis féroce ont pâli, depuis. Mais le « patos » demeure, bien que désormais pieds-noirs et métropolitains soient également « Français de France ». Le frère aîné, en cessant d'être exemplaire, a perdu ses prérogatives. Les symboles dont il était chargé demeurent. Au cours de toute leur histoire, les pieds-noirs ont pris une leçon de « Français » : ils en ont retenu les grandes lignes.

*La francité par cœur*

Tout ce qui est propre à la culture française imbibe la vie des pieds-noirs. Au premier abord, ils ne se distinguent pas en cela des autres Français. En effet, cette imprégnation n'aurait rien de caractéristique, si elle ne se complétait d'une valorisation particulière des divers éléments culturels français et si l'environnement des pieds-noirs s'accordait totalement avec ce bain abstrait. Les composantes strictement françaises de la culture des pieds-noirs ne se décèlent que difficilement. L'effort de tri nécessaire pour les individualiser tendrait à prouver leur manque d'originalité. Malgré cela, certaines d'entre elles se dégagent de l'ensemble. L'amplification que les Français d'Algérie leur ont imprimé résulte d'une perception différente de la perception métropolitaine, d'éléments culturels pourtant semblables. Même si, de part et d'autre de la Méditerranée, certains ont affirmé l'existence d'un « Français », son appréciation varie selon la rive. Si tout le monde s'accorde sur son évidence, on a cependant tendance a en faire au sud une denrée beaucoup plus précieuse qu'au nord. Les pieds-noirs ont pour lui les yeux de Chimène, quelles que soient les conditions de son acquisition.

Certains Français d'Algérie ne connaissent pas d'autre culture, du fait d'un milieu familial, social et humain, exclusivement ou presque exclusivement français. Dans certains villages ou dans certains quartiers, les Français d'origine sont en telle supériorité numérique qu'ils ont absorbé les représentants d'autres groupes ou ont échappé à leur influence. Mariés entre Français authentiques, parce que le milieu le permet, ne fréquentant que certaines institutions, lycées ou paroisses où les autres ethnies ne se trouvent qu'en minorité, connaissant peu la rue, ils perpétuent, génération après génération, un mode de vie typiquement français, dans lequel les apports extérieurs sont infimes. Ceux-là baignent dans une francité quasi totale. Ils n'ignorent pas cependant les « anomalies » de leur environnement, mais n'en prennent conscience que par intermittence et presque par hasard. Une bonne espagnole ou musulmane, des mendiants à la sortie de la messe, la foule des tramways ou des places qu'il faut bien traverser, même très vite, un regard indiscret sur la réception d'une riche famille juive dont l'appartement illuminé, de l'autre côté de la rue, ne laisse rien ignorer de ses coutumes, une riche camarade musulmane fréquentant la même institution religieuse pourvoient à ces contacts sporadiques.

Ces privilégiés de la culture portent les « grands noms » de l'Algérie française et en constituent « l'aristocratie ».

Certains sont héritiers des colons en gants jaunes, d'autres simplement des premiers colons français. Le nombre de générations dont peut justifier leur famille compte comme autant d'exploits. Le complexe assemblage de provinces dont ils sont issus rappelle les quartiers de noblesse. Il va sans dire qu'eux-mêmes ne se conçoivent pas comme un patriciat, sauf lorsqu'ils sont effectivement d'extraction noble. C'est leur mode de vie qui donne d'eux cette image et ce mode de vie est délibéré. Il suppose une certaine aisance, mais subsiste si celle-ci disparaît ou s'amenuise, car il repose davantage sur les « bonnes manières » que sur la fortune, sur le « bon goût » que sur le luxe. Enfin, si cette catégorie de Français d'Algérie a de la branche, c'est aussi parce que ceux qui estiment ne pas en avoir la considèrent avec une certaine timidité et l'admirent inconsciemment, même lorsque, par défi, ils se gaussent d'elle. Habiter la rue Michelet[7], fréquenter Sainte-Geneviève[7], Notre-Dame-d'Afrique[7] ou Sainte-Jeanne-d'Arc[8], aller le dimanche à Sainte-Marie-de-Mustapha-Supérieur revient à éviter le coudoiement avec les habitués des tournants Rovigo ou les paroissiens de Saint-Augustin[7]. En contrepartie, si on s'allie à une « grande famille » on s'efforce de faire oublier son appartenance à un quartier populaire. Prédéterminée, la répartition géographique des uns et des autres reproduit la distribution citadine de la métropole. Il s'agit d'une francité insidieuse. Dans les villages, elle s'exprime par des relations moins familières avec les autochtones que ne le seraient celles de Français d'autres origines. Lorsqu'on vit dans l'exploitation agricole, ce dont on s'abstient généralement[9], ces relations sont plus étroites, que ce soit au travers des jeux des enfants ou, pour les adultes – en particulier les femmes – par le biais de l'assistance sanitaire ou d'aides matérielles diverses. Soins et dons sont les véhicules les plus conscients de la culture[10] : dispenser le bien-être autour de soi participe de la francité.

Dans les bourgs et dans les quartiers urbains de population complexe ou d'origine espagnole, italienne, maltaise dominante, s'il va de soi que l'on est français, la francité n'est pas le lot quotidien. Il faut donc y accéder par un autre moyen, car il est tacitement ou ostensiblement entendu qu'on doit l'acquérir. Si la francité est partout en Algérie, dans les noms de villes, de rues, dans l'architecture et l'urbanisme, le meilleur endroit pour la rencontrer et s'en saisir reste incontestablement l'école. Être français de nationalité est insuffisant si on ne s'efforce pas d'être français par la langue et par la pensée. L'école et la capacité à suivre des études jouissent, parmi les pieds-noirs, d'une grande considération. Elles tracent la voie d'accès à la culture française et à la promotion par le travail à l'intérieur de la société. Ainsi, les parents, qu'ils possèdent parfaitement la langue française, qu'ils ne la parlent pas ou qu'ils la transforment en un jargon étrange, tiennent à ce que leurs enfants apprennent à s'exprimer correctement en français. Preuve primordiale d'intelligence, ce bon usage linguistique fait implicitement, de l'aptitude à comprendre, une faculté française. « Bourricot » – « sot » – s'accompagne dans le répertoire de la réprimande familiale du complément « d'Espagne » ou « d'Afrique ». Gage d'entendement, la langue française l'est aussi de réussite. Car, si la compréhension proprement dite ne crée pas de grandes difficultés, l'expression orale et écrite ne s'impose pas aussi aisément. Or elle constitue l'instrument indispensable pour une grande partie des matières étudiées à l'école, notamment pour l'exercice par excellence qu'est la rédaction. Par la suite, « dans la vie », il faut être capable de parler sans fautes, afin d'être pris en considération et d'exercer les métiers convoités d'employé de banque, de commerce, d'instituteur ou de cheminot. Echapper au travail manuel transmis par la tradition familiale italienne, maltaise ou espagnole ; aux petits emplois subalternes, à l'artisanat ou à un commerce précaire, pour les juifs et les musulmans, dépend de la réussite scolaire et donc d'une bonne pratique du français.

Ce français d'acquisition scolaire se caractérise par un goût des termes recherchés, des formules consacrées et des citations, et ce, que le parler soit châtié ou maladroit. On se délecte de mots comme « offusquer »,

« succulent ». Un chasseur s'efface à l'avantage d'un « Nemrod ». Et ce n'est jamais « la croix et la bannière », pour quiconque est « bâti à chaux et à sable » de rester « frais comme une rose », mais, il lui est très déconseillé de « fêter Pâques avant les Rameaux ». Le voussoiement fait lui aussi partie de la perfection linguistique. On aime discuter longuement sur ce qui se dit et ne se dit pas. On entendra ainsi une domestique espagnole discuter avec sa patronne du bien-fondé de l'expression « torse nu », « corse nu » lui semblant plus approprié puisqu'il s'apparente à « corset ». Les efforts pour corriger l'intonation, la phonétique et faire les liaisons amènent les plus fortunés à prendre des cours de diction, infructueux ou donnant naissance à un usage immodéré de certaines règles[11]. Ce souci d'un français maximal conduit également à franciser les mots d'origine étrangère ou à placer devant eux le verbe « faire ». Ainsi, « pizza » s'écrivit-il « pitse », en raison de sa prononciation, et on put même entendre des enfants de milieu napolitain remplacer le mot original par son équivalent français le plus proche : la « fougasse » provençale.

La francité apprise à l'école permet, paradoxalement, d'introduire une certaine cohérence dans la complexité de l'environnement. En famille, on baigne dans une culture différente ou partiellement dans la culture française ; à l'école, on y est immergé. Autour de soi, on observe une dichotomie entre les éléments autochtones ou non-français surabondants et les éléments français, primordiaux. Les sujets de rédaction, la géographie ou l'histoire sont souvent éloignés de la vie quotidienne[12], mais pas beaucoup plus que ne le sont les petits logis de la Calère de l'hôtel de ville, le douar du village de colonisation ou la koubba de la basilique. Le décalage omniprésent et banal se perpétue dans la vie scolaire. A époque comparable, il existe également en métropole, quoique sur des points différents ; cela participe encore de la francité insidieuse. Ici, comme dans les autres départements, l'école vise à réaliser une certaine uniformité française. Elle privilégie les chants, qu'ils soient traditionnels – « Gentil coquelicot », « Auprès de ma blonde » –, ou patriotiques – « La Marseillaise », « Le chant du départ ». Dans un milieu où on aime chanter, ce sont sans doute eux qui laisseront le plus de vestiges aux enfants qui quittent tôt l'école. Quant à ceux qui continuent leurs études, ils conservent le respect des grands écrivains ou sont gagnés durablement par la passion de la littérature française, au point de rêver d'écrire ou de réaliser ce rêve. Chez tous, les survivants de cette grande traversée littéraire sont La Fontaine et Victor Hugo. Les plus assidus retiennent encore Rabelais, pour sa truculence qui rappelle celle de leur milieu, les poètes de la Pléiade –, surtout Du Bellay « heureux [...] comme Ulysse » de retrouver son « petit Liré », en qui ils voient un frère, lorsqu'ils sont loin de l'Algérie – enfin, les auteurs du théâtre classique. L'éventail s'élargit pour les plus enflammés et ceux dont les études furent plus approfondies. Les écrivains qui ont séjourné en Algérie et écrit à son sujet, bénéficient d'une tendresse particulière : Fromentin, Maupassant, Gide, Montherlant et, plus rarement mentionné, Jacques Laurent. Enfin, quel que soit le niveau atteint, l'école a laissé sa propre trace : un besoin d'apprendre et avec lui le regret de n'être pas allé plus loin. Le certificat d'études hante ceux qui ne l'ont pas obtenu, et ses heureux détenteurs déplorent de s'y être arrêtés. L'enthousiasme pour certains professeurs ou maîtres d'école stimule les vocations : l'accès aux écoles normales, en particulier celle de la Bouzaréah à Alger, comble les vœux de ces émules.

Bien que l'école soit le nerf de la francité et en même temps son joyau, il existe d'autres symboles de la culture française. Tout un savoir-vivre, transmis par la famille, ou acquis au fil des remarques acerbes ou bien intentionnées de personnes extérieures, prend ses racines dans le milieu authentiquement français. Les règles de politesse, concernant la tenue à table, les formules rituelles de l'échange, le comportement vis-à-vis des adultes et des personnes de rang supérieur forment la base de ce code. Les vertus patriotiques viennent dans le prolongement : respect du drapeau, de l'armée, du service militaire. Le chic vient de France, celui de Balmain ou de Dior, que l'on acquiert rue Michelet, mais aussi par la grâce des catalogues et patrons et par la dextérité de la couturière à domicile ou de la mère de famille. Les couleurs voyantes ou l'association de pois et d'écossais[13] expriment l'antithèse de l'élégance française. Dans les vieilles familles françaises, on conserve parfois une horloge, une armoire ou un lit de l'époque de l'immigration, ce qui n'est pas le cas dans les familles d'autre origine. Aussi, la réussite, même modeste, est-elle symbolisée par l'achat de meubles de France, de style Louis XV de préférence, et d'argenterie. Tel riche colon « espagnol »[14] aurait installé au beau milieu de ses terres et à l'intention de ses visiteurs, un salon de cette facture qu'il renouvelait après les pluies. Une autre propriétaire, enrichie par des années de travail, se serait pourvue d'autant de pinces à sucre qu'elle escomptait de convives. La possession de ces objets attestent de la recherche et de l'acquisition de modes de vie à la française. Il s'en dégage une certaine conception du « goût » français, parmi ceux qui n'en sont pas les héritiers directs. Dans d'autres familles, elle s'exprime, au contraire, par le choix de ce qu'il y a de plus « moderne ». Dans le comportement esthétique, la musique tient aussi une grande place. Les leçons de piano parfont l'éducation des jeunes filles. Les abonnements à la saison d'opéra et les chanteurs de variété venus de France ravissent un public d'amateurs.

Les familles de pensée tiennent aussi de la francité. Parmi les religions venues de France, le catholicisme domine très largement. Bien qu'il ne soit pas le monopole de la culture française, puisqu'importé également par les Maltais, les Italiens et les Espagnols, il véhicule souvent l'esprit français, par l'intermédiaire du sermon en chaire, de missions arrivant de métropole, des écoles religieuses et parfois de l'école laïque. Les protestants sont d'une rareté qui suscite la curiosité ou une distance respectueuse ; le goût des mots fait qu'on se plaît à les appeler « huguenots » ou « parpaillots ». Mais, la libre pensée existe tout de même, héritée de certaines vagues d'immigrants ou propre à certains groupes professionnels, comme les cheminots. Et bien que les pieds-noirs déclarent s'intéresser davantage à la vie pratique qu'aux questions politiques, on adhère en Algérie aux mêmes partis qu'en métropole, avec une préférence pour le Parti communiste ou la SFIO dans certains quartiers urbains ou dans certaines petites villes. Malgré un républicanisme très largement répandu, on trouve encore les traces d'un royalisme profondément imprégné de religion. Cette diversité n'empêche pas les pieds-noirs de se rejoindre sur un point commun : le besoin de France, non seulement comme force matérielle, mais également comme puissance spirituelle. La francité représente la possibilité de synthèse de communautés diverses, « le lien entre les cerveaux » ou le meilleur moyen d'apprendre « l'amour qu'il faut porter à la grande communauté des hommes ».

Théoriquement et en apparence, être Français en Algérie ne diffère pas d'être Français en métropole. Pourtant, cela comporte des nuances. Elles tiennent à la valeur distinctive qu'on y attache et à la saveur remarquable qu'on y trouve. Le prix de la nationalité française en Algérie ne se mesure pas selon les mêmes critères que sur le territoire métropolitain. Elle est née sur celui-ci, selon le rythme lent d'une longue histoire. Elle a émigré en Algérie, elle s'est imposée avec une brusquerie discriminatoire et arbitraire. Ses bénéficiaires s'en sont accommodés assez rapidement et sans trop de réticences, finissant même par lui trouver du charme. Mieux, elle a su se faire désirer de ceux qu'elle laissait à l'écart. On y tient comme à une coquette sûre du pouvoir de ses œillades. Son piquant lui vient de sa fraîcheur, de sa contingence et de son originalité, par rapport au milieu ambiant ou à l'expérience ancestrale. Elle aurait pu rester une belle inconnue ; on aurait pu la perdre avant de l'avoir gagnée. Elle n'est pas née dans ce paysage et n'a pas surgi d'un passé immémorial. Ne pas saisir cette valeur et cette saveur inhérentes au fait français dans l'Algérie des pieds-noirs, c'est s'exposer à ne voir dans la floraison de la francité sur ce sol qu'un décor amovible et sans fondements. La brièveté et l'exotisme n'ont pas empêché une infiltration subtile et intermittente du phénomène français, dont l'ampleur échappe aux prévisions de ceux qui l'ont inauguré. C'est pourquoi les pieds-noirs ont pu apparaître comme des Français « de choc », lassants à force de vouloir l'être. Cette fierté de patriotes offrait aux yeux des métropolitains quelque anachronisme, car ils n'avaient pas de critère contemporain pour évaluer leur nationalité à l'aune des pieds-noirs. Ils utilisèrent donc, parfois, des mots blessants pour la qualifier et commirent même l'impair de proposer une alternative « algérienne ». Cette solution était en décalage complet avec la spécificité des pieds-noirs, telle qu'ils la ressentaient eux-mêmes.

## Chapitre X

## UN MÉTISSAGE CULTUREL

Née de l'osmose entre la culture conquérante française, le substrat autochtone, et les cultures intruses d'origine méditerranéennes, apparaît une culture nouvelle sans lettres de noblesse, réservée à la vie et aux relations quotidiennes qui l'ont engendrée. La francité agit comme le liant d'ingrédients variés, dont elle fait un tout quasi cohérent, malgré quelques variantes. Les points communs restent suffisamment nombreux, cependant, pour qu'on puisse parler d'une culture partagée, sinon unifiée. Elle s'abreuve, en effet, à des sources si abondantes, si diversifiées, qu'il serait ardu de les déceler toutes et de les identifier avec certitude. Bien que le ciment français joue, en apparence, un rôle essentiel dans le mélange, il ne prévaut pas nécessairement sur les ingrédients qui apportent la saveur et l'originalité. Inversement, sans l'élément rassembleur, les ingrédients se réduiraient à leur existence propre. L'un et les autres sont multiformes, car ils émanent de communautés dont la composition est disparate.

Le facteur français, dans l'Algérie des pieds-noirs, n'est pas seulement, ni prioritairement celui de l'école et des milieux huppés. La face étroite et un peu terne de cette francité officielle masque difficilement une culture française dont l'importation est, sinon clandestine, du moins incontrôlée. Celle-ci provient essentiellement, au gré des vagues successives d'immigrants, de la moitié sud de la France. La dominante méridionale ne donne pas un gage de similitude, puisqu'elle réunit des groupes aussi divers que les Corses et les Aquitains, les Provençaux et les Catalans, les Savoyards et les Ariégois. Cet apport prééminent ne doit pas faire négliger ceux, moins manifestes, de Paris, de Franche-Comté et de Lorraine ni ceux, plus isolés, des autres régions françaises.

Les éléments autochtones sont aussi variés que les origines de la population et interviennent aussi dans la constitution de l'algérianité. On y trouve des traces de l'islam et du judaïsme, mais d'un islam adapté au Maghreb et hérité de peuples différents, Turcs, Arabes, Berbères – Mozabites ou Kabyles – descendants d'esclaves noirs, ainsi que d'un judaïsme qui varie selon les origines de ses divers représentants, judaïsme antique, andalou, livournais. A ce cloisonnement ethnique et religieux, on peut ajouter le cloisonnement géographique, social et politique, antérieur à la conquête. On obtient ainsi un aperçu du panachage que constitue l'apport autochtone à l'algérianité.

Les intrusions espagnoles, italiennes ou maltaises n'échappent pas à la règle de l'hétérogénéité. Les immigrants espagnols viennent essentiellement des côtes du sud et de l'est de la péninsule, les plus nombreux des Baléares ou du Levant. Plus précisément, on remarque l'influence prédominante des Mahonnais dans l'Algérois, et des Valenciens dans l'Oranie. Elle n'exclut pas les apports alicantins, murciens, malagueños, catalans et même manchegos. Une telle disparité implique des différences culturelles, notamment entre les Catalans et les autres Espagnols, mais aussi entre insulaires et continentaux, entre littoraux et manchegos. L'élément italien joue surtout un rôle dans l'est de l'Algérie. Bien qu'il soit majoritairement napolitain et calabrais, il comporte des représentants de presque toute la péninsule : Toscans, Émiliens, Piémontais, Siciliens, Lombards, Vénitiens et Sardes. Certains de ces groupes régionaux sont concentrés en un point très précis : Sardes à Stora ou Siciliens à Chiffalo. De même que les Maltais, dispersés eux aussi entre la Tunisie et Alger, abondent plus particulièrement à Bône. Beaucoup moins nombreux que les Espagnols ou les Italiens, ils marquent pourtant la communauté pied-noir et, avec elle, l'algérianité, de leur personnalité longuement conservée. Elle apporte ainsi au mélange communautaire un piquant supplémentaire. De plus, l'héritage culturel des Maltais les situe à la charnière des éléments importés et des éléments autochtones. Il n'a pas été conçu comme une transition possible puisque les Maltais se sont trouvés rejetés de part et d'autre, mais occupe inévitablement cette place dans la gradation culturelle, tout comme dans la hiérarchie ethnique.

Pour tenter de cerner l'algérianité, au milieu de cet enchevêtrement de traditions hétéroclites, une rapide incursion dans l'univers prosaïque de la vie quotidienne s'impose par le biais de quatre domaines révélateurs : le langage, la nourriture, les festivités, les mythes.

*Un langage qui raconte*

Dépositaire de la mémoire, le langage témoigne des origines et de l'histoire des pieds-noirs, de la géographie humaine de l'Algérie française. Il révèle une morale et des normes, une philosophie et des goûts, qui s'accompagnent de comportements et de pratiques appropriés.

Sa dénomination a varié et varie encore selon les points de vue. Certains[1], discernant une certaine homogénéité linguistique de l'Atlantique au Sahel tunisien, n'y voient que le « français d'Afrique du Nord » et le dépouillent ainsi partiellement de sa spécificité. Les Français d'Algérie préfèrent y voir leur « dialecte » qu'ils opposent au français « naturel ». De génération spontanée, il ne justifie pas d'une appellation particulière, bien qu'aujourd'hui on le désigne couramment du nom de « pataouète ». Ce terme est légitime, puisqu'il est emprunté au parler qu'il entend désigner. Il s'appliquait autrefois aux Espagnols récemment débarqués et, de ce fait, est limitatif, car il exclut les autres apports linguistiques. On pourrait lui préférer le « tchapourlao », issu d'un verbe espagnol signifiant « baragouiner », mais il ne serait authentique que pour l'Oranie dont il est originaire et ne conviendrait qu'au mélange de français et d'espagnol parlé dans cette région. Le parler de Bab-el-Oued est plus bariolé et le Bônois plus imprégné d'italien. Mais quelles que soient les origines, il s'agit, d'un bout à l'autre de l'Algérie, d'un français « aménagé » en fonction de ces principes allogènes, d'une part, et des nécessités communes, d'autre part. Enfin, il ne se singularise pas uniquement par un vocabulaire, des tournures ou des syntaxes particulières ; les attitudes, les gestes, les mimiques, l'articulation et les nuances de l'intonation en sont inséparables, ainsi que le plaisir de parler interminablement, qui se résume en un mot : la « tchatche ».

Faisant fi des incorrections, chasse gardée du français naturel, ce goût de la parole s'exprime pleinement dans des tournures rapides, souvent concises, destinées à insister sur le plus important : « Honte j'ai de sortir ! » ou de décrire de la façon la plus complète, mais en une seule phrase, une situation. « Rester une main devant, une main derrière, avec les yeux pour pleurer », permettra au sujet qui emploie l'expression de décrire l'ampleur du désastre qu'il a subi, sans avoir à entrer dans les détails. On peut y voir le souci de ménager l'interlocuteur en lui évitant un récit fastidieux et de se ménager soi-même en ne ravivant pas des souvenirs fâcheux. D'autres raccourcis, comme « Adieu la valise ! », résument un vol ou une perte quelconque, ou « aller à Rome sans voir le pape », « faire tchouffa », évoquent l'échec d'une entreprise connue des interlocuteurs, jettent un voile discret sur les circonstances et les conséquences de la mésaventure. Au flot du discours, se mêle souvent un penchant affirmé pour les formules humoristiques ou bien senties. Les premières ont pour but également de ne pas s'appesantir sur ses propres malheurs ou ceux d'autrui, en les tournant en dérision. Elles donnent à l'attitude des pieds-noirs devant l'existence et ses difficultés une apparence de futilité et d'enfantillage. De même que les secondes, enfermées dans des impératifs brutaux ou des sentences lapidaires, des « va de là » au « tu m'as compris, tu m'as » en passant par les « qu'est-ce que vous croyez ? », font aisément figure de fanfaronnades gratuites, d'autant qu'elles s'accompagnent de mouvements de main ou d'airs entendus. Ce ne sont souvent que des automatismes, prononcés un peu à la manière d'onomatopées, et hérités sans doute d'une époque où les immigrants non-français connaissaient trop mal la langue pour songer aux nuances, et où les relations entre communautés d'origines différentes subissaient des tensions suffisantes pour expliquer le recours à la menace verbale et aux paroles de défi. La forme de la tchatche elle-même rend compte de l'histoire des pieds-noirs, de la formation de leur communauté par la réunion de rameaux divers, et d'une partie de leur éthique : pudeur – ne pas trop se raconter –, discrétion, – ne pas chercher à trop en savoir sur les autres –, énergie face aux aléas de l'existence, déguisés en « coups de Trafalgar ». Ces préceptes rappellent eux aussi un passé où on vivait côte à côte sans rien connaître les uns des autres, où les échecs suivis de reconversions étaient fréquents et où l'esprit d'entraide, autre vertu cardinale, était indispensable, mais devait respecter la part d'inconnu que ces compatriotes de hasard portaient chacun en eux. La tradition autochtone qui répugne à l'étalage des questions privées n'a pu qu'exercer une influence semblable. Ainsi, malgré une exubérance et une volubilité ostensibles, « les hommes de ce pays [...] peuvent être vos amis (et alors quels amis !), mais ils ne seront pas vos confidents. C'est une chose qu'on jugera peut-être redoutable dans ce Paris [...] où l'eau des confidences coule [...] interminablement [...] »[2].

Le contenu de la tchatche n'en est pas moins révélateur. Construit au fil de la vie quotidienne, il reflète ce qui est important dans celle-ci ou ce qui l'a été. En premier lieu, le vocabulaire ou les aphorismes mettent en évidence les impératifs des relations sociales et intercommunautaires. En effet, pour la vie privée et familiale, au départ, la création d'un nouveau langage ne s'impose pas. Il devient, au contraire, nécessaire dès que, passée la porte du logis, on se retrouve dans la rue. Il se limite alors aux besoins extérieurs. A la campagne, les impératifs ne sont pas les mêmes qu'en ville. La population étant moins diversifiée, il s'agit pour des colons majoritairement français ou espagnols, selon les secteurs, de se faire comprendre d'un personnel de langue arabe ou berbère en apprenant tout ou partie d'une de ces langues. Inversement, le personnel concerné apprend des rudiments de la langue française ou espagnole. Le tout étant consolidé ensuite par l'école ou le service militaire, on en arrive à un mélange bilingue ou trilingue dont le français constitue la base et admet des adjonctions arabes et espagnoles, le berbère gardant semble-t-il son intégrité.

C'est ainsi que les mots adoptés de l'arabe, lorsqu'ils n'ont pas été repris de l'argot militaire, comme

« barda », « baroud », « guitoune » ou « toubib » sont souvent des mots indispensables à la campagne. Il s'agit de termes géographiques désignant les montagnes : « djebel », les rivières : « oued », les villages : « douar », les marchés : « souk », la ville voisine : « bled ». A la ville, comme à la campagne, on apprend à désigner les vêtements locaux qui n'ont pas d'équivalents européens par les noms appropriés. De même, le rythme de la vie religieuse musulmane, intervenant dans les relations de travail, mais aussi dans les relations humaines, nécessite l'adoption de termes spécifiques. La déflagration du canon au coucher du soleil, l'animation des rues aux heures vespérales, les dons de gâteaux font certainement du Ramadan le moment le plus remarquable de l'année musulmane, mais on n'ignore ni le Mouloud, ni l'Achoura, respectivement nativité de Mahomet et sorte de premier de l'an[3].

A côté de ce vocabulaire « technique »[4], dont une partie s'intègre aussi au français courant, prennent place des mots très brefs et d'usage plus fréquent dans le français local. Injonctions, exclamations, et grossièretés amènent à s'interroger sur la nature des relations entre autochtones et population d'origine immigrée. « [...] les rares mots d'arabe que je connaissais consistaient en des ordres [...] malgré un milieu familial très libéral », remarque un homme, en se remémorant son enfance[5] qu'il décrit comme ignorante et sectaire à l'égard des musulmans. En effet, la part d'arabe dialectal entrée dans le français des pieds-noirs comporte une forte dose de mises en demeure et en garde, telles que « va-t-en », « tais-toi », « donne », « regarde », « attention »[6]. Le ton des échanges verbaux entre pieds-noirs et musulmans, sur les trottoirs, dans les cafés, a pu donner l'impression aux observateurs profanes ou non[7], de mépris, de morgue et d'inimitié réciproque. En contrepartie, les « initiés » soulignent fréquemment qu'il n'y a là qu'apparence dissimulant une certaine connivence entretenue, à la manière d'un jeu, par les partenaires pour abuser le boujadi. « Qu'est-ce que tu crois ? », entend-on de la bouche d'un pro-OAS à un journaliste métropolitain, « parce que je dis les melons au lieu de dire les Arabes ?... Je te dis bien patos, toi, tu me dis pied-noir. "Gazelle" y sait que je l'appelle melon et lui y m'appelle coulo d'Espagnol, mais si demain j'ai un emmerde, y m'aide et moi pour lui, c'est kif-kif ! Mais qu'est-ce que vous allez comprendre à tout ça ? Personne y comprendra rien... et y a tellement de couillons qui s'en mêlent que bientôt "Gazelle" et moi, on se comprendra plus... »[8] Effectivement, la guerre de 1954-1962 et ses interprétations ont brouillé les pistes et il serait ambitieux de vouloir trancher de façon nette, après coup. Que penser alors des injonctions ? Faut-il réellement y voir une marque d'autoritarisme et de hauteur ? C'est peu probable si on les replace dans leur contexte. Elles sont, en effet, d'usage constant dans l'arabe dialectal et ont vraisemblablement été reprises telles quelles dans le français local, sans que se posent des questions sémantiques ou morales sur l'équité de leur emploi. Leur sélection s'explique plutôt par leur commodité. Elles permettent de se faire comprendre dans un grand nombre de circonstances, en consentant un effort réduit d'acquisition de vocabulaire. Elles s'adaptent à la majorité des situations dans lesquelles, dès le début, les immigrés se sont trouvés en contact avec les autochtones. Par la suite, elles deviennent plus ou moins caduques, leurs équivalents français étant acquis par tous, mais subsistent à la manière de tics langagiers, témoins d'une appartenance commune à l'Algérie. Du reste, les mots brefs empruntés à l'arabe ne se réduisent pas à des ordres. Ils comportent des formules de politesse, « louange à Dieu », « merci », des appréciations, « beau », « honteux », des interrogations, « pourquoi ? »,

« combien ? », « qu'est-ce ? », des interjections, « aïwa ! », « aouah ! », « akarbi ! »[9], et, inévitablement, des injures et des termes railleurs, brocardant des imperfections physiques ou des travers. Elles aussi pourraient poser le problème des relations, si elles n'étaient destinées à tout le monde, origines confondues, si elles n'étaient pas fréquemment traduites, aménagées ou transposées, s'il n'était tautologique de remarquer que si on les emploie, c'est qu'on les a entendues et que le même phénomène se reproduit quelle que soit la langue concernée.

Le vocabulaire seul n'est donc pas significatif des relations entre les autochtones et les populations immigrées. Son assemblage, c'est-à-dire la description de ces rapports par les pieds-noirs, procure-t-il une approche plus claire ? Guère, car pour comprendre les jugements divergents émis sur ce sujet, il faut rattacher chacun d'entre eux au milieu dont ils émanent et aux circonstances de leur énonciation. Ils naissent le plus souvent en temps de crise : disputes individuelles ou événements dramatiques intercommunautaires, comme ceux de 1901, 1945 ou de la guerre d'Algérie. Cela concerne également le souvenir tel qu'il s'est exprimé depuis 1962. Mais quelle que soit l'occasion, les avis sont toujours partagés, liés à la vision propre que l'on a des autochtones et amputés du point de vue de ceux-ci. Quel choix opérer entre cette affirmation d'une personnalité FLN, à propos de Bab-el-Oued : « S'il exista un lien entre les deux communautés, il devait plus [...] à certains comportements de vie collective [...] qu'à une profonde connivence »[10] et l'estimation d'une petite fille de colons de Boufarik, concernant le « bled » : « [...] partout où nos apports humains furent suffisamment denses, ils contribuèrent à aplanir les problèmes politiques au sein d'une société paysanne infiniment plus soucieuse d'intérêts matériels que de débats idéologiques »[11]. Pour l'un, les échanges de soucis et de joies n'effacent pas « les limites tracées par le code non-écrit de toutes les communautés mixtes ». Pour l'autre, la célébration commune des fêtes familiales ou traditionnelles, le côtoiement sur les bancs d'école attestent d'une « véritable symbiose ». La juxtaposition des deux illustre la différence de situation entre le milieu urbain et le milieu rural, mis en lumière par d'autres pieds-noirs. Dans le premier, les relations sont limitées à une faible domesticité, en dehors des quartiers populaires, où elles s'étendent à des rapports de clients à commerçants, des camaraderies et amitiés professionnelles ou scolaires, des liens de voisinage. Dans le second, ceux-ci sont plus forts, résultant de la supériorité numérique des musulmans et de l'interdépendance matérielle des deux communautés. A la campagne, les enfants de cultivateurs européens n'ont souvent d'autres compagnons de jeux que les garçons et filles du ménage au service de leur famille ; le gardien joue le rôle de grand ami ou de grand-père de substitution ; la femme de colon sans enfants s'attache à ceux du contremaître ; les festins en fin de moisson ou de vendanges sont essentiellement une manifestation de courtoisie à l'égard des ouvriers qui y ont participé. La situation n'est pas idyllique pour autant car certains disent avoir ressenti très tôt « l'indignité » de l'état « d'indigène », tandis que d'autres estiment que « cette sale race » n'oublie pas « le père Bugeaud », voire « Charles Martel », mais cache sa détestation, en attendant son heure.

C'est donc une situation inextricable que recouvrent, sans la dépeindre, les apports linguistiques de l'arabe au français local. Leur laconisme ne décrit pas les variations d'un lieu à l'autre, de familles à familles, d'individus à individus, d'une époque à une autre. On peut résumer, comme l'ont fait certains pieds-noirs, ces attaches indescriptibles en une cohabitation permettant à l'amitié, à l'estime, à la haine et au mépris de se donner libre cours, mais ignorant le mélange. La vraie fusion ne peut se faire que par le mariage : or, celui-ci a été rare. Doit-on vraiment s'en étonner ou s'indigner de ce que les pieds-noirs aient accepté d'être « frères », mais non « beaux-frères »[12], et qu'il ait été « interdit de lorgner la sœur ou la fille d'un ami pied-noir »[13] ? Les préjugés religieux de part et d'autre, n'incitaient pas à devenir « beau-frère » ; les principes de réciprocité n'encourageaient pas la tolérance en matière d'amourette, pas plus que les « principes » tout court. Il n'était pas recommandé de s'intéresser à une jeune fille pied-noir autrement que pour « le bon motif ». Celui-ci était rarement admis entre chrétienne et musulman, et inversement. Néanmoins, ce quant-à-soi a fait l'objet de regrets et on perçoit, quelquefois, la nostalgie de mariages chimériques qui auraient scellé l'entente de tous.

De même que les mariages entre musulmans et pieds-noirs n'ont qu'une faible part dans la constitution d'une communauté originale, en regard des autres mariages croisés, la contribution arabe au français local est de faible envergure[14] comparée à celle des langues importées. Les apports espagnols, italiens ou provençaux, significatifs par leur ampleur, le sont aussi par leur typologie. Ils se rattachent essentiellement aux relations conflictuelles ou conviviales. Dans la première catégorie, peuvent entrer les termes injurieux ou imprécatoires, le vocabulaire belliqueux ou dénigreur. Leur variété et leur quantité donnent l'image d'une communauté grossière et brutale. Cette large diffusion peut s'expliquer par l'importance permanente, de la vie à l'extérieur et par les tensions qui l'animèrent dans les débuts. La vigueur de ces mots grossiers ou agressifs s'est progressivement atténuée et s'ils sont restés en usage, ils se sont cependant vidés d'une partie de leur sens. Certains ne les employèrent sans doute jamais ; d'autres les bannirent par souci éducatif. Néanmoins, cette collection de termes exprime un certain idéal de l'individu en société que tous connaissent, même s'ils n'y adhèrent pas ou ne tentent pas de le mettre en pratique. Selon ce modèle, le courage physique importe avant tout. Il faut être en mesure de participer honorablement à des « donnades » ou « baroufas » et savoir se faire « respecter » ainsi que les siens. La vaillance morale permet de rire au lieu de « marronner » face aux railleries ou aux méchancetés et de ne pas « perdre la figure ». La loyauté est précieuse dans une société où la confiance, celle que l'on inspire et celle que l'on éprouve, est valorisée. D'où l'opprobre qui accable le « falso », celui qui abandonne son prochain au moment critique, l'hypocrite ou « falampo », qui « jette la pierre » et « cache la main ». Celui qui réunit, au contraire, tous les critères de la bravoure physique et morale est incontestablement un « homme », louange des plus appréciées.

Faisant contrepoids aux insultes, malédictions et épithètes injurieuses, les qualificatifs élogieux définissent l'archétype de l'être « social ». Sans pitié pour les imperfections naturelles, il exalte l'ingéniosité, teintée ou non de rouerie, et la beauté. Selon une plaisanterie traditionnelle et révolue, le baigneur insouciant s'exposait à retrouver ses vêtements noués et mouillés ; il devait « faire mendja galette », c'est-à-dire les délier avec ses dents. Aussi, dire de quelqu'un qu'il sait « nager et garder le linge » équivaut à lui décerner un brevet d'adresse et de finesse. Si le « capable » qui a le « compass » mérite la plus grande admiration, les sarcasmes pleuvent sur les déficients de toutes catégories : les sots ou « tchoutches », les incompétents ou « fusils de chasse », les fainéants dépenaillés et ivrognes, « fourachaux » ou « kilos », les pique-assiette ou « mangiafranques », les mélancoliques sans ressort ou « dispérates ». Le persiflage réservé aux malformations physiques met en évidence l'importance accordée à la santé, gage d'éclat et de séduction. « Les Français d'Algérie » se décrivent volontiers comme « une race bâtarde faite de mélanges imprévus […] croisements brutaux » qui « ont donné d'heureux résultats »[15]. Les mauvais, cependant, y ont leur place et leurs sobriquets : cohortes de « cohos », boiteux, de « tortos » ou « gobbe », tordus ou bossus, de « guitches d'un œil » et de « bizoutches », borgnes et bigleux. Les surnoms, pratique répandue, servent tout autant à distinguer les individus, en soulignant leur spécificité, qu'à les dénigrer ; ils dissimulent parfois derrière leur facétie une certaine tendresse pour des personnes qu'on apprécie telles qu'elles sont : « François-neuf doigts », avec son infirmité bénigne, et « François-onze-doigts », malgré son avarice. Quant à une belle fille, ni « gigasse », ni trop maigre, on se contentera de la caractériser par un « elle est canon ».

Tout en se complaisant dans l'image, le « pataouète » ne recule pas devant la réalité, décrivant des rapports péremptoires et brusques, développés au détour des rues et des quais, dans les balbutiements d'un français mal maîtrisé et mâtiné. Ils voisinent avec des relations de bonne compagnie, dont le langage ne trace que la lisière.

## Une cuisine qui régale

La cuisine est le domaine de prédilection du langage pied-noir. Abondent, en effet, dans celui-ci les termes relatifs aux aliments, aux mets et ustensiles servant à leur préparation. Comme les paroles, la nourriture renseigne sur les penchants et les modes de vie ; mais mieux qu'elles, elle traduit la convivialité. Elle ne se veut pas gastronomie, mais s'affirme comme plaisir des sens et jouissance collective.

Ces deux caractéristiques apparaissent dès les préliminaires de la cuisine, au marché ou à l'épicerie. Les fragrances piquantes ou fruitées, les couleurs vernissées des légumes, au milieu desquelles éclatent le rouge des tomates et des piments, le vert des courgettes et des poivrons, le violet des aubergines, ou les teintes plus tendres des fruits allèchent et préparent au festival gustatif qu'elles déclencheront, harmonie de saveurs salées, relevées, acides et sucrées, heurt du croquant et du charnu. Faire le marché, c'est encore discuter et controverser la qualité des denrées, marchander ferme, exercice auquel excellent les acheteurs et les vendeurs et dont ils se délectent comme d'un violon d'Ingres. Ces chicanes de convention révèlent aussi qu'on est connaisseur et qu'on ne s'en laisse pas conter. Choisir un melon ou une pastèque est une entreprise sérieuse et la qualité du produit sélectionné une investiture, celle d'un savoir-faire hautement prisé. Le fruit doit réunir le goût et la couleur adéquats, l'un n'allant pas sans l'autre ; le poids, faible pour la pastèque, élevé pour le melon, est un des indices facilitant la sélection. Il faut faire craquer la pastèque près de l'oreille et ne jamais acheter ni l'un ni l'autre à la coupe. « C'est bon pour les Parisiens gros bec que chaque coup qui se prend un melon ou une pastèque tout seul, forcé c'est une carabasse. » Quelle humiliation d'entendre en effet, au dessert, le chœur familial s'écrier : « C'est une vraie courge ! », la pire des sentences que l'on puisse infliger au fruit lui-même et à l'acheteur incompétent. Celui-ci s'obstine parfois à retourner chez le même fournisseur, malgré des déconvenues répétées et des promesses de melons succulents maintes fois trahies, mû par une fidélité routinière et la sympathie. Car le marchand n'est pas un simple agent de ravitaillement. C'est un partenaire de la vie quotidienne : la cible des enfants farceurs, le moutchou[16] serviable remplissant le couffin descendu par la fenêtre au moyen d'une ficelle, l'épicière d'origine espagnole qui dispense des soins aux campagnards venus au marché urbain et fait office de consigne bénévole pour leurs achats volumineux, l'humoriste du « Monoprix des melons », l'artiste patient qui, chaque jour, réédifie les pyramides polychromes pour le plaisir des yeux, avant celui de l'estomac.

A la périphérie de la cuisine se situe également la boisson. Les mentions fréquentes de l'anisette, la longévité des marques les plus populaires de cette liqueur, la puissance de son parfum, son cousinage avec deux vedettes du palais, le kemoun[17], condiment souverain, le fenouil, aromate majestueux, la magie de son cristal insondable s'embuant au contact de l'eau en un nuage propagateur de rêves et collecteur de peines, font de ce breuvage rafraîchissant le plus célèbre de tous. A en croire sa popularité, on se représenterait volontiers chaque pied-noir un verre d'anisette à la main. Or, il semble que cette pratique ait été réservée au samedi ou au dimanche soir, selon les cas, et aux repas de fêtes. D'une manière générale, on ne consomme pas beaucoup de boissons alcoolisées entre les repas. S'il est bienvenu de s'y connaître en vin, si occasionnellement « tenir la tchispa », ou « la tasse », « être de boufa » ou « de gaz » peut fournir un bon sujet de divertissement, l'ivrognerie est très mal vue. Lorsqu'elle est le fait d'une femme, celle-ci est au moins une Française de France et certainement une Parisienne. D'où vient alors ce parfum d'anisette flottant insidieusement dans l'atmosphère ? Précisément du plaisir qu'on a surtout à le respirer, même si on ne boit pas, en passant sur les trottoirs. De la fascination, aussi, lorsque la liqueur s'opacifie contre les parois du verre. De la fraîcheur qu'elle symbolise.

La sensation de froid s'associe fréquemment à la notion de boisson, par contraste et comme remède à la chaleur des longs étés, associée à la tiédeur vespérale. Très tôt et partout où ni la glacière, ni le réfrigérateur ne parvenaient, on a pris et gardé l'habitude de mettre la bouteille d'eau au frais dans une chaussette mouillée exposée aux courants d'air, d'utiliser la gargoulette, bien connue des Provençaux, ou la guerba, outre autochtone. L'invocation « à la Sainte Guerba », en guise de toast, au moment de l'apéritif, en naquît sans doute. Cette quête de la fraîcheur se retrouve dans l'attraction qu'exercent sur les enfants les blocs de glace, achetés l'été pour conserver les aliments. Les plus délurés obtiennent du marchand des débris cristallins et se délectent de leur succion. C'est aussi le plaisir du frisson palatal qui pousse les promeneurs à l'assaut des glaciers en plein vent, ou ayant pignon sur rue. Mais il s'y mêle d'autres rites, celui de la promenade du soir, celui d'un retour subreptice aux sources, les « crèmes »[18] ou les sorbets étant fréquemment italiens ou d'origine espagnole. Le créponné d'Alger et de l'est algérien, l'agua limon de l'Oranie se situent à mi-chemin de la gourmandise glacée et de la boisson frappée qu'ils rejoignent dans la saveur, la citronnade bien fraîche se consommant partout dans la rue.

Les vins algériens, moins connus en métropole que l'anisette, jouissent d'une grande faveur auprès des pieds-noirs. Il serait de bon ton de prétendre que ceux de France sont de la piquette, comparés aux produits du domaine de la Trappe ou au Rabelais. Plus confidentiels encore sont le « jus de sauterelle » et le « champagne maltais », respectivement liqueur d'une transparence dorée et cocktail de vin blanc léger, jus de citron et eau de Seltz, tous deux spécialités de la région de Jemmapes. Cependant, ces liquides capiteux ont presque toujours un accompagnement solide. Le « jus de sauterelle » s'associe fréquemment aux oreillettes du premier de l'An, bandes de pâte frites et sucrées. L'anisette et tout autre apéritif ne se conçoivent pas sans la kémia, véritable institution alimentaire. Le mot serait d'origine arabe – prendre une petite dose de hachisch – et aurait perdu une partie de son sens pour ne plus désigner que l'échantillonnage appétissant aligné sur les comptoirs à l'heure de l'apéritif. Chaque cafetier a sa spécialité de kémia : moules marinières ou escargots sauce piquante, et offre aussi la kémia usuelle, pois chiches grillés ou bouillis, pommes de terre en salade, calmar frit, radis, olives, tramousses[19], boutargue ou tonina, cacahuètes et amandes grillées et salées. La kémia, gratuite et obligatoire, n'est jamais trop variée. Elle fait la fierté et la réputation du cafetier ; elle donne son sens à l'apéritif qu'elle transforme en petite fête animée de discussions et de rires.

Les occasions de grignoter dans la rue sont innombrables, tant pullulent les marchands de friandises salées ou sucrées. Ces collations impromptues, partagées avec un camarade de classe ou de travail, allient au charme de la complicité gourmande, la caresse de l'extérieur et, parfois, la saveur de la clandestinité, les mères n'approuvant que rarement ces escapades alimentaires. On déguste ainsi nombre de pâtisseries autochtones : zlabias au miel, makrouds, mais également importées : beignets tunisiens, beignets italiens roulés dans le sucre, russes à la crème, oublies, mantecaos bien fondants originaires d'Espagne ainsi que la calentita[20] chaleureuse et revigorante. Celle-ci assure la transition entre les en-cas sucrés et salés : brochettes, sardines grillées ou frites, cocas[21], caldis ou friands aux anchois. A la campagne, les enfants se voient offrir de la kesra, galette traditionnelle au beurre ou à l'huile. Là et à la périphérie des villes, ils raffolent du chapardage des fruits, en particulier des figues de Barbarie, provoquant ainsi la colère et l'émoi des parents[22]. En dehors des repas on peut aussi jouir de régals licites. Les goûters deviennent délices, lorsqu'ils se composent de pastissos à la patate douce et à la cannelle ou de patates douces, cuites au four, lorsqu'on y glisse de la pâte de coing, délectable sous-produit de la confiture. S'ils sont plus frugaux, ils n'en sont pas moins prisés ; le pain en est la base, complété de soubressade, de raisin frais, d'huile ou de tomate et de sel. Pour les hommes adultes, le casse-croûte du dimanche matin[23], composé de poisson frais, nourriture de premier choix, et de vin blanc frappé, se range parmi les institutions alimentaires.

Cependant, le grand événement culinaire demeure le repas familial, au cours duquel la mère doit s'efforcer de concilier les impératifs de la santé et ceux des papilles. La préparation du repas est donc une entreprise sérieuse, dont bien des enfants conservent un souvenir émerveillé et respectueux, où se mêlent les odeurs, celle des tomates qui mijotent, et les gestes de l'officiante, « quittant » la peau des poivrons grillés ou pétrissant sur le « potager » de marbre. Pour les parents, grands-parents, oncles et tantes, c'est le moment où l'on prodigue conseils, recommandations, enseignements et reproches aux enfants, où fusent les appréciations sur la tendreté, le parfum, la bonne qualité des aliments. Le couscous peut être le plat du dimanche ou célébrer les retours. Dans certaines familles, le pot-au-feu est de tradition lors des deuils. Mais les recettes vraiment familiales sont plus secrètes. Le « potaje » de l'Oranie l'illustre bien : on le mitonne durant toute une matinée avec des légumes frais et secs, des couennes confites et du boudin espagnol, boutifarre. Autres étoiles du répertoire familial : la loubia, la polenta, la tchouchouka ou tchatchouka, la frita, la meguina à la cervelle, les migas, la tafina, la raviolade[24].

Même à l'occasion des fêtes, les agapes se cantonnent au cercle familial, au sens très large du terme, lorsqu'il s'agit du pique-nique ; il s'ouvre alors aux voisins et amis. Ces festins de plein-air se produisent à certains moments de l'année et à la belle saison. Ils concernent toute la communauté, ce qui en fait des manifestations collectives. En dehors de toute fête officielle, le pique-nique, qui n'en est pas moins une réjouissance tenant du « conseil de famille, du comité de quartier, du meeting politique, de la cour d'amour, du concert et du bal »[25], porte le nom de cassouéla ou de saint-couffin. Ces appellations découlent des instruments indispensables au pique-nique : l'ustensile dans lequel cuira le plat principal et la « cabassette » ou le couffin qui véhiculeront les victuailles, recouvertes d'une grande serviette. Car, ce repas à l'extérieur comporte des mets préparés à la maison : cocas, pitses, beignets de sardines, œufs durs, salade de tomates et de poivrons, et un « gros plat » confectionné sur place. Il s'agit, selon le lieu, de la paella à la valencienne, dont la poêle immense est « serrée avec le soin d'un banquier »[39] entre deux cassouélas, de la macaronade à la napolitaine ou du gaspacho manchego, plus ésotérique. La paella ressemble à une véritable corne d'abondance, où la liste de viandes et de légumes prolongée à volonté agrémente le riz. Quant au gaspacho, propre à l'Oranais, il combine toutes sortes de viandes mijotées avec des oignons et des tomates, dans un bouillon où, en fin de préparation, on ajoute des galettes. Dans l'ouest de l'Algérie, c'est le clou du pique-nique et plus spécialement le plat unique des sorties de chasse ; on peut y adjoindre alors des pièces de gibier.

Les provendes imprévues ajoutent au charme du pique-nique. Ce peut être le produit d'une menue cueillette, acheté sur le bord de la route ou à proximité du campement, comme les margaillons, cœurs croquants des palmiers-nains. C'est le plus souvent celui de la pêche ou de la collecte de coquillages, activités inséparables du pique-nique lorsqu'il a pour cadre la plage. Selon l'importance, les prises figureront au hors-d'œuvre, oursins, arapèdes, ou contribueront au chef-d'œuvre : bouillabaisse ou acquapazze[26], caldero[27]. Ce sont aussi les plats traditionnels des parties de pêche, en dehors des pique-niques familiaux.

La cuisine fraternise fréquemment avec les notions de réunion, divertissement et fête. La mieux partagée des institutions alimentaires concernant à la fois toute la famille et une frange très large de la communauté, confessions confondues, met bien en lumière cette triple signification. La mouna, ce « gâteau délicieux » que l'on a pu chanter sur l'air de *Ramona*[28], n'est pas une simple recette de gâteau. Elle sert de prétexte à des controverses étymologiques dont la fin est de déterminer le groupe ethnique qui peut légitimement s'en enorgueillir. Son nom dérive-t-il de l'arabe « mann », désignant les provisions de route ? Vient-il de « munda annona », pain de luxe de l'armée romaine, via le valencien « mona » ? Le doit-on au fort Lamoune à proximité duquel les Oranais allaient la manger ? Sa préparation s'apparente aux mystères des religions antiques. La recette se transmet de mère en fille, l'exécution, étalée sur trois jours, est réservée aux initiés. Tout au plus, les enfants auront-ils l'autorisation de casser les œufs nécessaires ; la mouna qui leur est destinée portera un œuf dur, en son sommet. Seule la mère est habilitée à soulever l'édredon et le linge blanc, sous lesquels la pâte lève, pas plus de trois fois. Car du renflement de la mouna dépend le prestige ou le déshonneur de la cuisinière. La phase finale de l'opération prolonge le supplice de l'attente, en même temps qu'elle flatte les narines. En effet, on la fait cuire chez le boulanger et on voit alors dans les rues des processions de femmes, portant les mounas disposées sur des plaques, cachées sous des toiles immaculées. Lorsqu'elles reviennent, les mounas, toujours invisibles, embaument alentour. On en confectionne une grande quantité, car la mouna est aussi une sorte de communion ; on en offre aux parents, aux amis très proches et réciproquement. Rien de surprenant à cela, cette sorte de brioche, même si on en mange pendant un mois, se consomme obligatoirement le lundi de Pâques. On ne célèbre pas le lundi de Pâques, on « fait la mouna » et les participants reçoivent le nom de « moueurs » ou « mounistes ». « Faire la mouna », c'est sacrifier à un rite, inaugurer les pique-niques par le plus important d'entre eux. Dans l'est, c'est la « Saint-Couffin » majeure. La foule des mounistes convergeant vers le lieu consacré, Sidi-Ferruch, Fontaine Fraîche, Santa-Cruz[29], chargée de vaisselle, de bâches et de piquets, évoque une procession. Les grands-mères ferment la marche et portent solennellement le gâteau qui sera livré aux appétits impatients à la fin du repas seulement, avant le café et les chansons. Le processus rituel se reproduit le lundi de Pentecôte qui le cède cependant en importance à la mouna.

*Des réjouissances qui paradent*

Comme la mouna, fêtes et distractions se déroulent en plein air, ou tout au moins à l'extérieur. Comme elle, elles ne nécessitent pas de coûteux dispositifs et demandent surtout de la simplicité, de la bonne humeur, du savoir-faire et la foule. Comme elle aussi, elles coïncident souvent avec les grands moments de l'année religieuse chrétienne ou juive. Cependant, les fêtes religieuses proprement dites sont des événements strictement familiaux. Ceci vaut pour le catholicisme, mais également pour les religions voisines, musulmane et juive. Néanmoins, nul n'est insensible au rythme que les fêtes des trois religions impriment à l'année, ne serait-ce que par le contenu de leur « assiette »[30]. A l'occasion des célébrations religieuses, une assiette remplie de pâtisseries traditionnelles de la religion concernée est offerte aux voisins, notamment pour Noël, l'Aïd, le Pourim. Malgré le caractère privé de la veillée de Noël, on n'abandonnera pas une voisine veuve ou un voisin veuf à sa solitude. De plus, les fêtes catholiques s'accompagnent fréquemment de manifestations extérieures qui mêlent étroitement préoccupations temporelles et pratiques religieuses spécifiques. Par un cérémonial spectaculaire, elles mettent en évidence la mission providentielle de la religion. Dans certaines localités, Noël, considéré comme la fête de l'espérance et de la charité, donne lieu à une distribution, effectuée par les jeunes, de victuailles destinées aux isolés, déshérités et vieillards[31]. De nombreuses commémorations sacrées s'accompagnent de processions propitiatoires. A Bône et à La Calle, le 15 août est la fête de Notre-Dame-du-Mont-Carmel. La statue de la sainte est placée sur le chalutier le mieux décoré, après avoir traversé la ville, dans le concert de jurons des pêcheurs qui la portent. Escortée par les autres chalutiers et accompagnée du prêtre, elle vogue vers le large pour le bénir, au milieu des couronnes et des gerbes de fleurs jetées à l'eau en mémoire des disparus[32]. A Philippeville, le 13 décembre, un cortège de pèlerins aux pieds nus, où se mêlent aveugles et bénévoles dans le chatoiement des bougies, des fleurs et des banderoles, implore Sainte-Lucie par le truchement de cantiques retentissants.

Multiples sont les fêtes religieuses donnant lieu à ces défilés solennels : la Toussaint, en direction des cimetières, le 31 mai pour le couronnement de la Vierge, la Fête-Dieu, les Rameaux et nombres de fêtes patronales locales, comme Saint-Denis au Sig ou Saint-Jean-

Joseph-de-La Croix à Guyotville. Toutes associent à la religiosité la liesse collective, le plaisir de la flânerie curieuse et un goût certain pour l'apparat. Ainsi, la grande joie des enfants pour les Rameaux réside dans les branchettes artificielles couvertes de friandises, ornement bien profane de la procession. Un confiseur de Bab-el-Oued se distingue, à cette occasion, par un étalage de rameaux en caramel qui donnent des regrets aux enfants juifs et musulmans. Les églises rivalisent pour Noël de crèches spectaculaires, dont les enfants font la tournée avec leur mère[33], et de décorations somptueuses pour la Semaine Sainte. Lors du couronnement de la Vierge, les enfants sont vêtus de blanc : les garçonnets arborent un tambour, les fillettes une couronne de roses et les adolescentes[34] une étoile au front et des ailes angéliques.

Très fréquemment, l'événement religieux n'est qu'un prétexte à des divertissements purement terrestres. Dans tel village mahonnais[35], la Saint-Jean se célèbre, comme en de nombreux autres lieux du monde chrétien, par des sauts au-dessus d'un feu de joie, mais on y rencontre également un personnage traditionnel revêtu de papier, « al tio da papé », dont le déguisement comporte au dos une longue feuille sur laquelle on a dessiné au charbon un démon. Tout l'art du « tio da papé » consiste à embraser la traîne de son vêtement, puis à en éteindre les flammes en se livrant à des contorsions propres à déclencher l'hilarité des assistants. A Saint-Denis-du-Sig, pour Noël, l'Epiphanie et la Saint-Joseph, des sérénades traditionnelles aux personnalités animent les nuits. La Pentecôte ou le 15 août favorisent l'organisation des fêtes foraines et de bals[36]. La Saint-Éloi, telle qu'elle a été décrite pour Bône, frôle l'impiété dans son déroulement parodique. Elle se présente comme une fête du travail, puisqu'elle concerne les entreprises publiques et privées, et occupe la matinée, le travail reprenant normalement l'après-midi. Les employés de toutes religions et de tous grades s'assemblent en une procession, conduite par un tambour et deux clairons, précédant un saint de circonstance, vêtu d'une gandourah blanche et porté sur une chaise de fer. L'enfant de chœur occasionnel, qui peut être musulman, porte un poireau en guise de goupillon, dont « saint-Eloi » fera usage pour bénir la foule et les locaux. Un repas réunit tous les participants à l'issue de la cérémonie.

La période du Carnaval consacre le plongeon définitif du sacré dans le profane. C'est l'époque des déguisements et mascarades, surtout pour les enfants ; mais les parents et le voisinage prennent plaisir à confectionner des costumes ou à rafraîchir ceux qu'ils ont conservés soigneusement d'une année sur l'autre. Le jour de Mardi-Gras, parade de chars et bataille de fleurs clôturent cette période dans un tintamarre de pétards, de chants, de trompes et de cris : « Carnaval ! ». Le corso fleuri d'Alger est particulièrement coloré grâce aux chars de « l'intérieur » et du Sahel qui symbolisent les orangeraies de Blida, les vignobles de Boufarik, les maraîchages de Fort de l'Eau et de Guyotville, les pêcheries de Castiglione et de Chiffalo. En bien des endroits circule un « père Tira la figa » qui nargue l'adresse des enfants, en agitant au bout d'une canne à pêche une figue qu'il faut saisir avec les dents. Puis on brûle l'effigie de Carnaval au milieu de chants et de sermons humoristiques.

Lorsque les réjouissances ne coïncident pas avec la célébration du saint patron ou avec une fête carillonnée, elles ponctuent le déroulement du cycle agricole : fête des moissons, fête des vendanges ou simplement fête annuelle du village, marquant le moment de se divertir après une phase de travail intense. Cette fête draine généralement la population des localités voisines et s'étale sur trois jours, du samedi soir au lundi. Le village se transforme, grâce à l'ingéniosité des habitants qui se consacrent à sa décoration : drapeaux, écussons, lanternes vénitiennes, palissades de roseaux, arcs de palmes, pergolas fleuries. L'après-midi est consacré aux attractions – courses à pied, à vélo, en sac, mât de cocagne, tombola, tir –, et la soirée au bal. En dehors de toute fête spécifique, les sauteries sont très prisées. Les parents y accompagnent les jeunes, observent leurs fréquentations et supputent ainsi les mariages à venir. Tous aiment la danse et participent aux concours de valse et de tango. Les cassouélas, les mounas, les Saint-Couffin, toutes les réunions peuvent être suivies de bals improvisés, jusqu'à la « Saint-Cochon », journée de travail ininterrompu et veille d'une lessive et d'une vaisselle volumineuses, ainsi que d'une distribution de charcuterie à la famille et aux amis qui ont aidé à sa confection.

C'est l'étroite association entre labeur et distraction, l'effort consenti rendant plus grande la jouissance et celle-ci préparant à la besogne future qui donne, en effet, sa réelle valeur à tout instant de fête et produit l'effet d'une perpétuelle ambiance ludique. Les deux ne sont pas réellement dissociés dans le temps. Les soirées, le dimanche, les fêtes religieuses ou civiles constituent sans conteste les moments favoris du divertissement. Mais celui-ci peut intervenir à n'importe quel moment. Il est beaucoup plus un état d'esprit que l'occupation des loisirs. L'échange d'une plaisanterie, le casse-croûte pris en compagnie suffisent à créer une atmosphère de fraternité et à combler passagèrement le besoin d'évasion, jusqu'à un autre de ces intermèdes rédempteurs. D'où le prix attaché à toutes sortes d'occupations distractives : sports, jeux, ou à l'oisiveté organisée.

Le sport par excellence est le football, même si le cyclisme, la boxe ou la natation ont un grand nombre d'adeptes, et si les sociétés de gymnastique abondent. L'entraînement du dimanche matin, quelle que soit la discipline, est une affaire sérieuse. La liste des clubs – AS de telle ville, Gallia de telle autre et divers « Olympiques » – serait impressionnante. Mais ce « vrai foot » n'a pas le pittoresque de celui de la rue, des terrains vagues et des cours d'écoles. Dès la petite enfance, on tape du pied dans tout ce qui traîne et on improvise des matches entre adolescents avec toutes sortes de « ballons » : capsules de limonade, balle de tennis usagée, bonnet roulé en boule ; les buts sont, tour à tour, des bouches d'égout se faisant face, des cartables, des chemises. Le plus original de ces jeux est le « sfolet », papillotte de papier glissée dans un sou percé, que l'on doit frapper de la tranche du pied. Les enfants jouent aussi aux noyaux d'abricots ou « pignols » ; placés au bord d'un trottoir, ils doivent viser un trou ménagé dans un couvercle de boîte à chaussures, incliné contre le mur. Survivance des batailles de pierres ou loria, l'« estaque » ou « tire-boulettes » utilise comme projectiles les mêmes noyaux ou les boules de ficus. Avec les « tchapes », face illustrée des boîtes d'allumettes, on reste dans le domaine des jeux simples et peu coûteux : il faut les projeter contre un mur, en les tenant entre le pouce et l'index ; celui qui a atteint le meilleur score, les lance toutes et ramasse les faces ; les piles se rejouent jusqu'à épuisement. Les enfants ne dédaignent pas non plus les bagarres, dont la phase décisive est le coup de tête empoisonné, propre à mettre l'adversaire hors de combat, ni les farces.

Les passe-temps d'adultes sont souvent plus pacifiques, sinon moins bruyants : boules, billard, jeux de cartes variés. Parmi ces derniers, les cartes espagnoles, dont les marques sont des pièces d'or – « oros » –, des épées – « espazas » –, des coupes – « copas » –, et des massues – « bastos ». Ce jeu ne comporte pas de dame, mais un cavalier dont le valet vêtu d'un collant – la « sota » – a donné naissance à une expression : on dit d'un jeune homme aux vêtements trop ajustés qu'il s'habille à « la sota d'oros ». Autres jeux d'estaminet, la « mora » et le bouchon se rejoignent par leur simplicité ; la première ne nécessite qu'une main valide, le second, un bouchon, une ficelle, un dé et un cornet. Dans la mora, chacun des deux joueurs annonce un chiffre de un à dix, en avançant de un à cinq doigts ; si le total des doigts correspond à une des annonces, celui qui l'a faite remporte un point. Mais, le grand charme du jeu vient des vociférations et mimiques qui l'accompagnent, ainsi que de son vocabulaire particulier. On ne dit pas « deux » mais « pigeon », « trois », mais « tremblou », « dix », mais « tota larga »[37]. Le bouchon est un jeu de réflexe, où alternent silence religieux et volubilité plaisante, destinés pareillement à déconcerter l'adversaire et à détourner son attention. Un des joueurs tient une ficelle dont l'extrémité est reliée à un bouchon posé sur une table ; l'autre lance le dé avec un cornet dont il le recouvre aussitôt. Si, au moment où il soulève enfin le cornet apparaît un as ou un six, il doit prestement recouvrir le bouchon avec ce récipient ; son adversaire l'en empêche en tirant sur la ficelle. Le plus rapide marque le point.

Certains remplacent l'entraînement sportif par les répétitions musicales. Les chorales sont fréquentes, les sociétés musicales plus encore. Sous les noms de Lyre, d'Estudiantina, d'Orphéon, de Clique ou de Philarmonique, elles donnent des concerts, animent des bals, accompagnent les obsèques, dispensent aubades et sérénades. Il n'est pas rare de les voir défiler le dimanche matin, attirant aux fenêtres les habitants du quartier et entraînant, au rythme de leurs percussions, des bandes d'enfants et de chiens dont les cris concurrencent la vibration des cuivres. Les ensembles d'instruments improvisés ou artisanaux témoignent d'une pratique originale de l'Algérie des pieds-noirs. A Philippeville, les

Gibussiens de Bagur obtiennent un grand succès en associant boîtes de sardines, tambourins, « cacavelles », « cliques à ballades » et sifflements du chef d'orchestre. La cacavelle se compose d'une vessie de porc tendue à l'intérieur de laquelle est fixé un roseau et que l'on frotte avec un chiffon ; elle émet une sorte de vrombissement[38]. La clique à ballades fait cliqueter des capsules métalliques fixées sur un clou à l'aide de deux marteaux. Le goût individuel pour le bel canto, la chansonnette et les vedettes en vogue – françaises ou américaines –, auxquelles la jeunesse s'efforce de ressembler, favorise la floraison des radio-crochets. Ils assouvissent l'appétit de célébrité des fervents de « Pêcheurs de perles » ou « Rose-Marie », la soif perpétuelle de railleries et de rire des plaisantins impénitents.

Quoiqu'extérieures et parfois associatives, la chasse et la pêche se pratiquent en cercle plus restreint, voire en solitaire. Néanmoins, elles sollicitent toujours une certaine approbation auprès d'un public d'amateurs : chasseurs ou pêcheurs aiment à raconter leurs exploits dans les cafés fréquentés par leurs semblables, en insistant sur la démesure de leur prise. Bien que les sociétés de chasse, affublées de noms des plus traditionnels, « Hure de l'Ouarsenis », « Saint-Hubert », « Diane », organisent des sorties, ses adhérents préfèrent chasser seuls ou avec un ami, en se fixant des points de rencontre. Parmi eux circulent des récits sur des gibiers fabuleux, tels que des lièvres marabouts et de ce fait intouchables. Deux gibiers nécessitent cependant le recours à la battue : le sanglier et le « tchibèque ». Ce dernier est la cible que l'on réserve aux nouveaux venus hâbleurs. Il revêt tantôt la forme d'un oiseau aveugle volant au ras du sol, la nuit, à l'orée des ravins et qu'il suffit de rabattre vers un sac grand ouvert, tantôt celle d'un quadrupède bancal que le moindre changement de direction expose à la chute dans le filet confié à la dupe du jour[39]. Le mépris qui accable « l'arracheur de souches » ou le « chasseur de casquettes » fait pendant au respect dont jouit le fin tireur. La pêche, elle aussi, implique tout un savoir-faire, garant de la considération des initiés. Comme le chasseur, le pêcheur est matinal : la veille, il a soigneusement préparé ses lignes et ses hameçons en choisissant un assortiment adapté au type de pêche, son casse-croûte, sa bouteille de vin rosé et surtout ses amorces. La préparation de ce « broumitche » dont la puanteur témoigne de la qualité est le premier critère de la valeur du pêcheur. Celui-ci doit en outre connaître un lieu de pêche et s'en réserver l'usage, être capable de sélectionner la bonne épaisseur de ligne, et savoir « tordre la calotte au poulpe ».

Le farniente prend place parmi ces multiples activités, mais il est codifié et répond à des soucis quasi hygiéniques. La sieste ne se pratique que l'été, aux heures les plus chaudes qui suivent midi ; les enfants ne s'en soucient guère, mais les parents les contraignent à ce repos méridien. En contrepartie, on travaille plus tôt le matin et le soir on « prend la fraîche » : sur les balcons ou les terrasses, dans la cour des fermes, sur les trottoirs où s'alignent chaises basses ou couvertures. Les adultes commentent les faits de la journée, les nouvelles qui ont circulé au marché ; les plus âgés racontent de vieilles histoires. Un village mahonnais eut même pour coutume des tournois de « gloses » ; il s'agissait de critiques rimées concernant des personnes ou des événements, au cours desquelles plusieurs personnes intervenaient ; celui qui restait à court de réplique était écarté du jeu[40]. Au cours de ces soirées, les enfants se complaisent en farces, tandis que garçons et filles reproduisent inlassablement la promenade vespérale sous l'œil vigilant des parents[41]. Dans les villes suffisamment animées, on aime écouter les orchestres réputés que recrutent les cafés. La nuit d'été est à elle seule une fête, douce et étoilée, bruissante des voix et des sonorités familières qui rassurent.

Bien que marquées du sceau de l'ostentation, les réjouissances des pieds-noirs revêtent généralement un caractère bon enfant et nécessitent peu de moyens. Elles sont l'une des pièces maîtresses de ce « bonheur » dont leur Algérie était le symbole, et qui contrebalance la frénésie de travail et le souci de l'efficacité. Elles témoignent à la fois du penchant des pieds-noirs pour les relations familiales, ou communautaires, et de leurs convictions les plus profondes.

*Des mythes qui sortent de l'ordinaire*

Le panthéon spontané des pieds-noirs, les croyances, les attitudes et les rites qui s'y rapportent, s'ancrent profondément dans les nécessités et les réalités de leur vie quotidienne. Ainsi se développent ou se perpétuent des pratiques superstitieuses, tandis qu'une cohorte de héros involontaires surgissent de l'univers ordinaire et élaborent une mythologie de la rue et des faubourgs.

Les cultes forment un ensemble composite sur fond de religiosités mêlées, où domine le catholicisme, mais où le judaïsme occupe une place importante et où la présence de l'islam est toujours sensible. Les croyants se respectent mutuellement et accordent davantage de considération à un dévot d'une des religions voisines qu'à un mécréant se réclamant de la leur. Les différentes pratiques tendent même à influer les unes sur les autres. Le vocabulaire francisé leur cherche des caractéristiques communes : les musulmans tendent à adopter baptême pour circoncision et carême pour ramadan, les juifs à appeler communion leur profession de foi, à adopter le voile blanc à l'occasion des mariages. Les chrétiens, de leur côté, régulièrement invités aux cérémonies familiales des amis ou des voisins juifs et musulmans, n'ignorent pas leurs rites. Mais le point de rencontre le plus favorable reste la dévotion aux saints, d'une part, et aux marabouts, d'autre part. S'y associe un recours confiant ou prudent à l'intervention divine, par l'entremise de ces élus, dans le règlement des calamités terrestres.

Ainsi s'éclaire le recours fréquent aux processions qui ne sont pas uniquement l'occasion de célébrer, mais aussi celle d'implorer. Celle de Sainte-Lucie, à Philippeville, se termine par une messe devant une petite chapelle, abritant non pas les reliques de la patronne des aveugles, mais les défunts de la famille qui l'a érigée[42]. Néanmoins, les bougies qui ont brûlé, ce jour-là, devant la statuette sacrée, deviennent un talisman protecteur et guérisseur que l'on remporte précautionneusement chez soi. Les ex-voto couvrant les murs du sanctuaire rappellent que la pratique des vœux est inséparable de celle de la procession et des pèlerinages. Les plus célèbres de ces excursions ferventes convergent vers les saints les plus invoqués, Notre-Dame-de-Santa-Cruz d'Oran, Notre-Dame-d'Afrique à Alger et Saint-Augustin à Bône. Les trois sanctuaires recèlent une multitude de plaques de marbre gravées d'inscriptions reconnaissantes, de couronnes de fleurs d'orangers, de bras ou jambes de cire. Tous trois sont nés d'une anecdote ou d'un événement local. A Oran, un vœu formulé à l'occasion d'une épidémie de choléra fut déterminant[43]. A Alger, l'action de deux religieuses de Lyon désireuses de prolonger, par delà la Méditerranée, le culte de Fourvière, décida de l'édification de la basilique ; on racontait aussi que la statue de la Vierge Noire était une prise miraculeuse des pêcheurs algérois, ce qui justifiait ses compétences en matière de tempêtes et d'accidents marins. Quant à Bône, qui était, sinon le berceau de Saint-Augustin, du moins l'évêché où il mourut, on y fit venir de Pavie, à titre de relique, son cubitus[44] que l'on plaça, à l'abri d'une vitre, sur un gisant le représentant. Ces trois personnages sont fréquemment évoqués en cas de maladie ou d'examen ; on promet de leur brûler un cierge ou de s'y rendre en pèlerinage à pied, pieds nus ou avec des pois chiches dans les chaussures[45], ou encore à genoux. Les juifs ou les musulmans d'Alger recouraient parfois à Notre-Dame-d'Afrique. Lalla Meriem, sainte Marie, ainsi que Sidna Aïssa, Jésus, sont parfaitement connus de l'islam maghrébin et tenus pour des personnages sacrés. Quant au judaïsme algérien, il avait pour coutume d'intégrer les marabouts. Le syncrétisme s'exerce aussi en sens inverse. Autour de Blida, où les marabouts guérisseurs étaient nombreux, des chrétiennes plaçaient parfois leurs derniers espoirs en leurs dons miraculeux, notamment dans des cas de stérilité ou de coqueluche. La légende selon laquelle, à Blida même, il pleuvait à chaque fête annuelle parce que les chrétiens avaient construit leur kiosque autour d'un palmier sacré, était implicitement acceptée, quoiqu'avec un sourire.

Avec ces deux exemples, on entre dans le domaine des remèdes empiriques et des superstitions, très proches. Le marabout de Nedromah, guérisseur des paralytiques, se situe au confluent du syncrétisme religieux et de la pratique courante des médecines secrètes. Le marabout peut être un saint personnage défunt ou le membre d'une famille maraboutique, investi des vertus charismatiques ou thaumaturges de l'ancêtre. Celui de Nédromah, localité occidentale de l'Algérie, répond à la dernière définition. La technique de guérison se transmet héréditairement depuis 1618. Le guérisseur prend sur ses genoux la tête du malade allongé et passe un fil de laiton dans le tragus de l'oreille du côté atteint. Des chrétiens s'adressaient à lui dans des cas de sciatiques ou de paralysies incurables. Il n'acceptait pour salaire que des dons à sa confrérie, consacrée à l'hébergement des pauvres. Aussi était-il respecté pareillement des colons et des tribus voisines qui contribuaient à son entretien.

Les médications de « bonne femme » de toutes origines, particulièrement espagnole et italienne, abondent. Elles sont précisément l'apanage de femmes d'expérience, fréquemment désignées par leur prénom précédé de « tia » ou de « tsa »[46]. Quelques « tios » exerçaient également, tel celui qui soignait les maux de gorge, en appuyant son genou dans les côtes du patient et en tirant très fort sur les coudes de celui-ci, de manière à produire un craquement. Les méthodes varient : massages, prières. Mais généralement, chaque affection justifie de soins spécifiques : les brûlures, d'un badigeon au henné ; les saignements de nez et les émotions, d'une clef dans le dos ; une jaunisse, de fers chauds enveloppés de linges sous les bras et à l'aine. Les troubles les plus fréquents semblent les maux d'estomac et les insolations ; les remèdes les concernant sont les plus réputés. Il s'agit du « foulard » pour les maux d'estomac. Le tissu utilisé semble rétrécir au gré des oraisons de l'officiante, jusqu'à ce que ses extrémités touchent l'une, la zone malade, où le patient l'a maintenue depuis le début de l'opération, l'autre, la zone correspondante du corps de la guérisseuse, à l'issue d'un incessant mesurage du foulard, en coudées. Pour « enlever le soleil », la spécialiste fait bouillir de l'eau additionnée de sel et place sur la tête du malade un verre d'eau froide, rempli aux trois quarts et retourné, après avoir été recouvert d'un mouchoir bien tendu. Tandis que le verre est solidement maintenu, car aucune goutte ne doit se répandre, celle « qui a le don » murmure des prières auxquelles elle mêle le nom de la personne atteinte. Quand l'eau bout dans la marmite, celle du verre produit elle aussi des bulles passagères ; leur disparition est le signe de la guérison.

Au chapitre des superstitions, on peut citer la mieux partagée : la croyance au mauvais sort ou au « mauvais œil ». Certains individus « portent la schkoumoun »[47], la malchance, parce qu'ils ont « l'œil noir » ou « l'œil sec », autrement dit la faculté de porter malheur à ceux qu'ils regardent d'une certaine façon ou à qui ils s'adressent en certains termes. Certaines remarques optimistes ou flatteuses, certains projets prometteurs amènent les mêmes effets. Il a pu arriver que des candidats au baccalauréat refusent de se renseigner sur les débouchés, par crainte de compromettre leur succès[48]. Il convient donc de se prémunir contre la schkoumoun : par un usage fréquent de « Dieu bénisse ! » ou de « Grâce à Dieu ! » après tout compliment ; en jetant du sel et en le balayant, ou en pointant l'auriculaire et l'index au bout de son poing, lorsqu'on brise une glace ou qu'on se croit menacé ; en usant au besoin de la khamsa ou d'amulettes. Lorsque tous les moyens individuels sont impuissants, demeure la possibilité de « se faire enlever l'œil » et de consulter une personne, une femme très souvent, qui conjure les malédictions. Elle est en même temps fréquemment pythonisse et annonce la cessation ou l'aggravation des malheurs présents. Une des techniques employée par ces prophétesses est « le plomb » ; on jette un peu de ce métal fondu dans l'eau froide et la forme qu'il adopte inspire les conjectures. Les autres méthodes sont dépourvues d'originalité : chiromancie et cartomancie. Officie également tout un peuple de devins musulmans, utilisant le sable et les circonvolutions d'un cheveu, par exemple ; les chrétiens les connaissent mais n'y ont apparemment pas recours. De même, ils n'ignorent pas la pratique juive de jeter de l'eau derrière celui qui part pour s'assurer de son retour, mais ne l'utilisent pas. Moins célèbre, une croyance juive que respectent les musulmans prétend qu'à une certaine époque de l'année la mer est dangereuse, car le « couteau est dans l'eau ». Cette époque correspond à la destruction du Temple de Salomon et à la déportation des Hébreux à Babylone : ce jour-là, personne ne doit se baigner.

L'empirisme et le pragmatisme, qui dominent les croyances et déterminent leur rituel, imprègnent aussi la cohorte de personnages issus de la réalité, que la coutume populaire fait désormais cheminer aux frontières de la légende. Cette légion des sans grades parvient à détrôner et à éclipser les « grands hommes » de l'histoire et jusqu'aux ancêtres adoptifs. Les véritables héros de l'imagerie des pieds-noirs n'avaient d'autre destin que de se cantonner dans l'ordinaire. Leur popularité les a projetés, tout dépareillés et dépenaillés qu'ils sont, symboles d'une geste prosaïque, au bord du mythe. La plupart sont anonymes, car leur première vertu est de s'intégrer à la foule d'où on les a extraits et d'en effectuer une sorte de représentation légendaire. Car, la foule elle-même, celle des marchés, celle des places, celle de la Mouna, celle du Carnaval, celle des processions et des promenades vespérales, est un personnage démesuré ; omniprésente, mais floue, elle joue les ingénues et s'efface devant les rôles de composition. S'en détachent des groupes surannés comme les cigarières, les chevriers-laitiers maltais, les bourricotiers ramasseurs d'ordures, les galopins « aoufistes », les « oualiounes »[49] moqueurs et impitoyables, ou toujours proches comme les « yaouleds » cireurs, porteurs de paniers ou marchands de journaux, les colons gauches et endimanchés à la sortie des gares, les gitans rempailleurs de chaises et les gitanes vendeuses de dentelles. A côté de ces groupes plastronnent des célébrités dont chaque quartier ou famille connaît un exemplaire. L'épicier mozabite qui vit seul dans son échoppe, six mois durant, puis retrouve sa famille, tandis qu'un cousin le remplace, en est une illustration. La « mauresque » qui contribue aux travaux domestiques et intervient dans les discussions, qui participe aux soucis de la famille, en est une autre, plus intime. Elle remplace, dans la galerie de portraits des héros modestes, la bonne espagnole qui partait le soir, à l'appel du « novio ». Plus insaisissable, le marchand ambulant pourrait s'insérer dans l'un des groupes, si sa spécialité ne conduisait à l'individualiser : marchand de poisson, la balance à la main ; marchand d'éponges qui les porte en chapelet ; glacier replaçant son bidon sur son dos ; raccommodeur de faïence ou marchand d'habits ; marchand de calentita berçant sa plaque métallique ; marchand d'huile kabyle et son outre dégoulinante ; marchand de billets de loterie, bossu, nain ou cul-de-jatte.

A ce concert de personnages, jamais complet, se joignent tous ceux dont la fonction n'est pas commerciale et qui ont parfois valeur de symbole. Le laveur de morts évoque la crainte sinistre qu'inspire la fin inéluctable et le culte que l'on porte à ses victimes. Le maire aux comportements dictatoriaux et l'agent électoral suggèrent un arrière-plan de fraude et de machinations inavouables que l'on réprouve et qui expliquent la suspicion afférente à la politique. Le curé, ensoutané de noir, est salué parfois d'un païen « tocaferro » ou plus irrespectueusement « pitaferro »[50], ce qui indique, à côté du respect témoigné à la religion par certains, l'existence d'un scepticisme non dissimulé chez d'autres. Le tueur de cochons confère à la Saint-Cochon un contenu sacrificiel. Le moissonneur kabyle à la moustache de Gaulois et à l'œil farouche résume la parenté qu'on souhaite se découvrir avec lui et la rigueur de ses coutumes ; l'étincelle dont luit son regard reflète la survivance de l'implacable rek'ba[51]. L'élégant chaouch arabe, chenu et altier, dans son burnous écru et ses bottes de fin cuir rouge, exprime toute la noblesse de ses ancêtres et, par ses manières affectueuses envers les enfants et amicales envers les parents, témoigne de sa bonté native, ainsi que de sa bienveillance à l'égard de ses vis-à-vis chrétiens. Le mendiant implorant au nom d'Allah et de Saint-Augustin démontre la symbiose de deux mondes, sa psalmodie lancinante et rauque résonne lugubrement pour rappeler la misère du monde et l'impuissance de la charité à la circonscrire. Quant aux danseurs des rues, Aïssaouas et Boussadïas, ils envoûtent et inquiètent à la fois, roulant des yeux, virevoltant à une allure folle et chargeant les spectateurs, dans le tourbillon des peaux dont ils se vêtent, le scintillement des miroirs dont ils se parent et le claquement des crotales qu'ils brandissent.

Certainement issus d'une lointaine réalité, des surnoms sont plaqués sur certains personnages dont la fonction ou le comportement incitent au persiflage. L'employé de la fourrière est affublé du surnom de « Galoufa », en souvenir d'un ramasseur de chiens immémorial. Bône se singularise en lui donnant du « Tonton ». Il « circule dans tous les quartiers à la tête d'une charrette-cage traînée tantôt par un âne, tantôt par lui-même, quand l'âne est occupé ailleurs [...] il anime les rues, drainant sur son passage autant de bambins que l'enchanteur Merlin. La cohorte d'enfants excite les chiens, en précédant la charrette pour les inciter à échapper au fouet étrangleur »[52]. N'importe lequel des Galoufas pourrait répondre à cette description, comme l'eût probablement fait l'ancêtre éponyme. Les ivrognesses sont toutes des « Marie l'anisette », dignes héritières de leur aïeule « Marie l'absinthe ». Les mégères de quartier, parfois faiseuses d'anges, descendent en droite ligne d'une « tia Balbossa ». Thaddo, gardien du cimetière de Bône, lègue parfois son nom à ses successeurs, mais plus fréquemment on l'utilise pour désigner le « boulevard des allongés » et on dit aller « chez Thaddo » pour « être enterré ». Ce transfert de nom du titulaire à sa fonction se rencontre assez couramment ; à Alger, on dit « chez Rouby » pour désigner l'hôpital psychiatrique ;

à Philippeville, « chez Mataloni » devient synonyme de fabricant de cercueils, « chez Mme Chouatte », équivalent de sage-femme.

Cette armée de pauvres hères, de joyeux drilles et de quidams s'augmente quotidiennement, par génération spontanée et dans chaque localité. Bône se montre particulièrement prolifique en la matière. Ainsi, au début du XXe siècle, naquît Carloutche. Ce simple marin pêcheur eut pourtant sa statue au pied de celle du plus célèbre des maires de la ville, place méritée puisqu'il avait coutume de s'exclamer, en allant par les rues : « E viva Bertagna ! ». De la même période date « Galine », surnommé aussi « Maire du Pont Blanc » et renommé pour sa débrouillardise. Chevrier maltais, il avait organisé le partage du marché, en emmenant tous les matins à l'aube ses collègues à travers la ville et en les disposant chacun avec quelques chèvres à un coin de rue où la clientèle du quartier concerné venait, munie de récipients, s'approvisionner en lait frais. Bien introduit auprès de la municipalité, il se chargeait de toutes les difficultés des habitants de son faubourg et les conduisait en bloc aux élections, après leur avoir donné des consignes de vote. Chichette, pilier de cabaret, parvenait à nourrir sa nombreuse famille grâce aux libéralités de ses concitoyens qui l'avaient en sympathie ; expulsé de son logement pour défaut de paiement, il n'hésita pas à emménager sous le kiosque à musique. Thaddo arriva postérieurement à ces trois personnages. C'est également le cas de Binguèche, « hippie d'avant-garde »[53] qui tirait sa subsistance des passants, en les interpellant d'un « Oh ! touriste » suivi d'une requête alimentaire : pain, fromage, vin ou café. Il réunissait l'astuce et le courage tant prisés. Ayant dépendu un suicidé[54], il s'était fait donner la corde et la vendait par tronçons, comme « porte-chance » ; mais le succès de son commerce le contraignit à renouveler son stock en achetant un rouleau de corde. Très brave pendant la Grande Guerre, il reçut la croix militaire et en décora son chat. Enfin, il savait mieux que personne « nager et garder le linge », puisqu'il traversait le port, ses vêtements attachés sur la tête ; ce talent de nageur lui permit d'opérer de nombreux sauvetages. Quelle que soit la ville, le clochard – tel Montoyo élu maire par galéjade à Guyotville[55] –, le simple d'esprit – Dounani de La Calle –, le pitre – Brunschwig d'Oran –, sont toujours des personnages de prédilection : l'ordinaire alimente inlassablement le mythique.

Verbe, ripailles, interludes et merveilleux esquissent à grands traits l'algérianité et en montrent la complexité. Elle s'appuie sur des préceptes candides et sans détours. Fidélité et reconnaissance, entraide et confiance, travail et courage, pudeur et humeur joyeuse en sont les valeurs affirmées, avec des contreparties redoutables : franchise brutale, dérision de façade. La famille tient une grande place et chaque membre y a des attributions bien précises ; la femme est, à tout âge, objet de préoccupations permanentes : surveillance et protection pour les adolescentes, respect pour l'épouse, vénération pour la mère, symbole d'élégance et de tendresse. Les petits garçons doivent apprendre à retenir leurs larmes, mais les hommes ne dissimulent pas leurs chagrins, ultime expression de leur affection, de leur amitié, de leur amour. Quant à leurs affinités politiques, elles sont souvent inexistantes ou secondaires ; la politique étant peu recommandable, il est préférable de s'en désintéresser, de « se l'enfourner » dans un couffin et de « s'asseoir dessus » jusqu'à ce « qu'elle vient pareille le pain de dattes ». Le véritable centre d'intérêt est la vie ; elle se trouve dans le quotidien, parmi les êtres humains et leurs relations ordinaires.

Chapitre XI

# L'ALGÉRIANISME ET SES PARAGES

Dans le dernier quart du XIXe siècle, la question du territoire est résolue par l'achèvement de la conquête et par une organisation administrative quasi définitive. Parallèlement, les limites de la communauté française d'Algérie sont tracées selon des principes et des lois dont les variations seront faibles et lentes, puis soudaines et trop tardives pour influer sur l'algérianité. Celle-ci, comme la population dont elle émane, conserve des incertitudes et des incompatibilités qui tendent à s'atténuer pour faire du mélange hétérogène des débuts un amalgame de plus en plus cohérent, sinon uniforme. Pendant que s'effectue lentement la fusion, un besoin d'identification se fait jour parmi ceux qui l'observent, les plus érudits des Français d'Algérie et parfois de « nouveaux débarqués » qui s'acclimatent. Cette aspiration obéit à deux préoccupations essentielles : le souci de définir une mentalité commune, né de la constatation d'une manière d'être particulière, et le sentiment d'enracinement, surgi de l'intuition de liens spécifiques entre le pays et ses natifs de fraîche date. Ainsi se développe une littérature de l'algérianité, d'abord descriptive, puis spéculative, ensuite distractive et enfin commémorative.

*Une prise de conscience primesautière*

Ayant grandi non loin de la place du Gouvernement, au contact de quartiers cosmopolites, Auguste Robinet, employé de préfecture et journaliste, a observé à loisir et baigné dans l'univers qu'il décrit, sous le pseudonyme de Musette et au fil des aventures du personnage qu'il inventa, Cagayous. De 1895 au lendemain de la Grande Guerre, il publie une série de pochades. Elles prennent pour prétexte l'actualité : la campagne anti-juive, les élections, le conflit mondial, ou des circonstances de l'existence quotidienne : le mariage, la fête, la pêche, le service militaire. Mais elles sont surtout des occasions de camper un héros représentant la quintessence du peuple de la rue, porte-drapeau de ses valeurs et de ses convictions sur des sujets variés, porte-voix de son langage en formation.

Le nom même de ce personnage faubourien en semble l'expression. On a voulu y voir l'association de deux mots d'origine espagnole, l'un scatologique, l'autre désignant les yeux chassieux, fréquents dans un pays où abondent les affections oculaires. La meilleure traduction semble faire de Cagayous un « blanc-bec », si on veut s'en tenir aux acceptions polies[1]. Cagayous est, en effet, sûr de lui, mais non dépourvu d'une certaine expérience ; celle-ci ne le met pas en mesure, cependant, de faire face à toutes les situations, contrairement à ce qu'il croit. Il est très satisfait de lui-même, car il sait faire, selon les règles, tout ce qui est essentiel dans son univers : s'imposer à son entourage et pour cela, se battre, pêcher, ne travailler que lorsque c'est nécessaire, parler. En certaines occasions, il se pose en justicier et se montre secourable, mais le plus souvent il est sceptique. C'est un mélange de « louette » et de « courro », c'est-à-dire un bellâtre, parfois berné mais non amer.

« Louette », il ne s'en laisse pas conter, même lorsqu'il semble être séduit, un temps, par les disciples de Max Régis, ou être tenté par une carrière politique. Il nage et exécute parfaitement les plongeons de tous styles, sait préparer le broumitche, « faire les oursins » et « tordre la calotte au poulpe », manœuvrer la pastéra[2] et choisir ses lignes. Bien que sans instruction, il fait preuve d'une logique apparentée au bon sens populaire ; libre-penseur, il se rit des superstitions. Passablement dénué de scrupules, il se complaît dans des plaisanteries douteuses et des « embrouilles »[3]. « Courro », il sait lorsqu'il s'agit de « jeter le broumitche à une repasseuse de la rue de la Révolution », délaisser sa panoplie ordinaire – pantalon de toile bleue, maillot de marin et casquette – au profit d'un beau costume, agrémenté d'une ceinture de soie rose et d'une montre en argent. Viril à sa manière, il corrige sa sœur et parle fréquemment de se battre. Amateur de femmes, c'est essentiellement dans l'intention de les lutiner qu'il se rend aux manifestations, mais il sait garder sa réserve en présence de celles qui sont mariées ; il prodigue des conseils en matière de séduction, mais échoue dans ses entreprises amoureuses et essuie un cuisant échec conjugal.

Champoreau lui-même, car né du mariage d'un Français avec une Espagnole, il évolue au milieu de comparses qui représentent aussi la variété de la communauté en formation. Embrouilloun, le Napolitain, coléreux et grossier, « sacatrape » de peu de foi[4], sert de repoussoir à Cagayous ; il ne sait pas pêcher et a le mal de mer. Au contraire, « Çuilà-qu'il-a-la-calotte-jaune », jeune, mais dégourdi, seconde, le héros principal. Bacora et Gasparette se caractérisent par leur tempérament vigoureux, Calcidone par ses grands pieds, Domengo par son ivrognerie, Fatoutche par son irascibilité. Au milieu de cette pullulation masculine, quelques personnages féminins manifestent esprit d'indépendance et combativité. Elles mettent parfois à mal l'orgueil viril, mais leurs partenaires l'acceptent avec une certaine philosophie. Thérésine nargue Cagayous avec son certificat d'études. Chicanelle, la sœur du héros, a vécu en concubinage et en conserve un fils naturel, Scaragolette, jeune chenapan parfaitement accepté. Maria-Pépa, la mendiante, organise son gagne-pain avec méthode : le matin, elle demande la charité à l'église de Bab-el-Oued, le soir, à Notre-Dame-d'Afrique. Les mères et belles-mères exercent une autorité redoutable, les secondes se complaisant, en outre, dans les intrigues dirigées contre leurs gendres. Tout autour s'agite un monde de « fouraïnes » – vauriens –, de « patchos » – lourdauds –, agressifs et provocateurs, chapardeurs et bricoleurs, d'écrivains publics et de débardeurs et même un « nouveau débarqué ». L'autorité publique n'apparaît que sous ses noms génériques : la « poulice », les douaniers, sauf dans le cas de Boumatraque[5].

En arrière-plan, l'environnement matériel des personnages reproduit celui que connaissent les milieux populaires algérois à l'époque de Musette, facilement repérable à des dates ultérieures. Il s'agit de la plage de Bab-el-Oued, du port, des rues animées des quartiers de la Marine, de la Casbah et de la Cantéra[6]. La promiscuité est omniprésente, les logements exigus se groupant autour de cours et de terrasses. Ce voisinage ne permet d'ignorer ni les malheurs, ni les bonheurs des voisins ; il engage à y prendre part ainsi qu'aux discussions et aux disputes, à proposer son aide et ses compétences. Ces échanges de bons et mauvais procédés sont plus ou moins bien acceptés, le manque d'intimité provoquant quelquefois l'indiscrétion des uns et l'exaspération des autres. Cagayous résume cette situation par un « décampez d'ici pour voir dedans votre marmite si elle cuit bien la soupe ! ». Mais les relations se renouent après les disputes et on n'hésite pas à vider l'une des deux pièces du logis afin d'y entasser tout le voisinage, à l'occasion d'épousailles. Le manque d'espace et de confort n'empêche pas la mère et la sœur du héros de confectionner au jour dit, force mounas. Il suffit pour cela de mettre les hommes à la porte. Ils n'auront aucune peine à s'occuper, puisqu'il faut préparer le pique-nique, et en particulier vérifier et laver le matériel. Hélas ! les fontaines publiques où on s'approvisionne sont fréquemment taries ou inaccessibles, tant elles connaissent d'affluence. C'est pourquoi la petite-fille de Domengo court si souvent à Notre-Dame-des-Victoires quérir de l'eau bénite pour l'anisette de son grand-père.

Ayant dans l'oreille le heurt des parlers divers entendus dans le quartier de son enfance et les maladresses coutumières aux Italiens, Maltais, Espagnols et autochtones dans la pratique du français, Musette les concentre dans le langage de Cagayous dont il fait une sorte d'espéranto chimérique, mais à la portée de ses lecteurs. Ceux-ci en connaissent, en effet, les éléments et sont en mesure de rire de leur accumulation. L'auteur n'est animé d'aucun souci de démonstration ; sa démarche est empreinte de naturel, malgré les outrances, et il ne recherche que la cocasserie. Cependant, il reconnaît lui-même avoir été contraint d'établir, à partir de ses observations, « les grandes lignes d'une syntaxe » et un glossaire. Dans la collection linguistique qu'il opère pour donner à Cagayous un moyen d'expression, il donne la préférence aux mots étrangers, ou altérés par la phonétique étrangère, qu'il mêle à de l'argot français. Il multiplie les idiotismes, les images, les juxtapositions anarchiques de propositions à l'intérieur de phrases interminables[7]. La langue de Cagayous amalgame toutes les incorrections qui ont intéressé ou diverti Musette. Involontairement, en façonnant cet éventail de vocabulaire naïf et de locutions pittoresques, il a dessiné par le biais du langage, comme par celui des scènes familières, un portrait instantané de la communauté faubourienne des Européens d'Algérie, au moment où émergeait d'un ensemble hétéroclite une manière de cohésion. Il a ainsi réuni en Cagayous l'hétérogénéité universelle qui était appelée à disparaître et l'unité hétérogène qui s'annonçait, sorte d'émulsion dans laquelle le volume de l'élément français s'accroîtrait au détriment des autres composantes.

Musette parvient également à cerner, au détour de ses pochades, la difficulté d'être Français, pour les « néos » et les enfants de mariages croisés. Elle ressort de l'usage approximatif de la langue, mais aussi de l'embarras devant les comportements à adopter. Non sans ironie, l'auteur de Cagayous assimile les manifestations anti-juives d'Alger à une preuve d'appartenance à la communauté nationale, et met ces paroles dans la bouche de Cagayous : « Si les Algériens y z'avaient pas gueulé à la cause de l'affaire Dreyfus, les Français de France y s'auraient pensé que c'est tous des étrangers et des champoreaux, moitié italiens, moitié espagnols qui sont ici ». Il condense ainsi les données de la situation, en soulignant l'utilisation qui a été faite des « néos » pendant cette campagne, pour défendre une certaine conception de l'identité française, et en mettant en lumière la suspicion dont ils étaient eux-mêmes l'objet. Il laisse entendre aussi que tous ne sont pas dupes de la manipulation. Cagayous met immédiatement à profit cette leçon de politique, en se portant candidat « antitout ». C'est encore pour se mettre au diapason de cette citoyenneté contestée que ses comparses embarquent gaillardement en 1914 ; mais le cœur n'y est pas nécessairement. Calcidone pleure et Cagayous, pour lui éviter une réprobation qui pourrait ternir la réputation de la communauté toute entière, prétend avec aplomb que ses pieds démesurés lui font craindre la réforme. Il lui décerne ainsi indûment un certificat de patriotisme, comme peut-être on le fit hâtivement dans la réalité et dans un souci de propagande, à l'adresse des « néos » mobilisés.

Quoique non dépourvue de persiflage et de signification, l'entreprise de Musette adoptait une forme légère et sans prétention et se cantonnait dans le brocardage affectueux de la vie quotidienne ou incisif de l'actualité. Il ne visait pas l'élégance, ni la démonstration d'une hypothèse quelconque, mais dépistait la truculence verbale et comportementale et la mettait en scène selon une technique de surcharge destinée à lui donner du relief. Il parvenait ainsi à conserver aux personnages et à leur environnement une vitalité et une fraîcheur presque documentaire, les outrances faisant l'effet d'un excès de maquillage. La littérature qui se développa à la périphérie, ou ultérieurement fut plus savante et réfléchie ; si elle y gagna en équilibre, elle y perdit parfois en authenticité.

## *L'identification méditée*

Musette fit de l'algérianisme sans le savoir. Certains de ses contemporains ou de ses successeurs l'érigèrent en théorie, en créant délibérément une littérature de l'enracinement et de l'identification. Cols blancs comme le père de Cagayous, tous ne sont pas imprégnés comme lui de l'ambiance des quartiers populaires d'Alger. Leur précurseur est un nouveau débarqué de 1890, venu enseigner la rhétorique au lycée d'Alger : Louis Bertrand ne regrette pas la province qu'il vient de quitter ; il la juge étriquée. Prêt à adopter une terre moins morose, il se laisse séduire par le foisonnement des quartiers populaires urbains et par les grands espaces de l'intérieur où il entend l'appel du désert, tout en parcourant avec ravissement les vestiges romains. Distingué lettré, c'est dans une langue « flaubertienne »[8] qu'il plante des caractères épiques dans les faubourgs d'Alger et sur les routes austères, transformées en paysages d'épopée. Son œuvre reste personnelle, mais il fit école. Le fondateur et chef de file de l'algérianisme, Robert Arnaud – Randau de son nom de plume –, est algérois de naissance, mais d'un quartier tout autre que celui de Musette : Mustapha, et d'une famille d'érudits. De père arabisant et arabisant lui-même, lié aux milieux parisiens de la littérature coloniale et fonctionnaire important en Afrique occidentale, il se situe aux antipodes de Bab-el-Oued et de son parler. Pourtant, il consacre une grande partie de son œuvre littéraire à l'algérianité et rédige la préface d'une anthologie poétique, considérée depuis comme le manifeste de l'algérianisme. Ce mouvement revendique l'« autonomie esthétique » et intellectuelle de l'Algérie ; né officiellement en 1920, bien que nombre d'œuvres antérieures s'y rattachent, il s'éteint doucement aux approches de la Seconde Guerre mondiale. L'algérianisme a suscité une création romanesque et poétique aux limites fluctuantes, le domaine de cette « intellectualité » autonome se définissant au fil des ouvrages.

Cependant, on peut en discerner les grandes lignes d'après les œuvres principales du précurseur Louis Bertrand, et de l'instigateur du mouvement, Robert Randau, corroborées ou prolongées par celles de recrues notoires. Ces caractéristiques essentielles découlent du constat d'enracinement et du besoin d'identification qu'il ne suffit pas de souligner, mais qu'il faut également définir. La thèse initiale rattache l'Algérie française à l'Afrique latine. Faisant abstraction de la période arabe et turque, Louis Bertrand démontre, en prenant appui sur le plan des mosquées, des médersas, sur la pratique des bains publics, la conception du costume et le style des bijoux, que le modèle latin n'a cessé de prévaloir. La latinité est à sa place en Afrique et la place de l'Afrique est dans la latinité. En conséquence, les peuples « latins » qui ont alimenté l'immigration ont opéré un retour légitime sur des terres qui relèvent de leur aire naturelle. Cette notion de « mare nostrum » est reprise par les algérianistes : « la Méditerranée redevenait la Mer intérieure... », écrit Paul Achard, en 1931, au sujet de l'afflux en Algérie d'immigrants venus des « terres latines ». Cependant, derrière Robert Randau, l'algérianisme insiste aussi sur le mélange des peuples. Partant du principe que les Berbères ont absorbé toutes les vagues de conquérants, il émet la théorie d'un peuple franco-berbère surgissant d'un nouveau fusionnement. A l'appui de cette conception, Robert Randau donne à l'un de ses héros, Jean Cassard, des origines berbères ; il le montre absorbé dans la lecture des auteurs musulmans anciens, « jeunes Hellènes du Moyen-Age », et des kabbalistes. En même temps, se dessine un vague projet politique : se dégager en partie de la tutelle de la France. L'enracinement dans un monde franco-berbère suppose une certaine autonomie de nature à renforcer la solidarité entre les Français d'Algérie et les indigènes.

Ainsi, la place des musulmans qui ne posait pas problème à Cagayous, dont les relations avec les « Arabes » se limitaient à des affrontements pour l'accès aux fontaines publiques, des mauvaises plaisanteries faites aux prostituées de la Casbah ou des frayeurs inspirées aux moutchous, se dresse, au contraire, comme un obstacle incontournable devant les théories de l'enracinement. La difficulté surgit chaque fois qu'on veut légitimer la conception de patrie algérienne, qu'on veut formuler une appellation commune et définir les liens avec la France. Si la tendance à se dire « africains » persiste, c'est la réponse tonitruante de Cagayous à la question :

« Êtes-vous français ? » qui triomphe. « Algériens, nous sommes » affirmait le héros de Musette. « Algériens » reprennent en chœur les algérianistes dont c'est la raison d'être. Le sentiment de ne pas être estimés à leur juste valeur n'est pas sans influer sur cette déclaration. « On imagine à Paris qu'il y a deux sortes de Français au monde, ceux d'Europe, les maîtres et ceux d'outre-mer, les serviles », s'indigne un solide colon créé par Robert Randau. Plutôt que d'être français de seconde zone, on se préfère « Algériens ». Cela n'implique pas que l'on dénie ce titre aux autochtones non naturalisés, mais complique la terminologie et oblige à les situer par rapport à la démonstration de l'enracinement.

Pour Louis Bertrand, la question est réglée d'avance. Ayant couru les ruelles de la Casbah, peu de temps après son arrivée en Algérie, il y a trouvé « la décrépitude, la décomposition et la mort ». Les Arabes symbolisent la destruction, la misère, la barbarie. Les Berbères auraient été voués à l'« anarchie congénitale » sans la romanité et ont au moins le mérite d'avoir voulu en reprendre le flambeau. Ils n'ont pu y parvenir au-delà du XIIe siècle. Leur temps est fini, mais ils se tiennent aux aguets et, ennemis irréductibles, sont prêts à profiter de la moindre faiblesse. La même impression d'hostilité sournoise habite certains algérianistes. A l'activité productive des transplantés méditerranéens qui s'enracinent en retournant et en fécondant la terre, Paul Achard oppose la « vie parallèle » des « vaincus » à l'« œil sournoisement indifférent », passifs et attentistes, des environs de 1890. Il laisse toutefois entendre qu'un rapprochement s'est opéré depuis, notamment par le recul du fanatisme religieux. Le malaise subsiste pourtant chez des auteurs contemporains – c'est-à-dire des environs de 1930 – qui soulignent soit la persistance d'un fossé qu'on se refuse à voir et à combler[9], soit l'impossibilité d'un enracinement durable et l'incompatibilité des deux civilisations, anéantissant tout espoir d'entente[10]. C'est aussi cette tendance qui prévaut chez le père du mouvement algérianiste, lorsqu'il reconnaît l'existence de l'« entité » et de « la force culturelle arabo-berbère », en même temps que l'incapacité des conquérants à « se la rendre favorable » et le « malentendu latent entre l'Occident et l'Afrique ». Les plus optimistes voient trois communautés en plein rapprochement : la chrétienne, la juive et la musulmane, sous le signe de la « mouna », du « cachir » et du « couscous »[11], ou de l'instruction et de l'adoption de certaines pratiques européennes dans le respect des coutumes musulmanes essentielles[12]. L'univers kabyle, dont Ferdinand Duchêne expose longuement les coutumes dans plusieurs romans, semble, quels que soient les écrivains, le passage obligé de cette évolution vers la jonction définitive. Selon le spécialiste de la Kabylie, en même temps que se prépare lentement cette union, les caractères spécifiquement algériens s'atténuent inexorablement, aussi bien chez les transplantés que chez les autochtones, et lorsque ces deux progressions parallèles seront achevées, l'algérianisme n'aura plus court. De fait, il tend à faire place, aux environs de 1935, à un « méditerranéisme » qui s'épanouit dans l'école d'Alger. La Grèce chasse Rome, l'« homme » supplante l'Algérien. Il hérite des valeurs de tout le bassin méditerranéen, celles des civilisations arabes et berbères comprises.

A côté de celle de l'enracinement latin, écartant ou englobant tout ou partie des autochtones, l'algérianisme élabore la théorie d'une nouvelle race en formation, caractérisée par l'énergie et l'ardeur d'entreprendre. Violente et sensuelle, elle vit de peu et travaille durement, pour Louis Bertrand qui y retrouve des comportements antiques. Ses héros héritent leur rudesse et leur trivialité d'Homère, de Pindare et de Théocrite ; leur barbarie n'est qu'apparente. Le but n'est plus de faire rire de la truculence, mais de revendiquer avec une insistance apologétique le droit d'être brutal, avide et pratique. « Le roulier » qui chemine « sans contrainte et sans maître » le fascine. Robert Randau dépeint des hommes et des femmes qui n'ont peur ni d'agir, ni de parler, « chevalier(s) de Malte ou pirate(s) levantins », qui savent jouir des plaisirs matériels sans négliger les joies intellectuelles. Leur exubérance ou leur impudeur sont outrées pour renforcer leur appartenance à l'ethnie naissante. Leur conversation s'émaille de termes populaires qui semblent artificiels dans un ensemble de haute tenue. Ces héros algérianisent à plaisir et servent ainsi d'arguments à la démonstration de l'auteur. Ce sont des colons : l'un brutal et tyrannique ne se plaît qu'en compagnie des indigènes dont il endosse volontiers le costume et parle couramment la langue ; il contraste avec un autre, plus jeune, esthète et érudit. Ce sont tous des algérianistes, cercle que traverse pour disparaître la fantasque Sophie Peterhof, représentant la très réelle Isabelle Eberhardt. Son allure libre et son anticonformisme en font une héroïne de choix, dans la perspective algérianiste de Robert Randau, Pourtant, l'histoire de sa vie et le parcours accidenté qu'elle lui imprime, n'hésitant pas à vivre en « bonne nomade », « dans l'ombre chaude de l'Islam » auquel elle s'est convertie, la placent en marge du monde algérianiste tel que l'a conçu l'auteur. Svelte, « de grands yeux noirs d'un éclat singulier », mais « le teint blafard », « la face osseuse et les pommettes saillantes d'un Kalmouk », elle heurte « le snobisme de messieurs les officiers des affaires indigènes », en s'éprenant d'un simple spahi. Considérée un peu comme une espionne et tout à fait comme « un mauvais exemple pour les indigènes », elle est chassée pour un temps d'Algérie « pour avoir souhaité y vivre à (sa) guise, amoureuse de soleil et d'espace ». De retour, le vide se creuse autour d'elle ; même les jeunes algérianistes « malgré leur apparence de bohèmes insoucieux » sont embarrassés par les propos de cette femme exprimant « sa volonté de jouir des choses [...] en dehors des sentiers battus, en dehors de toute besogne ordonnée [...] ». Leur « répugnance innée pour ce qui n'(est) ni leur méthode, ni leur logique », montre l'artifice et le formalisme de l'originalité échevelée qu'ils revendiquent hautement. « La forme devait être arrêtée, c'est-à-dire plastique, pour leur plaire. » L'hostilité des deux Arabes cultivés qui écoutent aussi le récit de Sophie Peterhof révèle, dans la théorie de la race en formation, la gêne apparue dans celle de l'enracinement. L'insertion de ces auditeurs et de leurs pareils ne peut se réaliser par un cheminement dans leur direction, car ils sont un « crépuscule » ; elle n'est concevable que si elle adopte le sens inverse qui conduit à « la perpétuelle aurore de l'esprit ».

Aux abords de la phase méditerranéiste qui suit le mouvement algérianiste, parallèlement au déclin de l'enracinement latin, voire latino-berbère, à l'effacement de l'Algérien, messager dynamique des valeurs occidentales, devant l'être humain, riche de contacts et de sa sensibilité, s'amorce l'évanouissement de l'être brutal et mal dégrossi, idéalisé par Louis Bertrand, perfectionné par Robert Randau. Au moment où elle passait du réalisme cocasse à la théorie et au procédé littéraire, la façon particulière de vivre et de se comporter des Français d'Algérie s'est édulcorée dans les faits. Au moment où, par le biais de l'algérianisme, ils s'identifient comme violents et canailles, ils se policent à un rythme accéléré et deviennent, selon une expression de Robert Randau, de « gentil(s) pirate(s) en chambre ». Au moment où la diversité ethnique s'atténue et où la truculence recule, leur culte s'installe par le biais de la littérature. A partir des lendemains de la Grande Guerre, lorsque la communauté des Français d'Algérie se voit comme une nation de picaros, c'est déjà sa jeunesse picaresque qu'elle évoque avec nostalgie et qu'elle pare de charmes illusoires. Les héros sont des vauriens bohèmes ou des algérianisants distingués, de même que les personnages préférés de la vie quotidienne sont des « marginaux », voire des perdants ou des « ratés ». Mais, en réalité, personne n'aspire à leur ressembler ; ils sont là pour faire rire ou maintenir l'illusion d'une vie aventureuse. Socialement, on recherche la réussite à l'école, la promotion dans les professions urbaines, toujours plus de technicité et d'efficacité dans l'agriculture. Dans la mise et dans le langage, on se préoccupe d'élégance et de correction, même si les plus cultivés sont pris au piège de leurs tournures natives, en écrivant par exemple : « Quand même quelques-uns des moyens que nous avions imaginés réussissaient, nous n'en savions rien… »[13]. En ce sens, le plus authentique représentant de la mentalité algérienne parmi la cohorte romanesque serait « l'homme de mer », en la personne de Titus Galéa de Paul Achard. Ce forcené de réussite, parti pieds nus de Saint-Eugène, devient, grâce à la volonté et l'ingéniosité héritée d'une famille de Maltais travailleurs, un entrepreneur de théâtre d'envergure internationale. Le « pataouète » qu'il parle, enfant, ne semble pas incongru ; il est approprié aux situations, au quartier et au manque d'instruction du héros. Au rythme de l'ascension sociale, Titus oublie son pataouète et corrige son langage. Il symbolise ces « hommes de mer » qui ont aidé « à reconstruire une France extérieure si belle, que toutes les nations viendront contempler ses mille visages, à l'Exposition Coloniale de 1931 »[14]. Le même Paul Achard, lorsqu'il décrivait une Algérie « salaouètche », sympathiquement « débraillée » et « voyoute », prenait soin de préciser qu'il s'agissait d'une « évocation pittoresque de la vie algérienne en 1900 ». Pour l'avenir, il fallait envisager et trouver « un autre pataouète, plus moderne, plus évolué ». Sans rejeter la colonisation, ni renier ses « muscles » et ses « capitaux », son « énergie » et son « enthousiasme », il souhaitait pour elle des « étoiles ».

Elles arrivent avec l'école d'Alger et son « homme de la Méditerranée », héritier « du génie français », produit du « contact », du « mélange de diverses races, de diverses religions », et de « l'affrontement spirituel des Occidentaux, des Mahométans, des Juifs et des Berbères » : Albert Camus. Fuyant tout régionalisme, l'Algérie devient « un des refuges de l'expression désintéressée »[15]. Bien que regardant vers Paris, en 1938, au moment où est énoncé ce jugement, « le dernier en date des écrivains d'Algérie sature ses essais d'effluves africains » et, quelques années plus tard, « son roman *l'Etranger*... emprunte à l'atmosphère un singulier réalisme ». Par delà la théorisation algérianiste en prise avec les préoccupations politiques et les obsessions communautaires de son temps et à travers elle, le « pataouétisme » de Musette a fait son chemin, grandi et pris de nouvelles dimensions. On en retrouve des traces chez Camus[16], accompagnées des vestiges de la brutalité prisée par Louis Bertrand et de la sensualité exaltée par Robert Randau, dans la « poésie... dure, charnelle, loin de la tendresse... » de « ces Barbares », appelés à devenir « un peuple créateur », dans cette « grande fille magnifique » au « collier de jasmin sur sa robe bleue collante, que la sueur mouillait depuis les reins jusqu'aux jambes » et dans cette fin d'été où « les caroubiers mettent une odeur d'amour sur toute l'Algérie »[17]. Indigné par la misère en Kabylie et très explicite sur ce sujet, il prolonge les préoccupations d'un Ferdinand Duchêne ou d'une Marie Bugeja. Dans sa description de la baignade dans le port d'Alger, dans son évocation de Bab-el-Oued, de Belcourt ou de la place du Gouvernement[18], dans sa flânerie à la Kasbah, « rue des

Bouchers... au milieu des rates, foies, mésentères et poumons sanglants qui dégoulinent de toutes parts »[19], entre une part de « salouètche », plus élaboré et moins systématique que celui de Paul Achard, allusif, intermittent, dosé, digéré. Ce dépassement, dans la prise en compte de données spécifiques, peut s'observer sous des formes différentes chez d'autres écrivains du même courant[20].

Parallèlement, certains de leurs contemporains perpétuent délibérément le langage de la rue et utilisent des scènes familières à des fins comiques, comme Musette, mais en ajoutant à la technique d'accumulation et de juxtaposition de ce précurseur un nouveau procédé : l'emploi du folklore dans des situations inadéquates ou anachroniques, dans un style parodique ou pasticheur.

## *L'identité jouée*

Le pataouète et le français naturel n'avaient cessé de se rapprocher. Ils étaient passés de la liaison orageuse du début du siècle à un mariage plus ou moins réussi selon les individus, en fonction du milieu social et surtout du niveau d'études. Les mieux nantis culturellement n'étaient pas sans adopter, dans leurs conversations familières, des tournures et des mots typiques. Ceux qui, par leur talent et leur travail, avaient fait la conquête du français naturel ne dédaignaient pas les mêmes usages, dans les mêmes circonstances. Cette alliance de l'érudition et de l'expérience des profondeurs populaires trouve son meilleur représentant en Edmond Brua. Né avec le siècle à Philippeville, où il demeura toute sa jeunesse, il séjourna en France, à l'occasion d'études littéraires à la Sorbonne. Déçu par ces « tristes et tendres fiançailles », et, hanté par « les mille toits de (sa) ville natale », et par le « goût de cannelle et de menthe » propre à son pays, il y revint : à Constantine d'abord, puis à Alger. Il y fit une carrière de journaliste dans diverses publications, la dernière étant le *Journal d'Alger*, dont il fut rédacteur en chef de 1950 à 1962.

Issu d'une famille cultivée, il en reçut la passion des lettres. Sur la table de chevet de son père, Racine, Montesquieu et Chateaubriand voisinaient avec Virgile. Sa sœur aînée fut romancière, traductrice d'auteurs anglo-saxons, auteur d'ouvrages pour des collections enfantines et dispensatrice de conseils auprès de ses cadets[21]. L'environnement parental ne manqua cependant pas de fantaisie. Les déménagements furent fréquents et, entre deux d'entre eux, la mère de famille se plaisait à déplacer le mobilier. Quant au père, il ne laissait à personne le soin de choisir la gargoulette annuelle, seul souci domestique auquel il s'intéressât. Un oncle de la branche maternelle, né d'un médecin général au début de la conquête, se prénommait Ali, par volonté d'enracinement africain, et avait renouvelé la profession de foi, en appelant son fils Hassan. On se transmettait l'aventure de l'ancêtre paternel, protestant normand promis à la mort à la suite de la Révocation de l'Édit de Nantes, et fuyant sa prison en robe de capucin, pour se réfugier en Alsace. Dans la même lignée, le grand-père avait fui cette province à son tour, après avoir vendu le moulin ancestral, et s'était installé en Algérie. Il incarnait les traditions familiales d'originalité et d'érudition, lisant dans les moments de loisirs que lui laissaient ses métiers successifs de meunier et de boulanger, Taine et Sainte-Beuve.

Vivant dans une petite ville d'Algérie, Edmond Brua ne put qu'être en contact, très précocement, avec la diversité ethnique et sociale qui s'y rencontrait, concentrée comme en un microcosme. Philippeville avait un important quartier napolitain et le port de Stora était proche. Bercé dans les lettres françaises, le futur poète entendait journellement la conversation corse de sa mère et de sa grand-mère. Au dehors, ses yeux s'ouvraient sur l'algérianité quotidienne : Galoufa, la procession de Sainte-Lucie, les cacavelles et les cliques à ballades, le père Tira-la-figa du Carnaval. Sa profession devait ensuite le maintenir en contact avec l'univers de la rue et les milieux intellectuels. Dans son entourage, on vit Albert Camus – dont il soutint plus tard la proposition de trêve civile –, Emmanuel Roblès, Ferhat Abbas, Le Corbusier. Son œuvre se partagea de même. Il publia d'abord des poèmes dans une langue nostalgique qui célébrait l'enfance et l'école, les tristesses et les joies, la ville et le pays natals. Aucune allusion explicite à l'Algérie n'y est faite, en dehors de mots irremplaçables, tels que « oued », « kaoudji », « chebli », d'évocation de la mer, du soleil, des déserts constellés et du « beau voilier qui tous les ans venait d'Espagne », d'une atmosphère indéfinissable, toute en gestes et en parfums, d'une sensualité déchirée[22].

Puis, paraissent deux œuvres en pataouète[23], restées des classiques et les plus connues de ses écrits : *Les Fables bônoises*, en 1938, et la *Parodie du Cid*, en 1942. Elles marient étroitement le parler populaire de l'Algérie et le français naturel, puisque, dans l'une comme dans l'autre, seuls les personnages ignorant le second pratiquent le premier. La forme, éminemment classique, empruntée à La Fontaine et à Corneille, contraste avec le fond – intrigue, préoccupations des personnages, contenu des répliques – délibérément trivial. Au point qu'on se demande si ce n'est pas le fabuliste du Grand Siècle qui pastiche le Bônois Bagur et si ce n'est pas Rodrigue qui contrefait Roro. En divertissant le lecteur, l'auditeur ou le spectateur[24], Edmont Brua ne le mystifie-t-il pas, aussi, pour sa plus grande joie ? Doit-on voir dans ces reconstructions littéraires une volonté d'initier un public non averti aux grandes œuvres classiques, par le biais de ce qu'ils connaissent le mieux ? L'auteur le suggère dans une autre parodie, l'*Impromptu d'Alger*, en s'appuyant sur l'augmentation des ventes du vrai *Cid* à Alger, depuis la représentation de sa parodie, et en écrivant :

> « *Mêlant le pataouète avec le cagayous*
> *Et faisant l'eau venir à la bouche de tous…*
> *Et s'il semble brûler les maîtres adorés*
> *Il les révèle à ceux qui les ont ignorés.* »

Mais si on considère que, pour rire d'une imitation, il faut connaître le sujet imité – en l'occurrence les secrets du pataouète et les mystères du français le plus élaboré – cette explication est difficilement recevable et fait figure de pirouette à l'intention de critiques moroses et des classiques eux-mêmes. Edmond Brua se passionnait pour les auteurs de son temps. Dans *Alger républicain*, Albert Camus souligne, à propos des *Fables*, l'ironie du choc entre un lieu austère – celui « où Saint-Augustin méditait sur la tragédie des âmes » – et les situations frivoles de personnages pris sur le vif, dans leurs amours, leurs baignades, leurs tricheries, leurs insultes, leurs fanfaronnades. Plus tard, à la réception de la *Parodie*, il exprime, dans une lettre à l'auteur[25], « une nouvelle impression : celle que ce langage pourrait admirablement servir une situation tragique. Il est trop vivant et trop près de l'homme pour n'en pas servir aussi bien les craintes que le rire ».

Au-delà de l'hilarité que provoquent les reparties chez ceux qui en entendent ou en formulent de semblables tous les jours, au-delà de l'incongruité cocasse d'un Don Diègue et d'un Don Gormas mués en personnages ordinaires – le sympathique marchand de brochettes et l'équivoque agent électoral – transparaissent, en effet, les calamités universelles les plus banales, sans doute, mais non les moins poignantes. La misère de la vieillesse se concentre dans cette réplique :

« La tombe de mes morts, si c'est pas malheureux
De oir que la schkoumoun i s'en prend qu'à les vieux. »

La tristesse souterraine des vies besogneuses, où on travaille très tôt et où on est vieux à trente ans, sans avoir connu d'autres luxes que la pêche et la mouna, où les amours même sont parfois contrariées, s'exprime ainsi :

« On chois'pas comme on veut, comme on chois'on veut pas. » Mais cette qualité tragique dont parle Albert Camus se remarque peut-être davantage dans les fables dont les personnages facétieux et volubiles sont victimes de leur naïveté ou d'un malentendu réciproque, dans « ces contes [...] où les ambassadeurs les mieux accrédités de ce peuple sont opposés à des hommes qui ne peuvent les comprendre ». Comme illustration de cette appréciation, Albert Camus cite *Les Turcs et le savant*, où un érudit venu en Algérie pour en étudier les autochtones, qui, selon lui, sont des Turcs, les apparente, d'après le parler de Bagur et Salvator, aux Latins et à Rabelais. Sont stigmatisés en bloc, volontairement ou non, l'orientalisme factice, la latinité surajoutée, l'interprétation rabelaisienne du langage et du comportement à travers l'œuvre de Musette, comme autant d'entraves et de paravents à l'authenticité.

L'exemple le plus expressif de ce décalage entre le « bon ton » et la tonalité populaire d'Algérie se calque sur une composition de La Fontaine dont le propos était comparable, *Le meunier, son fils et l'âne*. Edmond Brua ajoute à la problématique initiale un « second degré », le manque d'à-propos pitoyable de Bagur et sa balourdise navrante, en même temps que son émouvante bonne volonté condamnée à échouer lamentablement. *Bagur et les conseilleurs* retire de cet amalgame un impact comique que la fable initiale n'avait pas ou n'avait plus, dont l'efficacité ne s'exerce peut-être que sur les initiés. Que les profanes jugent sur pièce !

*Bagur qui n'avait que peu de jugement,*
*Se rendant à Randon vit un enterrement.*
*Curé, parents, amis, tout allait au plus vite.*
*Le mort avait grand'peine à rattraper sa suite.*
*Bagur en oublia d'ôter son couvre-chef.*
*Quand un laitier passant qu'on nommait Mikaleff,*
*S'écria : Zotche alors, ô Bagur, ti as pas honte ?*
*D'un peu pluss c'est moi que le rouge i'me monte ?*
*Ti es fartass, hak allah ? Tu te tiens le roseau ?*
*Ou si ti as mis des œuffs en dessour le chapeau ?*
*Moi de toi, je me lève et je fais : Michquinette !*
*Condoléances et tout à ceuss qu'i s'le regrettent*
*Que le monde i'me oie a'c la fugure en deuil*
*Et que l'aut'e i vient gonfe en dedans le cercueil !*
*Pénétré de ces mots, Bagur poursuit sa route.*
*Il rencontre une noce et veut, coûte que coûte,*
*Montrer son savoir-vivre. Abordant les époux :*
*Michquinette ! dit-il, condoléances et tout !*
*Quelque garçon d'honneur, outré de l'impudence,*
*Fait signe à la musique. Archets d'ouvrir la danse,*
*Avec un tel entrain que plus d'un se rompit.*
*Bagur n'était point sourd. Il tourne. Il déguerpit.*
*Un cantonnier, témoin de sa mésaventure,*
*Lui dit : Couillon, bessif toi tu perds la fugure !*
*Fallait dire : Elle est belle, atso ! Je me comprends*
*Que çui-là qui se l'aime i lui fait des enfants.*
*Ti as raison, dit Bagur. Adios ! merci quâ même.*
*Mâ couillon c'est de trop. Va t'la pille... Angoulême !*[26]
*Il poursuit son chemin lorsqu'au sortir d'un bois*

*Il voit venir à lui certain Nemrod bônois.*
*Suant, soufflant, peinant, tenant sa chienne en laisse*
*Sans arme et pour tout dire unique en son espèce.*
*Bagur de s'écrier : Oh, la belle animal !*
*Comme on oit que son maître i'lui veut pas du mal !*
*Aussi qué des toutous maous qu'i'va lui faire*
*Qu'i seront le crachat de la tête à leur père !*
*Ce compliment déplut. Le chasseur, dieu merci,*
*Ne trouva qu'un bâton. Qu'eût-il fait d'un fusil ?*
*Bagur attend la fin de cette autre avalanche,*
*Puis de se lamenter : J'en ai pas de la sanche !*
*A tant des embrouilleurs qui me font mis... Toulon[27]*
*La tombe de mes morts, j'y sors le patalon !*
*Le chasseur à ses mots de s'éclater de rire.*
*Il ouvre un large bec et laisse tomber son ire.*
*Mon Bagur s'en saisit et dit : Vous s'amusez !*
*Mieux que vous m'apprenez comment qu'i faut causer.*
*Il fallait, lui dit-on, t'exprimer de la sorte :*
*Qu'elle trouve toujours le voleur à sa porte !*
*Car n'étant point chasseur, quoi qu'on puisse penser,*
*Je la dresse à garder et non point à chasser.*
*Ça c'est bon ! dit Bagur. Au bout d'un kilomètre,*
*Il croise sur la route une vache et son maître*
*Et s'écrie aussitôt : Qué madone de bœu !*
*Sûr qui va se trouver un voleur d'ici peu !*
*Je vous laisse à penser l'effet de la harangue.*
*Va t'apprendre à causer, lui dit l'autre, a'c la langue !*
*Oilà comment qu'on dit quand on est pas jmaouss[28] :*
*Challah, qu'i vient bien grasse et qu'i vous nourrit tous !*
*Notre Bônois s'en va, comptant maintes chandelles.*
*Il s'interroge. Il croit sa mémoire infidèle,*
*La tance, la reprend de belle façon*
*Et vingt fois, coup sur coup, lui refait la leçon.*
*Il eut bientôt loisir de la mettre à l'épreuve.*
*A deux pas de la route un Arabe se treuve,*
*Assis comme un évêque, ou plutôt accroupi,*

*Qui se débesognait au pied de son gourbi.*
*Adjbet ! lui dit Bagur, challah qu'i vient bien grasse*
*Et qui vous nourrit bien à toi et à ta race !*
*Si l'autre eût d'aventure accouché d'un piment,*
*Le feu ne l'eut saisi plus vite au fondement.*
*Mais ces gens ont du cœur, nous le savons du reste.*
*On échangea des mots. On y joignit le reste.*
*D'actes, point. C'est ainsi qu'on évite un malheur.*
*Bagur sentit ses torts, se trouvant sans douleur.*
*Et méteunant, dit-il, qu'i vient le Pape-à-Rome,*
*Qu'i s'amène un Bon Dieu déguisé comme un homme,*
*Que je oie à manman, que je trouve à papa,*
*Mieux je marche la route et je les parle pas !*

Outre le mal de vivre de Bagur, Edmond Brua aura illustré les incorrections de la langue, opposées à un français châtié, ridicule par contraste, comme pouvait l'être celui de l'école en regard de celui de la rue et inversement. Il aura dessiné un environnement, mettant en valeur l'importance excessive des morts et du culte qui les entoure, l'agressivité des interlocuteurs chrétiens de Bagur contrastant avec la relative longanimité du musulman, les personnages folkloriques – Mikaleff pourrait représenter le laitier Galine de Bône et Bagur était le nom traditionnel du chef de l'orchestre philippe-villois des Gibussiens. Edmond Brua a-t-il donné leur vraie place aux milieux populaires d'Algérie, en se servant du rire pour en dépeindre l'existence modeste et la bonhomie avec laquelle ils s'en accommodaient ? Son propos était-il de promouvoir une langue alerte, rapide et d'introduire dans les lettres un peu d'irrévérence ? A-t-il seulement voulu se divertir, comme le laisse entrevoir le désappointement qu'il éprouvait à voir ses poèmes éclipsés par le succès de ses pastiches ? Quelle que soit la réponse, il a propulsé d'une manière décisive la langue parlée et les scénarios populaires sur le devant de la scène.

Ils y restèrent, quoique dans un registre différent avec *La Famille Hernandez* de Geneviève Baïlac et les sketches ou comédies de Gilbert Espinal, œuvres beaucoup plus tardives, puisque datant de 1957. Tous deux appartiennent aussi aux milieux intellectuels. Geneviève Baïlac, animatrice d'une troupe théâtrale, n'a pas écrit la pièce, puisqu'elle fut improvisée par des acteurs amateurs, selon un thème proposé et sur le modèle de personnages de la vie courante choisis par l'« auteur ». *La Famille Hernandez*, malgré la date de sa représentation, n'a pas été conçue dans un sens politique. Geneviève Baïlac y travaillait depuis de nombreuses années ; mais il était inévitable, en raison de la technique adoptée, que les acteurs, venus de tous horizons, expriment leurs soucis du moment. Le propos initial était de donner à l'« homme nouveau » qui « naissait [...] en dépit des politiques, des différences fondamentales, des heurts de nature, un homme que l'on pouvait rencontrer dans la rue avec son langage pittoresque émaillé d'expressions empruntées à toutes les langues parlées en Algérie [...] son verbe haut et son humour méditerranéen [...], le moyen d'expression le plus adapté à sa nature » : le théâtre. Actuellement, c'est bien le petit monde de Bab-el-Oued qui apparaît à la relecture de *La Famille Hernandez*, avec ses aspirations infructueuses à l'élégance et au savoir, son franc-parler mordant, son instituteur patos, son marchand de calentita. Gilbert Espinal décrit, lui, le petit peuple d'Oran au parler sensiblement différent de celui d'Alger, car encore très influencé par l'espagnol. Son héroïne la plus remarquable est une intrépide grand-mère, peu adaptée au monde moderne, mais l'affrontant sans détour et curieuse de tout. Elle menace beaucoup, d'« un coup de louche que je vous z'ouv'en deux », et se querelle abondamment avec le voisinage, notamment pour le tour de lessive sur la terrasse, au sujet duquel elle s'estime lésée. « Pour vous », crie-t-elle à l'adversaire du jour, « c'est la loi de l'entonnoir : le large pour vous et l'étroit pour les autres ». Elle n'épargne les rebuffades, ni à sa fille dont elle déplore l'inintelligence : « Que savia ! Cinq ans de zile[29] rien que pour sa'oir où c'est que tu habites », ni à son gendre dont la paresse l'exaspère : « dans la main il a la cheminée de la centrale thermique ». Mais elle ne sait pas refuser son aide et héberge, dans son logement exigu, ses deux filles, ses gendres, dont l'un flanqué de six enfants d'un premier mariage, et ses cinq petits-enfants. Aussi, la vie est-elle insupportable, d'autant que le patio sur lequel donne le logis est lui-même surpeuplé. La Golondrina, l'une des filles, doit se résoudre à emménager dans les achéléèmes. La visite de ceux-ci entraîne une avalanche de critiques acerbes de la part de la grand-mère. La situation de l'appartement au dix-huitième étage la contrarie, « *que madame et monsieur une fois qui seront là-bas en haut, grâce à mes sous à moi, y nous crachent dessus sans que nous on puisse leur rendre la pareille !* ». La concierge a une « figure de peu d'amis ». La grand-mère se promet de l'assommer avec un pot de géranium, avant de s'apercevoir que du balcon on voit à peine la cause de son courroux : « *Qué maréo !… Ici y a pas de vengeance possible ! On est trop près du Bon Dieu…* ».

Mais bientôt le *Patio à Angustias*[30] chavire et tous, la Golondrina, Séraphin, Mme Sacamuelas arrivent en naufragés sur l'autre rive, comme Mme Sintès, Rosette Hernandez et Paulo, comme aussi Salvator, Bagur, Sfatchime et Badiguelle. Les pieds-noirs ne les oublient pas et tentent, dans un milieu qui n'est pas le leur, de les maintenir en vie.

### L'algérianité de serre

L'éloignement ne tarit pas le besoin d'identification, ni d'enracinement. Celui-ci est partiellement comblé par l'adaptation à la France et par l'édification d'une contrée de mémoire. La persistance de l'identification volontariste est intimement liée à cette Nostalgérie. Comme la distance et la durée ont accru la nécessité de limiter une aire spécifique, elles ont exacerbé le désir de se définir, soit par le biais d'un groupe, soit individuellement. Cette aspiration provoque une renaissance de l'algérianité. La longévité du mouvement est incertaine.

Est-ce un reflux limité aux générations les plus âgées ? Ce n'est pas aussi flagrant qu'on pourrait l'imaginer. « *Pour les plus jeunes qui n'ont pas connu l'Afrique [...] un phénomène de retour aux sources semble s'amorcer dont on ne peut dire ce qu'il donnera* »[31]. Certains retrouvent en leurs enfants, nés en France, des manières de vivre et de sentir particulières aux Français d'Algérie[32]. Le milieu familial, à son insu, a agi en propagateur d'indentité. C'est ainsi que l'algérianité se perpétue hors-sol, inconsciemment. Elle perdure également de propos délibéré.

Les associations culturelles sont l'expression militante de cette identité recherchée. Elles s'efforcent non seulement de lui conserver la vie, mais encore de renouer avec l'algérianisme, mouvement ignoré de la plupart. C'est ce double but qui ressort du manifeste rédigé par le Cercle algérianiste, au moment de sa création, en 1973. « *[...] avant que notre communauté ne se dissolve tout à fait, nous créons un cercle [...] pour diffuser l'œuvre des écrivains algérianistes [...] pour redonner une vigueur nouvelle à la communauté "Algérie Française" [...]* ». Cette association diffuse une revue, *L'Algérianiste*, et décerne des prix à des ouvrages littéraires, dans la tradition du Grand prix littéraire de l'Algérie. En 1977, le prix Musette fut attribué à *Phèdre aux pieds-noirs*. Malgré le titre, l'auteur, Fulgence, ne propose pas une parodie comparable à celle du Cid. Il n'a voulu tourner en dérision ni Racine, ni le langage « pataouète » qu'il cherche à maintenir en vie, tout en ravivant le souvenir du pays sans rouvrir de blessures : « *[...] si seulement un pied-noir [...] en lisant ou en écoutant* Phèdre aux pieds-noirs, *y se reoit dans son cœur la place du Cabaye ou la rue Bab-Azoun, [...] ou le pont suspendu à Constantine et tout ça que nous otes on a grandi dedans [...] je peux mourir [...]* ». On trouve, aussi, dans ce texte, écrit en 1970, dépassé selon l'auteur en 1977, le dessein de camper en Thésée le personnage de Charles de Gaulle. « *[...] vous remarquez que Thésée ou un autre y parlent de temps en temps des mots que vous avez beaucoup entendus – peut-être trop ! [...]* » Au début de l'action, Thésée a disparu sans laisser de traces, « *en France, à Paris ou à Baden-Baden* ». On trouve donc des similitudes avec la littérature pataouète antérieure à 1962. La forme est parodique comme chez Edmond Brua. Le procédé comique repose sur l'usage du pataouète, mais d'une manière différente de celle de Musette, qui s'y cantonnait exclusivement, ou de celle de la *Parodie du Cid*, dans laquelle les différents personnages s'exprimaient dans leur langage habituel. Ici, les « pataouètes » se laissent aller au français naturel lorsqu'ils sont troublés, et inversement. L'accumulation de termes spécifiques rappelle Musette, mais emprunte à une aire géographique plus vaste, le vocabulaire oriental voisinant avec l'occidental, et selon une échelle chronologique faisant la liaison entre la fin du XIX$^e$ siècle et 1962. Ainsi, Fulgence maintient non seulement la tradition du pataouète, en tant qu'outil littéraire, mais aussi celle de son adaptation aux conditions du moment. A la fin du XIX$^e$ siècle, Musette faisait le point sur un parler original qui tendait à perdre de son pittoresque. A la veille de la Seconde Guerre mondiale, Edmond Brua délimitait le nouveau territoire de ce patois particulier et illustrait sa rencontre avec le langage châtié. En 1970, Fulgence le replace dans le cadre artificiel où il est appelé à subsister et à se mêler au français naturel, sans qu'on puisse distinguer ce qui, dans celui-ci, vient du pataouète ou simplement de la manière pataouète de détourner le vocabulaire. Il l'utilise sous une forme qui, pour des raisons évidentes, n'existe plus que résiduellement, mais en y ajoutant des mots ou des formules adaptés aux situations nouvelles, comme cela se serait produit si ce langage[33] avait subi, sur son propre territoire, une évolution naturelle. Enfin, comme Musette, Fulgence utilise l'actualité, et comme Musette et Edmond Brua réunis, il met en scène des types familiers devenus caricaturaux[34]. L'importance du pataouète pour le Cercle algérianiste est confirmée, en plus du prix Musette, par la publication de textes de la même veine dans sa revue trimestrielle. L'un des exemplaires de celle-ci[35] fait même d'une bonne maîtrise des « classiques », – en l'occurrence le monologue de Dodièze –, un critère de légitimité algérianiste.

En décernant le prix Musette à Daniel Saint-Hamont, en 1978, pour le *Coup de Sirocco*, l'association confirmait sa fidélité au mouvement algérianiste qui ne promouvait pas seulement un moyen d'expression, mais en même temps un courant de pensée en relation avec les préoccupations contemporaines de ceux qui allaient devenir des « pieds-noirs ». Estampillés durablement comme tels, à la parution du livre couronné, ils avaient pour souci, après avoir résolu celui de l'acclimatation, de se faire connaître dans tous les domaines, et donc trouver un style commun. Le texte du manifeste remanié en 1978, le formulait ainsi : « *parce que l'Algérianisme doit être l'expression de la conscience collective de notre communauté bafouée, exilée et dispersée, pour sauvegarder de l'oubli et du néant le peu qui nous reste de notre passé magnifique et cruel* ». Tout en rappelant l'ancienneté du terme et les fondateurs du premier mouvement algérianiste, dont l'un, Jean Pomier, fut président d'honneur du Cercle, à ses débuts, les nouveaux algérianistes se voulaient tournés vers l'avenir. En choisissant le *Coup de Sirocco*, ils assuraient le lien entre le passé algérien sauvé de l'oubli, et les espoirs d'un futur intégré à une France, aimée « filialement », livrant ainsi un combat contre la dispersion et la perte d'identité. Ils exorcisaient par le truchement du roman, les douleurs de l'exil, les aléas de l'implantation et les tentations de recourir à un « louettisme » anachronique. Le film tiré du livre fut, par ailleurs, qualifié de « *premier coin enfoncé dans la brèche qui s'ouvre dans le mur de silence* ». Ainsi s'affirme la volonté de lutter contre l'isolement au sein de la communauté nationale en la touchant le plus largement possible, particulièrement en apportant « *la contradiction permanente à ceux qui dénaturent systématiquement l'histoire de la présence française en Algérie* ».

Les autres prix attribués par le Cercle, de 1977 à 1979, furent : le prix Algérianiste et le prix d'Encouragement. Après une interruption, les formules furent modifiées et les prix se réduisirent à deux : celui du Cercle algérianiste, destiné au meilleur livre de ce style, qu'il soit roman, recueil de poésie, monographie, et le prix Jean Pomier, encourageant les nouveaux talents. Les prix algérianistes de 1978 et 1984 mettaient à l'honneur une certaine vision de l'avenir, celle du retour offensif ou fatal, en couronnant le *Martin… aux Afriques* de Frédéric Musso et les *Dernières nouvelles de l'enfer*, d'Henri Martinez. Quant à celui de 1979, il revenait à un thème chéri de l'Algérianisme traditionnel : le monde kabyle, en récompensant les mémoires d'Augustin Ibazizen, *Le Pont de Bereq'-mouch*. Les autres choix, portant sur des ouvrages plus studieux, traitant des enseignants en Algérie de 1830 à 1962 ou de l'histoire de l'Algérie française, mettaient en lumière les préoccupations historiques du Cercle algérianiste, soulignées dans plusieurs passages de son manifeste. Il rejoint en cela le Centre de documentation historique sur l'Algérie, créé en 1974, dans le but de répertorier, rechercher et rassembler « *tout ce que l'Algérie a suscité de créations littéraires, historiques, journalistiques et sociales depuis la conquête jusqu'à l'indépendance* ». Le CDHA a réuni une importante bibliothèque à Aix-en-Provence et dispose aussi d'une antenne active à Paris. Il se propose de devenir un élément de la vie culturelle française. Actuellement, il élabore un dictionnaire biographique, géographique et historique de l'Algérie, dans ses liens avec la France ou l'Europe. Son action ne se dissocie pas de celle du Cercle algérianiste ; les deux groupements collaborent et se concertent.

Le Cercle algérianiste a, par ailleurs, des prolongements régionaux et internationaux, ainsi que des organisations annexes. Il est représenté dans vingt départements, essentiellement méridionaux, mais on remarque sa présence dans les régions parisienne, lyonnaise, ainsi qu'à Nantes, Poitiers et à Barr[36]. A l'étranger, on le rencontre en Espagne à Alicante, au Canada, en Suisse. En différents endroits, il dispose de centres de documentation et le cercle local de Narbonne a même créé un Théâtre Pied-Noir, représentant des spectacles en pataouète. Enfin, son émanation l'Alliance de la jeunesse algérianiste se livre à une action autonome dans une ligne qui lui est propre et par l'intermédiaire du bulletin *Le Bourricot*. L'AJA s'adresse à ceux qui ont « *l'âge de (leur) déracinement* » et qui lient leur devenir à « *celui de (leurs) frères Français Musulmans* ». Elle se fixe pour buts de « *conjuguer (l')identité au présent* » et de transformer la « *mémoire apprise* » en « *mémoire vivante* ».

Parallèlement au mouvement culturel associatif, des maisons d'édition se consacrent à la publication d'ouvrages écrits par des pieds-noirs ou à la remise en honneur de titres antérieurs à 1962. Le nom des éditions de l'Atlanthrope tient lieu de programme : se rapportant à un hominien de la région de Mascara, contemporain du pithécanthrope de Java, il rappelle l'enracinement des pieds-noirs en Algérie et entend le préserver par le biais d'ouvrages divers. L'appellation Africa Nostra exprime le même souci en y ajoutant un soupçon de cette latinité chère à Louis Bertrand. A côté d'albums consacrés à différentes villes d'Algérie, les œuvres pataouètes d'Edmond Brua y ont été rééditées et des travaux de recherches sur l'immigration maltaise et espagnole en Algérie y ont été publiés. En collaboration avec *L'Echo des Français Rapatriés d'Outre-Mer*, Africa Nostra a organisé en 1984 le premier Festival international des arts et des lettres, des Français originaires d'Outre-Mer. Il s'agissait, par la réunion de peintres, chanteurs, comédiens, écrivains, poètes, musiciens et sculpteurs pieds-noirs ou originaires d'anciennes colonies, de mettre l'accent sur la vitalité et la créativité de la communauté qu'ils représentaient. Certains des ouvrages publiés par des pieds-noirs s'achèvent sur un répertoire des personnalités pieds-noirs. L'un d'eux, *Pieds-noirs belle pointure*, leur est entièrement consacré. Ainsi est mis à la portée des français d'Algérie – et des Français en général – le filigrane artistique, littéraire, scientifique, sportif, social et politique susceptible de servir d'appui à l'algérianité déracinée. Les célébrités citées ne manifestent pas nécessairement et délibérément cette identité. Lorsque c'est le cas, ce comportement ne s'insère pas obligatoirement dans une activité associative.

Il existe, en effet, des francs-tireurs de l'identité. Leur rôle n'est pas négligeable, bien que l'image qu'ils donnent de la spécificité des pieds-noirs s'éloigne fréquemment des grandes lignes tracées par les programmes associatifs. Les auteurs récompensés par le Cercle algérianiste ne sont pas tous des algérianistes convaincus. Daniel Saint-Hamont suit sa propre trajectoire et rejoint celle d'Alexandre Arcady, producteur de cinéma. Cependant, il a collaboré à l'occasion à une collection élaborée à l'intention des pieds-noirs, *l'Algérie heureuse*. Roland Bacri s'est livré au même type d'entreprise, avec la série d'ouvrages intitulée *Et alors ? Et oilà*[37], commencée par son livre du même titre. Cet ouvrage tient du pataouètisme et de l'algérianisme. L'interrogation et l'exclamation qui l'introduisent sont empruntées au parler courant et signifient approximativement : « Ça va ? Ça va ! ». Cette entrée en matière usuelle enchantait déjà Paul Achard. Le petit poète du *Canard Enchaîné* poursuit dans la même voie avec le lexique *Trésors des racines pataouètes*, refonte d'un *Roro*, antérieur de quelques années, d'utilisation facile pour le profane qui désire goûter cette spécialité pied-noir. Les exemples illustrant chaque terme constituent l'anthologie d'une littérature pataouète imaginaire, attribuée à de grands noms. Enfin, le titre de la collection à laquelle appartient ce petit manuel : *Le français retrouvé*, associant le pataouète aux expressions et à la politesse françaises, aux racines grecques et latines, donne au parler des pieds-noirs de nouvelles lettres de noblesse, en conformité avec l'algérianisme orthodoxe.

Les carrières artistiques recèlent également nombre de solistes de l'algérianité. Les plus connus du grand public ne sont pas toujours les plus revendiqués. Françoise Fabian ou Françoise Arnoul ne symbolisent pas dans l'opinion courante le monde des pieds-noirs, mais figurent de la même façon dans leur Who's who que

Roger Hanin. Guy Mardel est quelque peu oublié, mais se trouve comme Jean-Paul Gavino ou Jean-Pax Mefret de part et d'autre d'Enrico Macias dans la rubrique consacrée aux chanteurs et musiciens. Ce dernier ne jouit pas d'une faveur excessive auprès des pieds-noirs. Pourtant, il y a vingt-cinq ans, ils s'étaient reconnus dans son « Ile du Rhône », espoir d'avenir et exaltation de l'esprit pionnier. Dans les radio-crochets des premiers rassemblements de l'exil, on reprenait ses chansons. Depuis, les pieds-noirs ont sans doute moins ressenti que lui l'étreinte de Paris, ou le soleil émanant des gens du nord. Sa réussite est bien loin de leur difficile adaptation et ses préoccupations semblent s'être écartées des leurs. Sa participation au mouvement *Coup de Soleil* ne plaît pas à tous. Pourtant, dans les préfaces qu'il rédige pour certains ouvrages, de même que dans le livre où il raconte sa vie, il affirme avec force qu'il n'a pas oublié et manifeste une fidélité au souvenir, aux valeurs communes, digne de l'algérianiste le plus convaincu.

Il existe, enfin, une algérianité clandestine. Le meilleur exemple en serait Paul Robert et la pérennité de son œuvre. En se consacrant à la langue française, il a exalté la francité qui participe inévitablement à l'identité des pieds-noirs et qui, si elle n'est pas leur particularité la plus flagrante, est, a été, et sera leur raison d'exister. Emmanuel Roblès, membre de l'Académie Goncourt, Paul Belmondo et sa postérité, Jean-Pierre Elkabbach illustrent par leur réussite l'épanouissement de l'esprit pionnier ancestral. De plus jeunes encore, comme William Ayache, dans le football, ou Etienne Daho, dans la chanson, semblent assurer la continuité. Dans le roman policier, Hugues Pagan figure bien l'identité latente, notamment avec son *Boulevard des Allongés*, évoquant le domaine de Thaddo ou de la veuve Pinaud[38]. Insidieusement, l'algérianité se fond dans le patrimoine national à l'intérieur duquel il est parfois de plus en plus difficile de la distinguer, d'autant qu'une partie importante de cette identité spécifique dérive de ce même patrimoine. Seules, la mémoire et l'histoire semblent en mesure de lui assurer une destinée propre.

L'algérianité réfléchie a maintenant près d'un siècle d'existence. Individualisée méticuleusement à partir du substrat français et de sa rencontre avec des éléments étrangement disparates, elle s'est heurtée à maintes reprises aux écueils de l'artifice et de la futilité pittoresque. N'étaient-ce qu'apparences ? L'algérianisme et le persiflage dépassaient-ils la simple illustration d'une manière d'être ou de sollicitations passagères ? Cette façade franchie, n'atteignait-on pas des aspirations et une réflexion plus profondes et infrangibles ? Certaines œuvres portent à le penser. Mais force est de considérer que, dans son acception originelle, l'algérianisme n'a représenté qu'un aspect et qu'une étape de l'expression littéraire des Français d'Algérie. Il faut rappeler également que, loin d'être homogène, il n'entraîna pas l'adhésion de tous. Par la suite au contraire, une nouvelle tendance littéraire secoua le joug de la spécificité qu'il avait définie pour les écrivains d'Algérie. Quant aux œuvres burlesques, il n'est pas prouvé qu'elles aient eu d'autre ambition que de faire rire. Ce programme, replacé dans le cadre de l'algérianité vécue, à la fois modeste et railleuse, n'est certes pas négligeable. L'algérianisme d'aujourd'hui outrepasse largement les limites qu'il s'imposait autrefois, en englobant toutes les manifestations d'algérianité, quel qu'en soit le domaine. L'extension de ses frontières découle de sa réimplantation dans un milieu différent, dans lequel l'identité se dissout, faisant apparaître des marges sans cesse plus vastes et plus floues.

Avant même d'exister en tant que communauté, les futurs pieds-noirs vécurent en décalage avec la France. Pour certains, l'inadéquation découlait d'une origine étrangère. Pour tous, elle dépendait étroitement du territoire partagé, des événements vécus et d'une certaine conception des relations avec la métropole et ses habitants. Dans ces rapports, les Français d'Algérie faisaient entrer, en même temps, plus de sentimentalisme et plus de réciprocité que leurs autres compatriotes, et ceux-ci jugèrent parfois que cette attitude était démodée, voire inconvenante. Ils pouvaient ainsi donner l'impression d'une immaturité incompatible avec une démocratie moderne, ou bien d'une arrogance intolérable pour un peuple souverain prenant aisément ombrage des comportements autonomes. Ainsi, ces Ruy Blas, rêvant de France, se sont-ils souvent sentis délaissés par leurs compatriotes de « l'autre rive », pour être restés à la place de sages pupilles qui leur avait été assignée ou dans d'autres circonstances pour n'avoir pas su y rester. Le besoin d'affection ou d'attention de la part de la métropole et ses représentants, génère aussi bien l'admiration que l'exaspération ; il s'exprime volontiers par un « Vous ne pouvez pas comprendre » soupiré, éminemment irritant pour l'interlocuteur patos. Et, en un certain sens, il est vrai que celui-ci ne peut pas comprendre. Pour lui, l'Algérie n'a jamais été qu'une colonie, objet de fierté quelquefois, encombrante souvent, qu'il n'a généralement pas essayé de connaître, fut-ce par le biais de ses habitants. Elle représente maintenant une cause entendue. Pour le Français d'Algérie, elle fut le seul pays possible conçu comme inséparable de la France. De plus, tout ce qui concernait cette métropole suscitait son intérêt. Cette longue et fructueuse contemplation de la France lui permit de s'y adapter, sans qu'il puisse effacer le passé algérien. Pour avoir trop embrassé, les pieds-noirs ont mal étreint. Ils se sont trouvés déracinés de leur terre et de leurs certitudes, sauf d'une, pour la majorité d'entre eux : le bien-fondé de leur francité. Ils ne se dépouillent pas pour autant de leur algérianité ; elle leur est plus chère que jamais.

Il va sans dire que les greniers visibles de la mémoire, écrits pour la plupart, ne présentent qu'une fraction des pieds-noirs et le plus souvent des individus. La même remarque pourrait s'appliquer aux réponses obtenues lors d'entrevues ; mis à part des points très précis de la vie quotidienne, les opinions et les souvenirs ne se recoupent pas systématiquement. L'origine géographique, l'appartenance ethnique et socio-professionnelle se traduisent par des dissemblances remarquables. Le mouvement algérianiste et les autres manifestations d'une littérature spécifique sont très couramment ignorés ou oubliés. Dans quelle mesure les pieds-noirs – et lesquels d'entre eux – se reconnaissent-ils dans les divers instruments de mémoire dont ils disposent : rééditions récentes, souvenirs individuels ou familiaux, iconographie, filmographie ? Les mouvements associatifs constituent vraisemblablement les meilleurs greniers communs, même si le capital de mémoire qu'ils représentent ne se partage pas également entre leurs différents adhérents. Les préoccupations anciennes et présentes des membres de cette communauté hétérogène jouent indéniablement un rôle dans la prise en compte de souvenirs envisagés comme collectifs. L'oubli nécessaire à l'adaptation a joué un rôle spécifique pour chaque cas particulier. Dans un « peuple » dispersé, les besoins de l'adaptation et la part d'oubli qu'ils entraînent risquent d'être aussi variés que la dispersion est grande. L'insertion d'un lambeau de communauté dans le Centre ne s'effectue pas dans les mêmes conditions, ni avec les mêmes dommages pour la mémoire collective que celle d'un contingent massif dans le Midi.

D'autre part, le passé ressurgit dans la mémoire à travers les thèmes du présent. Or, bien souvent, les faits actuels n'éveillent pas d'écho dans la mémoire des pieds-noirs. La constitution d'une réserve de souvenirs repose partiellement sur un artifice, puisqu'elle atteint le passé, mais ne peut réaliser la jonction avec le présent. Elle correspond davantage à l'effort de mémorisation de quelques uns pour conserver le patrimoine de l'ensemble.

N'est-ce pas une démarche de longue date ? On ne peut nier l'irréalisme de l'appropriation de mythes antiques ou berbères. Elle fut bien antérieure au rapatriement et ne toucha probablement qu'une part réduite des pieds-noirs. Septime Sévère parlait-il vraiment à la mémoire de la Golondrina ou de Mme Sintès ? Paulo connaissait-il Cagayous ? Les personnages de la rue supplantent les célébrités historiques ou les modestes protagonistes d'une littérature sans prétention. D'autre part, le cloisonnement géographique était tel qu'il est inconcevable de dresser pour la mémoire un paysage commun, qu'il soit urbain ou rural. La panoplie des sensations est sans doute le meilleur point de rencontre de mémoires diversifiées. Parmi ces souvenirs sensitifs, les plus aisément et durablement transmissibles se rapportent à l'odorat et au goût ; ils disposent d'un véhicule privilégié : la cuisine. Elle ne perpétue pas seulement les recettes, mais également les mots qui les expriment et le fantôme des circonstances auxquelles elles correspondaient. Elles sont aussi, de même que les tours langagiers, un moyen de communiquer avec l'univers patos et de s'y intégrer. Sans la constitution volontaire de greniers de mémoire, par les associations essentiellement, la mémoire collective des pieds-noirs ne disposerait donc que d'une faible réserve, appelée à se diluer dans un environnement national plus charpenté. Les pieds-noirs constituerait alors ce « *peuple sans âme* », bien que

« *débordant de vie* », et « *sans passé* » comme ses villes, tel que l'avait défini Albert Camus.

La justification de l'effort de mémoire est que ce passé existe réellement, le ferait-on débuter à son dernier épisode, 1954-1962, et à la conséquence de celui-ci, l'exode. Le nier serait un artifice antithétique à celui de la latinité ou de la berbérité. La fraction restreinte de la communauté disposant de ressources mémorielles étendues s'efforce de les faire connaître à l'ensemble, non pour raviver des souvenirs défaillants, mais pour les enraciner. Si les pieds-noirs ont autrefois ignoré leur histoire, la diversité de leur pays et leur particularisme, ils s'efforcent aujourd'hui de les découvrir, de les répandre et de les transmettre. Il s'agit de préserver, à leur usage personnel, l'identité indispensable à tout individu et de la présenter à ceux de leurs compatriotes qui la méconnaissent ou la mésestiment. Il s'agit également de mettre en lumière l'intégralité de leur passé, dans sa complexité et sa pluralité, et de lui assurer un lien avec leur avenir. Cette démarche implique une classification du souvenir, théorique, mais indispensable étant donné la faible durée de la période concernée. De ce fait, cette histoire courte risque de se confondre toute entière avec la mémoire vécue. Un Français d'Algérie, né aux environs de 1880, ayant connu son grand-père pionnier ou dont le père serait venu très jeune en Algérie, dans les premiers temps de la conquête, aurait pu faire la jonction, par le récit de ses ascendants les plus proches et par son expérience personnelle, entre le début et la fin de l'Algérie française. Ainsi, lorsqu'on considère la mémoire collective des Français d'Algérie, on voit s'y mêler très étroitement les faits historiques, les faits mémorisés et les péripéties de l'identification. Cet inévitable enchevêtrement justifie la reconstruction et explique la fréquente tendance à la théorisation.

# Notes

## Remarques préliminaires à cette nouvelle édition

1. Le paragraphe, dans son intégralité, se présente ainsi : « En 1987, paraît la deuxième thèse de troisième cycle à l'IEP de Paris de Joëlle Hureau sur *La mémoire collective des Français d'Algérie de 1930 à 1987*, vaste somme peu scientifique de connaissances parfois approximatives de cette population. Ce n'est pas un travail d'historien (elle fait peu de cas des archives ou autres documents historiques) ni sociologique (elle rédige à partir d'entretiens mais on n'en connaît ni le nombre ni la raison). Il a simplement le mérite d'exister et c'est le seul à son époque. » Valérie Morin *Bilan des études sur les rapatriés* – Section de Toulon de la LDH – date de publication : mardi 12 juillet 2005. Ce texte est diffusé également sur *Hermès-Histoire en réseau des méditerranées*. Pour mémoire, j'ai soutenu ma thèse en 1991, et non en 1987 ; il s'agissait d'une thèse dite à l'époque de « nouveau régime », et non pas de 3ᵉ cycle.

2. Chapitre 11 de la quatrième partie.

3. Annexe 32.

4. Egalement sur internet.

5. Les auteurs de cette parution – au demeurant pleine d'intérêt – ne désirant pas être cités sans leur accord, je ne relève que les termes directement relatifs à *La Mémoire des pieds-noirs*, sans reproduire dans leur intégralité les paragraphes correspondants et sans en indiquer les références.

6. Je reste convaincue que la formule célèbre de Lucien Febvre conserve toute sa pertinence.

## Avant-Propos

1. *Ceux qu'on appelle les pieds-noirs*, de Camille Brière, Editions de l'Atlanthrope, 1984, p. 18. Voir aussi p. 15 à 19.

2. Sur les origines du terme, consulter un exposé exhaustif de Guy Pervillé, présenté au colloque *Les mots de la colonisation*, tenu à l'université Bordeaux III les 22, 23 et 24 janvier 2004. Intitulée « Pour en finir avec les "Pieds-noirs" ! », cette communication est publiée sur le site de l'auteur : *Pour une histoire de la guerre d'Algérie*.

3. C'était le cas en 1987, lors de la première édition de ce livre. Cette attitude semble moins répandue actuellement.

4. Augustin Barbara, « Pourquoi les pieds-noirs ? », *Le Monde*, 6 août 1980, p. 2.

5. Dans une acception plus large encore, on y fait entrer tous les Français d'Afrique du Nord.

6. Terme discuté par et pour une large fraction des Français d'Algérie.

7. En revanche, les juifs d'Algérie, autochtones d'aussi longue date, voire de plus longue date, que les musulmans, sont englobés dans la sphère pied-noir.

## I. *L'AMBIGUÏTÉ DE LIEU*
## *OU*
## *LA CARTE DU TENDRE*

### 1. UNE TERRE PROMISE ET SOUMISE

1. Il y avait eu 6 000 transportés.

2. Dans le français de l'époque, le terme « gants jaunes » signifiait « dandy ». Les gants jaunes étaient ceux du dîner.

3. 277 familles pour 1 183, en 1899.

4. André Montero : *Rio Salado*, Toulouse, Privat, 249 p., 1980. Il s'agit du grand-père de l'auteur.

5. Jules Roy : *Les Chevaux du Soleil*. C'est le cas de l'arrière-grand-père de l'auteur.

6. On peut résumer les différentes formes qu'elle a prises ainsi : achat à de grands propriétaires turcs, à l'État, concession sous conditions ou gratuite.

7. 4 quintaux à l'hectare, 8 dans les meilleurs cas, 12 dans des cas exceptionnels, dans de très bonnes conditions pédologiques et climatiques.

8. Les concessions couvrent 2 à 10 hectares.

9. *Gavacho* : appellation ancienne, « habitant des gaves ». *Pepe* : diminutif de « José ».

10. *Khamsa :* cinq. Désigne une sorte d'amulette en forme de main.

11. Sorte de vaste carriole, pouvant aussi transporter des voyageurs.

12. Sorte de « métayage ». Le khamès ne conserve qu'un cinquième de la récolte.

## 2. LA TERRE NATALE ET BIEN-AIMÉE

1. Ecole buissonnière.

2. Ainsi nommée, sans doute, par référence à la route transversale joignant Batna à M'sila.

3. Il s'agit d'oiseaux appelés aussi « chasseurs d'Afrique ».

4. Sorte de flan à la farine de pois-chiche.

5. Un tel jeu figure dans le roman de Jacques Manguso, *La Bafane*. Les rues citées sont algéroises.

6. Bernard Bonnefoy : *L'espiègle*, Paris, Pensée Universelle, 1979.

7. Frédéric Musso : *L'Algérie des souvenirs*, Paris, La Table Ronde, 1980, p. 70.

8. Toutes deux sont des mosquées remaniées.

9. André Montero : *Rio Salado*.

10. Marché du mercredi, marché du jeudi.

11. Cité par René Janon, dans *Hommes de peine et filles de joie*, 1936 et par André Tabet, dans *Sentinelle et Jasmin*, 1957.

12. Albert Camus : *L'été et Petit guide des villes sans passé*.


### 3. LA DERNIÈRE CARTE

1. Alain Amato : *Monuments en exil*, Versailles, Éditions de l'Atlanthrope, 1982.


## II. *L'AMBIGUÏTÉ D'ACTION*
## *OU*
## *UNE HISTOIRE XÉROPHILE*


### 4. LE RÊVE DE CRONOS

1. Bien évidemment, il ne s'agit pas là de mon point de vue, mais de la façon dont cet événement particulier a été intégré et mémorisé.

2. *Idem*.


### 5. LES PATAQUÈS DE CLIO

1. *Sunnites* : ceux qui reconnurent l'autorité des quatre premiers califes.
*Malékites* : adeptes d'un juriste musulman qui codifia la coutume de Médine au VIII$^e$ siècle.
*Ibadites* : à l'origine adversaires des califes et de la famille du prophète. Adeptes d'une interprétation littérale du Coran et d'une morale très stricte.
*Soufisme* : ascétisme mystique, contraire à l'orthodoxie islamique.

2. Koceila, prince berbère chrétien des Aurès au VII$^e$ siècle, chef de la résistance à la conquête musulmane du Maghreb.

3. Cette mosquée devint l'église Notre-Dame-des-Victoires.

4. La bataille de Las Navas de Tolosa (16 juillet 1212) fut décisive pour la reconquête de l'Espagne par les souverains chrétiens et provoqua l'effondrement de l'Empire almohade dans la péninsule ibérique.

5. Habitants d'une des Baléares, fort nombreux à immigrer en Algérie, après 1830. L'anecdote du « Dernier Maure de Mahon » est encore racontée en Algérie, aux alentours de 1930.

6. Cette conviction correspond, naturellement, à une époque où on ne met en doute ni l'Algérie française, ni sa durée.

7. Chorfa : pluriel de chérif, descendant du Prophète.

8. Cf. chapitre 1, note 12.

9. Souk-Ahras.

10. Bône.

11. C'est un authentique autochtone.

12. Djemila.

13. Tébessa.

14. Carthaginoise, fille d'Hasdrubal.

## 6. MÉCOMPTES ET COMPTES

1. Que les musulmans qui y participèrent aient été transportés, par camions militaires, ne permet pas de mettre en doute sa sincérité.

2. Il avait dû quitter l'Algérie.

3. La gendarmerie.

4. Assassinat de Pierre Popie, avocat MRP, le 25 janvier 1961 et du maire d'Evian le 31 mars 1961.

5. La dernière grande opération de l'armée française, en Algérie, fut le blocus et la bataille de Bab-el-Oued. Après celle-ci, on put remarquer, mort dans sa cage, un canari, victime du mitraillage de la façade à laquelle son habitacle était suspendu.

6. Daniel Leconte, *Les Pieds-Noirs*, Seuil, 1980, p. 235 et 301-303.

7. Certains articles du *Moujahid* permettent d'en douter.

8. Ou « orphelins de l'histoire », selon le terme du bachaga Boualem.

9. Les harkis étaient des unités mobiles, les moghaznis assuraient la protection des S.A.S., les G.A.D. étaient des groupes d'autodéfense, les G.M.S. des groupes mobiles de sécurité.

10. Tel que « harki de l'opposition », « harki du Parti socialiste ».

11. Français musulmans rapatriés.

12. Jean Lacouture : *Algérie, la guerre est finie*, Editions Complexe, 1985, p. 177.

13. Jean Lacouture, *op. cit.*, p. 177.

14. Article du *Matin*, du 28 janvier 1986, cité et commenté par le mensuel *Le Clin d'Œil*, Dieppe, janvier 1986.

15. 10 000 hommes. Jean Lacouture, *op. cit.*, p. 176.

16. Le chiffre de 180 000 est celui obtenu par Camille Brière, dans *Qui sont les karkis ?* et celui de 210 000, donné par un article du *Clin d'Œil*, de janvier 1987.

17. O.N.A.S.E.C.

18. Ils n'étaient pas considérés comme militaires et cotisaient à la Sécurité sociale comme des civils, ce qui leur fermait l'accès à une pension militaire.

## III. *L'AMBIGUÏTÉ DE TEMPÉRAMENT*
## *OU*
## *LE PLURIEL D'UN FRANÇAIS SINGULIER*

### 7. DES ENFANTS CHERCHÉS ET TROUVÉS

1. Titre d'une collection dont le premier ouvrage est *Les Pieds-Noirs*, Éditions Lebaud, 1982.

2. Les premiers Espagnols venaient essentiellement de Mahon. On peut trouver actuellement de ce pain dans le sud-est de la France.

3. Dans le cas de métiers artisanaux, les employeurs peuvent être de leurs compatriotes.

4. Propriété indivise, écobuage, terrains de parcours.

5. *Champoreau :* boisson composée de café chaud et d'alcool ; terme utilisé comme équivalent de « sang-mêlé », enfant issu d'un mariage croisé.

6. Autre expression pour désigner des Français de France.

7. A Alger.

8. A Oran.

9. Quelquefois, il n'existe pas de logement à l'usage des propriétaires, sur l'exploitation. Parfois, il n'existe aucune construction au milieu des terres exploitées.

10. Le terme « paternalisme » ne semble pas adapté à ce comportement. Il serait anachronique.

11. Marie Cardinal raconte qu'elle a longtemps imaginé, à cause de la liaison, que le loup de la fable s'appelait « Pélagno ».

12. Cependant, cela varie selon le niveau d'études atteint et l'interprétation que les enseignants font des programmes.

13. Dans une réplique de la *Famille Hernandez*, elle est utilisée pour créer un effet comique.

14. Anecdote rapportée par Albert Camus dans *La mort heureuse.*


## 8. UN MÉTISSAGE CULTUREL

1. A. Lanly : *Le français d'Afrique du Nord. Étude linguistique*, Bordas, Collection « Études Supérieures », 1970. C'est l'ouvrage fondamental sur la question.

2. A. Camus : *L'été et Petit guide des villes sans passé*, Gallimard, « La Pléiade », 1965, p. 847.

3. En réalité, le 10$^e$ jour du premier mois de l'année.

4. On pourrait signaler aussi tous les mots relatifs à l'administration : caïd, cadi, agha, bachagha...

5. Jacques Attali qui a quitté l'Algérie à l'âge de 12 ans, en 1956. Dans *Pieds-Noirs belle pointure*, de Richard M. Koubi, Éditions de l'Atlanthrope, 1979, p. 17.

6. « Emchi », « skout », « jib », « chouf », « rodd balek ».

7. L'exemple de Jacques Attali, entre autres, montre que des non profanes, peut-être en raison de leur appartenance

sociale, n'ont perçu qu'une partie de la situation. On pourrait citer aussi Jules Roy, Marie Cardinal.

8. Marie Elbe. *Et à l'heure de la mort*, p. 62.

9. Équivalents de « eh bien ! », « penses-tu ! », « la vérité ! » (par la vérité de Dieu).

10. Commandant Azzedine : *Et Alger ne brûla pas*, Stock, 1980, p. 20.

11. Claire Janon-Rossier : *Ces maudits colons...*, La Table Ronde, 1966, p. 11.

12. Jules Roy : *Étranger pour mes frères*, Stock, 1982, p. 132.

13. Commandant Azzedine, *op. cit.*, p. 20.

14. 210 mots, selon A. Lanly.

15. A. Camus, *op. cit.*, p. 848.

16. L'épicier mozabite. Apparemment, déformation de muchacho.

17. Cumin.

18. Crèmes glacées, glaces.

19. Graines de lupins.

20. Sorte de flan à la farine de pois chiches, à l'huile et au sel. Se mange bien chaud.

21. Sorte de chausson fourré aux tomates, aux anchois.

22. En raison des vertus opilantes de ce fruit.

23. A 8 h 30 ou 10 heures, selon qu'un entraînement sportif précède ou non.

24. Respectivement, haricots secs au mouton, au poivre rouge et au cumin, plat complet à la semoule de maïs, sorte de ratatouille autochtone, sorte de ratatouille espagnole, recette à base d'œufs et de cervelles de veau ou d'agneau, soupes au pain, plat de haricots, de viande et d'œufs, repas de ravioli.

25. Selon Jean Brune, *Journal d'exil*, La Table Ronde, 1963, p. 116.

26. Soupe de poisson.

27. Riz au poisson.

28. Comme la grand-mère d'Alain Vircondelet, mais il se peut que d'autres l'aient fait, car en Algérie, on aimait bien s'exprimer sur des airs connus. Dans *Maman la Blanche*, Albin Michel, 1981, p. 111.

29. Respectivement pour les Algérois, les Blidéens, les Oranais. Chaque famille a son site favori pour la mouna.

30. Irène Karsenty appelle « assiette des trois religions » l'assiette qui circule de logement en logement et contient, selon le moment de l'année, des pâtisseries juives, musulmanes ou chrétiennes. *Les Pieds-Noirs*, Éditions Lebaud, *op. cit.*, p. 146.

31. Exemple à Jemmapes

32. En 1963, la statue de La Calle a été transportée en France et offerte à l'église Notre-Dame-du-Bon-Voyage de Port-La-Nouvelle (Aude). La cérémonie y fut perpétuée jusqu'au 15 août 1967, pour reprendre, après interruption, en 1983.

33. Il arrive à des enfants non chrétiens de faire cette tournée avec une voisine.

34. A Guyotville, avant la Seconde Guerre mondiale par exemple.

35. Affublé du surnom de Glozeville, dans un document des Archives d'Outre-Mer. Ce pourrait être Fort-de-l'Eau.

36. La fête annuelle de Blida coïncide avec la Pentecôte.

37. Quatre devient « cuatrou », cinq « tchiquenta », six, « six-six », huit « ioto », neuf « novi-cara ».

38. A Saint-Denis-du-Sig, on utilise le même instrument sous le nom de « zumbumba » et on tient son origine pour espagnole.

39. C'est l'équivalent de la chasse au dahut. Tchibèque ou tchibec vient de l'arabe « filet ».

40. Dans le document signalé en note 49.

41. Ces promenades se déroulent généralement entre 17 et 19 heures. Si elles reprennent après dîner, elles ne doivent pas être trop tardives.

42. Un des membres de cette famille, ayant trouvé, en labourant, une statuette de Sainte-Lucie, décida de lui dédier une chapelle. D'après un texte de Maria Tournier, membre actif d'une association de Jemmapois, qui a passé son enfance à Philippeville.

43. Épidémie de 1849.

44. Il s'y trouve toujours.

45. Les mauvais plaisants soulignent que le vœu ne précise pas si les pois chiches seront crus ou bouillis, ce qui autorise des accommodements ultérieurs.

46. « Tante » en espagnol et en sicilien. « Tio » et « Tia » sont employés ici dans le sens de : « le père Untel », « la mère... ».

47. L'excommunication, à l'origine, ensuite équivaut à porter malheur.

48. Cité par A. Lanly, *op. cit.*, p. 166, à propos de la schkoumoun.

49. Les aoufistes pratiquent l'art de « vivre aux frais des autres en travaillant le moins possible ». Les oualiounes sont des chenapans espiègles et souvent importuns.

50. Le fer protège des corbeaux et des curés ; il faut donc en toucher à la vue d'un prêtre (tocaferro). Quant à « pita », dans la seconde exclamation, il signifierait « phallus ».

51. Sorte de vendetta.

52. D'après le texte de Maria Tournier.

53. Selon le témoignage d'un Bônois.

54. On trouve la description de Binguèche, dans *Elles sont bien Bône*, de F. Bus, Africa Nostra, 1973, p. 24-25. Dépendre un suicidé était censé porter malheur.

55. En 1924. L'amicale des Guyotvillois en conserve le souvenir.


## 9. L'ALGÉRIANISME ET SES PARAGES


1. Contraction de « cagar » et de « lagagnous » (de « laganoso ») selon Gabriel Audisio, préfacier de l'anthologie de 1931, rééditée en 1972 (Éditions Balland). Cet écrivain rappelle également la présence de termes voisins dans plusieurs dialectes méditerranéens, tel le provençal « cagaïoun » ou « bout d'homme ». C'est Jean Brune qui le traduit par « petit merdeux » dans son *Journal d'exil, op. cit.*, p. 108, où il résume l'esprit de l'œuvre avec lyrisme.

2. Petite embarcation de pêche, à fond plat.

3. Duperies.

4. Tire-laine.

5. « Le père du bâton » (de « bou », père, en arabe). Surnom donné au commissaire d'Alger pendant les émeutes antijuives.

6. Partie de Bab-el-Oued qui doit son nom aux carrières.

7. Gabriel Audisio étudie le processus en détail dans sa préface *(op. cit.)*, A. Lanly également à différents passages de son livre *(op. cit.)*.

8. L'appréciation est de Gabriel Audisio, dans l'*Algérie littéraire*, Éditions de l'Encyclopédie coloniale et maritime, 1943, p. 12.

9. Albert Truphémus dans *Hôtel du Sersou*, Alger, Soubiron, 1930 ; dans *Ferhat, instituteur indigène*, Alger, Esquirol, 1935 ; dans *Les Khouans du « Lion noir »*, Alger, Soubiron, 1931.

10. Charles Courtin dans *La brousse qui mangea l'homme*, Éditions de France, 1929.

11. Ferdinand Duchêne dans *Mouna, cachir et couscous*, A. Michel, 1930.

12. Marie Bugeja dans *Cœur de Kabyle*, Tanger, Éditions internationales, 1939.

13. Albert Camus, *La Peste*, Gallimard, 1962, p. 1273. Cité par A. Lanly *(op. cit.*, p. 302), au sujet de l'utilisation irrégulière de « quand même » suivi de l'indicatif, au lieu du conditionnel.

14. L'histoire de Titus Galéa serait authentique. On peut citer comme exemple comparable, celui du propriétaire d'une chaîne de cinémas en Afrique du Nord, également d'ascendance maltaise, qui couronna sa carrière par l'édification du cinéma *Majestic* à Alger.

15. Gabriel Audisio, *op. cit.* p. 14.

16. Note venant en épilogue de l'*Été à Alger*, dans *Noces*, Gallimard, 1965, p. 77.

17. *Ibid.*, p. 74, 71 et 76.

18. *Ibid.*, p. 68-70 à 72.

19. *L'été. Petit guide des villes sans passé*, Gallimard, 1965, p. 849.

20. Notamment Jean Pélégri, et Emmanuel Roblès. Aux noms d'Albert Camus et d'Emmanuel Roblès, il faut associer

celui d'Edmond Charlot, libraire et éditeur à Alger, qui, le premier, publia leurs œuvres.

21. Il s'agit de Rose Celli. Elle traduisit notamment Dickens, Melville, Virginia Woolf, écrivit un essai sur l'*Art de Tchékov*, publia *Le châle indien, Isola, Comme l'eau*, collabora aux albums du Père Castor et du Gai Savoir, à la revue *Roman*. Ses souvenirs d'enfance, réunis dans *A l'envers du tapis* sont une source précieuse sur l'environnement familial d'Edmond Brua.

22. Ces recueils de poèmes s'intitulent *Le Cœur à l'école, Faubourg de l'Espérance, Souvenirs de la Planète*. Ce dernier est paru après les œuvres en pataouète et on y trouve les *Comptines des trois quartiers*, portant sur la Casbah, Bab-el-Oued, la Marine.

23. Quoiqu'on nomme aussi, la *Parodie du Cid* : le *Cid en bônois*. Nombre de Bônois, par ailleurs ne se reconnaissent pas dans les *Fables* qui ont parfois été éditées avec la mention : *dites bônoises*.

24. Ces œuvres prennent davantage de relief lorsqu'elles sont lues ou jouées.

25. Document communiqué par Mme Edmond Brua.

26. Atténuation de « va te la pillancoul », de l'italien « pigliare in coulo ».

27. Procédé comparable à celui employé plus haut avec « Angoulême ». Bagur se pique de correction.

28. Stupide.

29. *Asile :* terme désignant anciennement l'école maternelle.

30. Titre d'une comédie de Gilbert Espinal.

31. Document épistolaire, en provenance de Suisse.

32. Bernard Benassayag, dans *Les Pieds-Noirs*, op. cit. p. 165.

33. Cela apparaît surtout dans de petites nouvelles publiées dans *L'Algérianiste*.

34. Charles de Gaulle et l'agent électoral, ainsi que son candidat.

35. *L'Algérianiste* n° 22 p. III (feuillets jaunes).

36. Dans le Bas-Rhin.

37. Il ne s'agit pas de publications d'associations. Un groupe important de personnalités « algérianistes » a présidé à la première de ces collections.

38. Autre nom du cimetière.

# Bibliographie

I – *Sources documentaires*

— Epistolaires
— Enregistrées
— Revues :

*L'Algérianiste*, 15 juin 1983, 15 mars 1984, 15 juin 1984.
*Antenne*, janvier 1983, avril 1983, 1er trimestre 1984.
*L'Echo des Français rapatriés d'Outre-Mer*, octobre 1983, janvier 1984.
*Généalogie Algérie*, Printemps 1984.
*Itinéraires*, juillet-août 1969, juin 1972, juin 1982.
*Le Kébirien rapatrié*, juin 1983, juillet-août 1983, septembre-octobre 1983.
*L'Echo d'Oranie*, différents numéros.
*Le Petit Callois*, différents numéros, Annuaire 1985.
*Jemmapes et son canton*, différents numéros.
*Le Clin d'œil*, différents numéros.
*Vocation française*, différents numéros.
— Opuscules :

Camille Brière, *Qui sont les harkis ?*, Prades PIC, 1975.
Georges Pélissier, *Chez nous à Guyotville*, Marseille, 1978.
Pierre Plasaules, *Boufarik et les Boufarikois*, Montpellier, 1983.
— Ouvrages dactylographiés de diffusion restreinte

Jacques Bohe, *Glozeville*, roman, dactylographié, Archives d'Outre-Mer, Aix-en-Provence

Alain Charrier, *Alger 1962. L'exode ; pourquoi ?*, Bibliothèque Nationale, Paris.

II – *Sources romanesques et littéraires ; essais.*

— Œuvres antérieures à 1962 n'ayant pas fait l'objet de rééditions récentes de type « algérianiste »

Léon Adoué, *Un poète chez les colons*, Paris, Figuière, 1930.

Michel Antar, *Les Larbal. Un ménage d'officiers dans le sud algérien*, Paris, Pion, 1902.

Gabriel Audisio, *Jeunesse de la Méditerranée*, Paris, Gallimard, 1935.

*Amour d'Alger*, Alger, Charlot, 1938.

Geneviève Baïlac, *La Maison des sœurs Gomez*, Paris, Julliard, 1958.

Paul Bellat, *Un vieux m'a dit. Cent ans d'Algérie*, Alger, Chaix, 1949.

*Les Yeux noirs et les yeux bleus*, Paris, La Nef, 1960.

Louis Bertrand, *Le Jardin de la mort*, Paris, Ollendorf, 1905.

*La concession de Madame Petitgand*, Paris, Fayard, 1912.

*Les Villes d'or*, Paris, Fayard, 1921.

*Le Roman de la conquête*, Paris, Fayard, 1930.

*Nuits d'Alger*, Paris, Flammarion, 1930.

Magali Boisnard, *La Vandale*, Paris, Sansot, 1907.

*Le Roman de Khaldoun*, Paris, Piazza, 1930.

*Sultans de Touggourt*, Paris, Geuthner, 1933.

Jacques Breiz, *Séraphin triomphe à Alger*, Alger, Alger républicain, non daté.

A. L. Breugnot, *Keboul le bâtard*, Alger, Baconnier, 1939.

Edmond Brua, *Faubourg de l'Espérance*, Paris, Edgar Malfère, 1931.

*Le Cœur à l'école*, Alger, Baconnier, 1935.

*La chevauchée de Jeanne d'Arc*, Alger, Carbonel. Non daté, mais probablement de 1941.

*Souvenir de la Planète*, Alger, Heintz, 1942.

*L'Impromptu d'Alger*, Alger, Heintz, 1942.

Manuel Bugeja, *Souvenirs d'un fonctionnaire colonial*, Tanger Editions internationales, 1939.

Marie Bugeja, *Séduction orientale*, Alger, Soubiron, 1931.

*Nos sœurs musulmanes*, Alger, Editions France-Afrique, 1931.

*Du vice à la vertu, roman d'une Naïla*, Paris, Nouvelles Editions Argo, 1932.

*Dans la tiédeur de la tente*, Alger, La Typographie d'art, 1933.

*Femmes voilées, hommes... de même, récits et impressions de l'extrême-sud algérien*, Alger, 1935.

*Afrique, terre de légendes*, Alger, Esquirol, 1936.

*Enigme musulmane. Lettre à une Bretonne*, Alger, France Afrique, 1938.

*Cœur de Kabyle*, Tanger, Editions internationales, 1939.

Albert Camus, *Noces, La Peste, l'été, Œuvres complètes*, Paris, Gallimard, 1965.

Rose Celli, *A l'envers du tapis*, Paris, Gallimard, 1935.

André Chevrillon, *Les Puritains du désert*, Paris, Pion, 1927.

René-Jean Clot, *Le meunier, son fils et l'âne*, Paris, Gallimard, 1954.

Charles Courtin, *La brousse qui mangea l'homme*, Paris, Editions de France, 1929.

Roger Curel, *Les Naufragés du Roussillon*, Paris, Julliard, 1958.

*La Gloire des Muller*, Paris, Julliard, 1960.

Georges Damitio, *Les Pieds-Noirs*, Paris, Albin Michel, 1957.

Jean Daniel, *L'erreur*, Paris, Gallimard, 1953.

Etienne Dinet et Slimane Ben Ibrahim, *Khadra, la danseuse des Ouled Naïd*, Paris, Piazza, 1910.

Ferdinand Duchêne, *France nouvelle, Mœurs algériennes*, Paris, Calmann-Lévy, 1903.

*Les Barbaresques* (série de livres sur la Kabylie), Paris, Albin Michel, 1921, 1922, 1924, 1925, 1926, 1927, 1928, 1929.

*Ceux d'Algérie. Types et coutumes*, Paris, Horizons de France, 1929.

*Mouna, Cachir et Couscous*, Paris, Albin Michel, 1930.

*Sirocco*, Alger, Baconnier, 1946.

Isabelle Eberhardt, *Notes de route*, Paris, Fasquelle 1908.

*Amara le forçat et l'Anarchiste*, Abbeville, imp. Pilliart, Les Amis d'Edouard, 1923.

*Contes et paysages*, Paris, La Connaissance, 1925.

Gilbert Espinal, *Les Chroniques de Séraphin*, Alger, Baconnier, 1957.

*Nouvelles oranaises*, Oran, Fouque, 1957.

*Le Patio à Angustias*, Oran, Fouque, 1958.

Jeanne Faure-Sardet, *Enamorada*, Alger, Soubiron, 1933.

*Fille d'Arabe*, Paris, Eugène Figuière, 1935.

*Mosaïques*, Alger, Fontana, 1939.

Lucienne Favre, *Babel Oued*, Paris, Crès, 1926.

*Tout l'inconnu de la Casbah d'Alger*, Alger, Baconnier, 1933.

*Dans la Casbah*, Paris, Grasset, 1937.

*Doujda*, Paris, Gallimard, 1946.

Ferdane, *Joyeux pêcheurs de la côte oranaise*, Oran, Fouque, 1948.

Marcel Florenchie, *Terre algérienne*, Alger, France-Afrique, 1932.

*Eux et nous*, Alger, Soubiron, 1934.

*Terre française*, Alger, Baconnier, 1945.

*Algérie, ma province*, Alger, Baconnier, 1950.

Claude de Fréminville, *Bunoz*, Alger, Charlot, 1946.

*Le Manège et la noria*, Paris, Gallimard, 1954.

Georges Galunaud, *Gavatcho*, Alger, Barbry, 1956.

*El l'Ben*, Aurillac, Cahiers de l'A.P.L.P., 1958.

Charles Géniaux, *Sous les figuiers de Kabylie. Scènes de la vie berbère en 1914-1917*, Paris, Flammarion, 1917.

Annette Godin, *L'erreur de Nedjma*, Alger, Ferrari, 1923.

Edmond Gojon, *En Algérie avec la France*, Paris, Bibl. Charpentier, 1927.

*L'Empire de Cérès*, Alger, Soubiron, 1933.

Jean Grenier, *Santa-Cruz et autres paysages africains*, Paris, Charlot, 1937.

Charles Hagel et Louis Lecoq, *Sid Ghorab surcorbeau*, Paris, Albin Michel, 1923.

Charles Hagel, *Drames africains*, Alger, Soubiron, 1930.

René Janon, *Hommes de peine et filles de joie*, Alger, édit. de la Palangrote, 1936.

Lucienne Jean-Darrouy, *Au pays de la mort jaune*, Alger, Baconnier, 1947.

André Laquière, *Khelili, Frendj, Ziani, brancardiers*, Alger, Soubiron, 1931.

Louis Lecoq, *Pascualette l'Algérien*, Paris, Albin Michel, 1934.

Pierre Léonard, *L'Algérie de papa*, Paris, la Pensée moderne, 1961.

Marcelle Magdinier, *La Kahena. Epopée d'une reine berbère*, Paris, Calmann Lévy, 1953.

Angèle Maraval-Berthoin, *Dassine. Sultane du Hoggar*, Paris, Fasquelle, 1951.

*Le Drac*, Paris, Fasquelle, 1959.

Paul et Victor Margueritte, *L'Eau souterraine*, Paris, Jouve, 1903.

Jean Mélia, *La ville blanche. Alger et son département*, Paris, Plon, 1921.

*Le triste sort des Indigènes musulmans d'Algérie*, Paris, Mercure de France, 1935.

Robert Migot, *Sainte Salsa, martyre*, Alger, Baconnier, 1940.

Jeanne Montupet, *Sonadora devant la ville* ; Paris, Laffont, 1956.

*La traversée de Fiora Valencourt*, Paris, Laffont, 1961.

Marcel Moussy, *Arcole ou la terre promise*, Paris, La Table Ronde, 1953.

Eric Ollivier, *Les Enracinés*, Paris, Le Sagittaire, 1960.

Suzanne Pairault, *Le Sang de Bou Okba*, Paris, Aillaud, Bastos et Cie, 1947.

Jean Pélégri, *L'embarquement du lundi*, Paris, Gallimard, 1952.

*Les Oliviers de la justice*, Paris, Gallimard, 1959.

Liane Prioli, *Antoine de Chiffalo*, Alger, La Typo-Litho-Carbonel, 1941.

Robert Randau, *Le Professeur Martin, petit bourgeois d'Alger*, Alger, Baconnier, 1936.

*Sur le pavé d'Alger*, Alger, Fontana, 1937.

Edmond Reboul, *Si Toubib*, Paris, Julliard, 1959.
Elissa Rhaïs, *Saada la Marocaine*, Paris, Plon, 1919.
*Les juifs ou la fille d'Eléazar*, Paris, Plon, 1921.
Claude-Maurice Robert, *Dans le silence de la lumière. Voyage aux oasis*, Alger, Soubiron, 1934.
*Le long des oueds de l'Aurès*, Alger, Baconnier, 1938.
Emmanuel Roblès, *Les hauteurs de la ville*, Paris, Seuil, 1960.
Francine Roger, *Zaïa, petite berbère*, Paris, Le Scorpion, 1961.
Laurent Ropa, *Le Chant de la noria*, Paris, A. Messein, 1932.
André Rosfelder, *Les Hommes frontières*, Paris, Domat, 1949.
*Fin de chantier*, Paris, Domat, 1952.
*Rocade Sud*, Paris, Calmann Lévy, 1953.
Georges Rozet, *L'Aurès, escalier du désert*, Alger, Baconnier, 1935.
A. et Yvon de Saint-Gouric, *Mektoub*, Alger, éditions du Mercure Africain, 1923.
Seddik ben el Outa, *Fils de grande tente*, Paris, Ollendorf, 1902.
Evelyne Stumpf, *Profondes sont nos racines*, Alger, Baconnier, 1958.
André Tabet, *Sentinelle et Jasmin*, Paris, Julliard, 1957.
Albert Truphémus, *L'hôtel du Sersou*, Alger, Soubiron, 1930.
*Les Khouan du « Lion noir ». Scènes de la vie de Biskra*, Alger, Soubiron, 1931.
Jean Turin, *Annaba*, Alger, Baconnier, 1959.
Frédéric Valmain, *Les Chacals*, Paris, Fayard, 1960.
R.H. Vandelbourg, *Moulay Ali*, Paris, Pion, 1911.
Tony Zannet, *Carmelo*, Paris, Tallandier, 1934.
A. Villacrose, *Vingt ans en Algérie ou les tribulations d'un colon*, Paris, Challamel aîné, 1875.
— Œuvres rééditées ou éditées dans le cadre de collections « algérianistes »

Antérieures à 1962.

*Collection « Et alors ? et oilà ! »*
Paul Achard, *Salaouètches, évocations pittoresques de la vie algérienne en 1900*, Paris, Balland, 1972.

Edmond Brua, *Fables bônoises*, Paris, Balland, 1972.
*La Parodie du Cid*, Paris, Balland, 1972.
Musette, *Cagayous*, Paris, Balland, 1972.
*Collection « L'Algérie heureuse »*
Paul Achard, *L'homme de Mer*, Paris, Tchou, 1979.
Geneviève Baïlac, *La famille Hernandez*, Paris, Tchou, 1979.
Louis Bertrand, *Le Sang des Races*, Paris, Tchou, 1979.
*Pépète et Balthazar*, Paris, Tchou, 1979.
Jeanne Montupet, *la Fontaine Rouge*, Paris, Tchou, 1979.
Musette, *Cagayous*, Paris, Tchou, 1979.
Robert Randau, *Les Algérianistes*, Paris, Tchou, 1979.
*Les Colons*, Paris, Tchou, 1979.
Léon Roches, *A travers l'Islam*, Paris, Tchou, 1979.
Maréchal de Saint-Arnaud, *Les premières années de l'Algérie française*, Paris, Tchou, 1978.
Louis Veuillot, *Les Français en Algérie*, Paris, Tchou, 1978.

## Postérieures à 1962

Roland Bacri, *Et alors, et oilà !*, Paris, Balland, 1971.
Albert Bonhoure, *La vie des Français en Algérie*, Paris, Tchou, 1979. (anthologie).
Daniel Saint-Hamont, *Histoires algériennes*, Paris, Tchou, 1979.

## Œuvres parues depuis 1962

Roland Bacri, *Le Roro*, Paris, Denoël, 1969.
*Le beau temps perdu : Bab-el-Oued retrouvé*, Paris, J. Lanzmann et Seghers, 1978.
*Trésors des racines pataouètes*, Paris, Belin, 1983.
Geneviève Baïlac, *Les absinthes sauvages*, Paris, Fayard, 1972.
Blanche Bendahan, *Sous les soleils qui ne brilleront plus*, Blainville sur Mer, l'Amitié par le livre, 1970.
Albert Bensoussan, *La Bréhaigne*, Paris, Denoël, 1973.
Joseph Bérard, *Bel Abbès : ne jamais oublier*, Paris, La Pensée Universelle, 1971.
Ferny Besson, *Le désert perdu*, Paris, Albin Michel, 1963.

Bernard Bonnefoy, *L'espiègle*, Paris, La Pensée Universelle, 1979.

Jean Bogliolo, *L'Algérie de Papa*, Madrid, chez l'auteur (série de 14 ouvrages, s'échelonnant de 1972 à 1982 et reprenant des œuvres antérieures à 1962, auxquelles s'ajoutent des textes récents).

Jean Brune, *Journal d'exil*, suivi de *Lettre à un maudit*, Paris, La Table Ronde, 1963.

*La Révolte*, Paris, Laffont, 1965.

F. Bus, *Elles sont bien « Bône »*, Montpellier, Africa Nostra, 1979.

Albert Camus, *La mort heureuse*, Paris, Gallimard, 1971.

Il s'agit en fait de la première entreprise romanesque d'Albert Camus, rédigée en 1936-1938, mais non publiée jusque-là.

Marie Cardinal, *La mule de corbillard*, Paris, Julliard, 1963. *Au pays de mes racines*, Paris, Grasset, 1980.

Robert Castel, *Inoubliable Algérie*, Paris, Pierre Horay, 1965.

Léon Célerier, *Six générations en Algérie*, chez l'auteur, 1978.

Madeleine Cherri, *L'institutrice et le Caïd*, Blainville sur Mer, L'amitié par le livre, 1963.

Gabriel Conesa, *Bab-el-Oued, notre paradis perdu*, Paris, Laffont, 1970.

Francine Dessaigne, *Journal d'une mère de famille pied-noir*, Paris, l'Esprit nouveau, 1962.

*Déracinés !...*, Paris, éditions du Fuseau, 1964.

Marie Elbe, *A l'heure de notre mort*, Paris, Presses de la Cité, 1963.

*Comme une torche au milieu de la fête*, Paris, Presses de la Cité, 1964.

Fulgence, *Phèdre aux pieds-noirs*, Niort, Imbert-Nicolas, 1977.

Louis Gardel, *L'été fracassé*, Paris, Le Seuil, 1973.

Max Guedj, *Le Bar à Campora*, Paris, Albin Michel, 1969.

Augustin Ibazizen, *Le Pont de Bereq'mouch*, Paris, La Table Ronde, 1979.

Alphonse Juin, *C'étaient nos frères*, Paris, Presses de la Cité, 1962.

Pierre Lescure, *Le Bidjac*, Sherbrooke, A. Naaman, 1973.

Anne Loesch, *La valise et le cercueil*, Paris, Pion, 1963.

*Le Tombeau de la Chrétienne*, Paris, Pion, 1965.

E. Macias, avec J. Demarny, *Non, je n'ai pas oublié*, Paris, Laffont, 1982.

Jacques Manguso, *Pointe Pescade-Paris*, Mercure de France, 1976 et la Bafane, 1978.

Gilbert Messina, *Le repaire d'Alger*, Paris, Denoël, 1973.

Simone Meynadier, *Les oranges amères*, Paris, La Pensée Universelle, 1976.

Jean-Pierre Millecam, *Et je vis un cheval pâle*, Paris, Gallimard, 1978.

Christian Missud-Cardinale, *L'olivier toujours vert*, Paris, La Pensée Universelle, 1978.

Andrée Montero, *L'Autre Rivage*, Blainville sur Mer, l'amitié par le livre, 1965.

*Rio Salado*, Toulouse, Privat, 1980.

Jeanne Montupet, *Comme une soie byzantine*, Paris, Laffont, 1980.

Frédéric Musso, *Martin est aux Afriques*, Paris, La Table Ronde, 1978.

Robert Ollendorf, *L'an prochain à Philippeville*, Montpellier, Africa Nostra, 1980.

Jean Pélégri, *Le Maboul*, Paris, Gallimard, 1963.

Emmanuel Roblès, *Saison violente*, Paris, Seuil, 1974.

Paul Roux, *Paul et Mohammed*, Paris, Le Scorpion, 1964.

Jules Roy, *les Chevaux du soleil*, Paris, Grasset, 1967.

*Une Femme au nom d'étoile*, Paris, Grasset, 1968.

*Les Cerises d'Icheridène*, Paris, Grasset, 1969.

*Le Maître de la Mitidja*, Paris, Grasset, 1970.

*Les Ames interdites*, Paris, Grasset, 1972.

*Le Tonnerre des Anges*, Paris, Grasset, 1975.

*Étranger pour mes frères*, Paris, Stock, 1982.

Daniel Saint-Hamont, *Le Bourricot*, Paris, Fayard, 1978.

*Le Coup de Sirocco*, Paris, Fayard, 1978.

Marie-Jeanne Still, *Le Manège*, Paris, La Pensée Universelle, 1982.

René Sussan, *L'Étoile des autres*, Paris, Denoël, 1967.

Marie-Emmanuelle Torner, *Cheriffa Touïla*, Paris, La Pensée Universelle, 1973.

Alain Vircondelet, *Maman la Blanche*, Paris Albin Michel, 1981.

*Alger l'amour*, Paris, Presses de la Renaissance, 1982.

III – *Ouvrages à caractère historique ; enquêtes-témoignages.*

Collectif, *1830-1962 : Des enseignants d'Algérie se souviennent*, Toulouse, Privat, 1981.

Collectif Les Pieds-Noirs, R. Ayoun et B. Cohen, *Les Juifs d'Algérie*, Paris, J.-C. Lattes, 1982.

Camille Brière, *Ceux qu'on appelle les pieds-noirs*, Versailles, Éditions de l'Atlanthrope, 1984.

Françoise Brun, *Les Français d'Algérie dans l'agriculture du Midi méditerranéen*. Thèse présentée à Aix-Marseille, 1973.

Marc Donato, *L'émigration des Maltais en Algérie au XIX$^e$ siècle*. Montpellier, Africa Nostra, 1985.

Robert Garcia, *L'arrachement*, Nice, Gilletta, 1982.

Pierre Goinard, *Algérie, œuvre française*, Paris, Laffont, 1984.

Claire Janon-Rossier, *Ces maudits colons*, Paris, La Table Ronde, 1966.

André Kouby, *Pieds-noirs belle pointure*, Paris, Éditions de l'Atlanthrope, 1979.

Daniel Leconte, *Les pieds-noirs*, Paris, Seuil, 1980.

Collectif, *Les Pieds-Noirs*, Paris, Philippe Lebaud, 1982.

Léo Palacio, *Les Pieds-Noirs dans le monde*, Paris, J. Didier, 1968.

Marcelle Routier, *Derrière eux le soleil*, Paris, Stock, 1974.

Lucie Santini, *Les sacrifiés*, Salon de Provence, Ateliers Isoars, 1970.

Jean Daniel Scherb, *Le soleil ne chauffe que les vivants*, Paris, Laffont, 1964.

IV – *Iconographies avec texte*

Alain Amato, *Monuments en exil*, Paris, Éditions de l'Atlanthrope, 1979.

Paul Azoulay, *La Nostalgérie française*, Paris, Eric Baschet Editions, 1980.

Charles Brouty, *Tu te rappelles la Bassetta ?*, Marseille, Baconnier, 1964 (Suite de croquis sur le Bab-el-Oued des années 1940 à 1960).

Georges Duboucher, *L'Algérie 1870-1930*, Toulouse, Éditions Milan, 1983.

Frédéric Musso, *L'Algérie des souvenirs*, Paris, La Table Ronde, 1976.

V – *Ouvrages de référence*

Charles-Robert Ageron, *Histoire de l'Algérie contemporaine*, Paris, PUF, 1979.

Charles-André Julien, *Histoire de l'Algérie contemporaine*, Paris, PUF, 1964.

Jean Déjeux, *La littérature algérienne contemporaine*, Paris, PUF, Que sais-je ? 1979.

André Lanly, *Le Français d'Afrique du Nord*, Paris, Bordas, 1970.

# TABLE

*Avant-propos :* Pieds-noirs sans alibi ?.................. 13

## *Première partie*
## L'AMBIGUÏTÉ DE LIEU
## OU LA CARTE DU TENDRE

| | | |
|---|---|---|
| I. | Une terre promise et soumise .................... | 23 |
| | *L'Algérie, terre d'abondance, terre de déportation, terre de refuge* ........................ | 24 |
| | *L'Algérie, terre ingrate et dangereuse.* ......... | 29 |
| | *Les perles de culture.* ................................... | 39 |
| II. | La terre natale et bien-aimée .................... | 51 |
| | *De la mer salée à la mer sableuse* .............. | 52 |
| | *Une terre riche en sensations contradictoires* ................................................. | 61 |
| | *Une terre ponctuée de lieux communs.*........ | 70 |
| III. | La carte forcée de la mère patrie .............. | 83 |
| | *Une France élastique.* .................................. | 84 |
| | *Une France inculquée.* ................................. | 94 |
| | *Une France marâtre.* ................................... | 102 |
| IV. | La dernière carte ....................................... | 111 |

|       | *Les paradis perdus.* | 112 |
|-------|------------------------|-----|
|       | *Une contrée de mémoire.* | 118 |
|       | *Le rêve passe.* | 125 |

## Deuxième partie
## L'AMBIGUÏTÉ D'ACTION
## OU UNE HISTOIRE XÉROPHILE

|       |                                              |     |
|-------|----------------------------------------------|-----|
| V.    | Le rêve de Cronos                            | 137 |
|       | *Du sang aux extrémités*                     | 138 |
|       | *Le cœur ici, la tête ailleurs*              | 147 |
|       | *La démesure d'une vie brève.*               | 158 |
| VI.   | Le régime de la communauté                   | 169 |
|       | *Une dépendance historique hypertrophiée.*   | 170 |
|       | *Coup de soleil sur les événements.*         | 177 |
|       | *Lune de miel sous les bombes*               | 184 |
| VII.  | Les pataquès de Clio                         | 193 |
|       | *Des ancêtres ignorant la potion magique*    | 195 |
|       | *Histoires interrompues*                     | 203 |
|       | *L'Antiquité empruntée.*                     | 210 |
| VIII. | Mécomptes et comptes                         | 217 |
|       | *La mort du canari.*                         | 218 |
|       | *Le syndrome d'Antigone.*                    | 225 |
|       | *Les emmurés du silence.*                    | 232 |

## Troisième partie
## L'AMBIGUÏTÉ DE TEMPÉRAMENT OU LE PLURIEL
## D'UN FRANÇAIS SINGULIER

|      |                                      |     |
|------|--------------------------------------|-----|
| IX.  | Des enfants cherchés et trouvés      | 245 |
|      | *Français ?… bessif !*               | 246 |

|  |  |  |
|---|---|---|
|  | *Un frère modèle*............................................ | 254 |
|  | *La francité par cœur.* ................................. | 259 |
| X. | Un métissage culturel................................ | 269 |
|  | *Un langage qui raconte.* ............................ | 271 |
|  | *Une cuisine qui régale.* .............................. | 281 |
|  | *Des réjouissances qui paradent.* ................. | 289 |
|  | *Des mythes qui sortent de l'ordinaire.* ........ | 298 |
| XI. | L'algérianisme et ses parages .................... | 309 |
|  | *Une prise de conscience primesautière* ........ | 310 |
|  | *L'identification méditée*.............................. | 315 |
|  | *L'identité jouée* .......................................... | 324 |
|  | *L'algérianité de serre*................................. | 334 |
| Notes | ................................................................... | 347 |
| Bibliographie | ..................................................... | 361 |

# collection tempus
# Perrin

### Déjà paru

120. *L'Église des premiers siècles* – Maurice Vallery-Radot.
121. *L'épopée cathare*, tome I, *L'invasion* – Michel Roquebert.
122. *L'homme européen* – Jorge Semprún, Dominique de Villepin.
123. *Mozart* – Pierre-Petit.
124. *La guerre de Crimée* – Alain Gouttman.
125. *Jésus et Marie-Madeleine* – Roland Hureaux.
126. *L'épopée cathare*, tome II, *Muret ou la dépossession* – Michel Roquebert.
127. *De la guerre* – Carl von Clausewitz.
128. *La fabrique d'une nation* – Claude Nicolet.
129. *Quand les catholiques étaient hors la loi* – Jean Sévillia.
130. *Dans le bunker de Hitler* – Bernd Freytag von Loringhoven et François d'Alançon.
131. *Marthe Robin* – Jean-Jacques Antier.
132. *Les empires normands d'Orient* – Pierre Aubé.
133. *La guerre d'Espagne* – Bartolomé Bennassar.
134. *Richelieu* – Philippe Erlanger.
135. *Les Mérovingiennes* – Roger-Xavier Lantéri.
136. *De Gaulle et Roosevelt* – François Kersaudy.
137. *Historiquement correct* – Jean Sévillia.
138. *L'actualité expliquée par l'Histoire.*
139. *Tuez-les tous ! La guerre de religion à travers l'histoire* – Élie Barnavi, Anthony Rowley.
140. *Jean Moulin* – Jean-Pierre Azéma.
141. *Nouveau monde, vieille France* – Nicolas Baverez.
142. *L'Islam et la Raison* – Malek Chebel.
143. *La gauche en France* – Michel Winock.
144. *Malraux* – Curtis Cate.
145. *Une vie pour les autres. L'aventure du père Ceyrac* – Jérôme Cordelier.
146. *Albert Speer* – Joachim Fest.
147. *Du bon usage de la guerre civile en France* – Jacques Marseille.
148. *Raymond Aron* – Nicolas Baverez.
149. *Joyeux Noël* – Christian Carion.

150. *Frères de tranchées* – Marc Ferro.
151. *Histoire des croisades et du royaume franc de Jérusalem*, tome I, *1095-1130, L'anarchie musulmane* – René Grousset.
152. *Histoire des croisades et du royaume franc de Jérusalem*, tome II, *1131-1187, L'équilibre* – René Grousset.
153. *Histoire des croisades et du royaume franc de Jérusalem*, tome III, *1188-1291, L'anarchie franque* – René Grousset.
154. *Napoléon* – Luigi Mascilli Migliorini.
155. *Versailles, le chantier de Louis XIV* – Frédéric Tiberghien.
156. *Le siècle de saint Bernard et Abélard* – Jacques Verger, Jean Jolivet.
157. *Juifs et Arabes au XX$^e$ siècle* – Michel Abitbol.
158. *Par le sang versé. La Légion étrangère en Indochine* – Paul Bonnecarrère.
159. *Napoléon III* – Pierre Milza.
160. *Staline et son système* – Nicolas Werth.
161. *Que faire ?* – Nicolas Baverez.
162. *Stratégie* – B. H. Liddell Hart.
163. *Les populismes* (dir. Jean-Pierre Rioux).
164. *De Gaulle, 1890-1945*, tome I – Éric Roussel.
165. *De Gaulle, 1946-1970*, tome II – Éric Roussel.
166. *La Vendée et la Révolution* – Jean-Clément Martin.
167. *Aristocrates et grands bourgeois* – Éric Mension-Rigau.
168. *La campagne d'Italie* – Jean-Christophe Notin.
169. *Lawrence d'Arabie* – Jacques Benoist-Méchin.
170. *Les douze Césars* – Régis F. Martin.
171. *L'épopée cathare*, tome III, *Le lys et la croix* – Michel Roquebert.
172. *L'épopée cathare*, tome IV, *Mourir à Montségur* – Michel Roquebert.
173. *Henri III* – Jean-François Solnon.
174. *Histoires des Antilles françaises* – Paul Butel.
175. *Rodolphe et les secrets de Mayerling* – Jean des Cars.
176. *Oradour, 10 juin 1944* – Sarah Farmer.
177. *Volontaires français sous l'uniforme allemand* – Pierre Giolitto.
178. *Chute et mort de Constantinople* – Jacques Heers.
179. *Nouvelle histoire de l'Homme* – Pascal Picq.
180. *L'écriture. Des hiéroglyphes au numérique.*
181. *C'était Versailles* – Alain Decaux.
182. *De Raspoutine à Poutine* – Vladimir Fedorovski.
183. *Histoire de l'esclavage aux États-Unis* – Claude Fohlen.
184. *Ces papes qui ont fait l'histoire* – Henri Tincq.

185. *Classes laborieuses et classes dangereuses* – Louis Chevalier.
186. *Les enfants soldats* – Alain Louyot.
187. *Premiers ministres et présidents du Conseil* – Benoît Yvert.
188. *Le massacre de Katyn* – Victor Zaslavsky.
189. *Enquête sur les apparitions de la Vierge* – Yves Chiron.
190. *L'épopée cathare*, tome V, *La fin des Amis de Dieu* – Michel Roquebert.
191. *Histoire de la diplomatie française*, tome I.
192. *Histoire de la diplomatie française*, tome II.
193. *Histoire de l'émigration* – Ghislain de Diesbach.
194. *Le monde des Ramsès* – Claire Lalouette.
195. *Bernadette Soubirous* – Anne Bernet.
196. *Cosa Nostra. La mafia sicilienne de 1860 à nos jours* – John Dickie.
197. *Les mensonges de l'Histoire* – Pierre Miquel.
198. *Les négriers en terres d'islam* – Jacques Heers.
199. *Nelson Mandela* – Jack Lang.
200. *Un monde de ressources rares* – Le Cercle des économistes et Érik Orsenna.
201. *L'histoire de l'univers et le sens de la création* – Claude Tresmontant.
202. *Ils étaient sept hommes en guerre* – Marc Ferro.
203. *Précis de l'art de la guerre* – Antoine-Henri Jomini.
204. *Comprendre les États-unis d'aujourd'hui* – André Kaspi.
205. *Tsahal* – Pierre Razoux.
206. *Pop philosophie* – Mehdi Belaj Kacem, Philippe Nassif.
207. *Le roman de Vienne* – Jean des Cars.
208. *Hélie de Saint Marc* – Laurent Beccaria.
209. *La dénazification* (dir. Marie-Bénédicte Vincent).
210. *La vie mondaine sous le nazisme* – Fabrice d'Almeida.
211. *Comment naissent les révolutions*.
212. *Comprendre la Chine d'aujourd'hui* – Jean-Luc Domenach.
213. *Le second Empire* – Pierre Miquel.
214. *Les papes en Avignon* – Dominique Paladilhe.
215. *Jean Jaurès* – Jean-Pierre Rioux.
216. *La Rome des Flaviens* – Catherine Salles.
217. *6 juin 44* – Jean-Pierre Azéma, Philippe Burrin, Robert O. Paxton.
218. *Eugénie, la dernière impératrice* – Jean des Cars.
219. *L'homme Robespierre* – Max Gallo.
220. *Les Barbaresques* – Jacques Heers.

221. *L'élection présidentielle en France, 1958-2007* – Michel Winock.
222. *Histoire de la Légion étrangère* – Georges Blond.
223. *1 000 ans de jeux Olympiques* – Moses I. Finley, H. W. Pleket.
224. *Quand les Alliés bombardaient la France* – Eddy Florentin.
225. *La crise des années 30 est devant nous* – François Lenglet.
226. *Le royaume wisigoth d'Occitanie* – Joël Schmidt.
227. *L'épuration sauvage* – Philippe Bourdrel.
228. *La révolution de la Croix* – Alain Decaux.
229. *Frédéric de Hohenstaufen* – Jacques Benoist-Méchin.
230. *Savants sous l'Occupation* – Nicolas Chevassus-au-Louis.
231. *Moralement correct* – Jean Sévillia.
232. *Claude Lévi-Strauss, le passeur de sens* – Marcel Hénaff.
233. *Le voyage d'automne* – François Dufay.
234. *Erbo, pilote de chasse* – August von Kageneck.
235. *L'éducation des filles en France au XIX$^e$ siècle* – Françoise Mayeur.
236. *Histoire des pays de l'Est* – Henry Bogdan.
237. *Les Capétiens* – François Menant, Hervé Martin, Bernard Merdrignac, Monique Chauvin.
238. *Le roi, l'empereur et le tsar* – Catrine Clay.
239. *Neanderthal* – Marylène Patou-Mathis.
240. *Judas, de l'Évangile à l'Holocauste* – Pierre-Emmanuel Dauzat.
241. *Le roman vrai de la crise financière* – Olivier Pastré, Jean-Marc Sylvestre.
242. *Comment l'Algérie devint française* – Georges Fleury.
243. *Le Moyen Âge, une imposture* – Jacques Heers.
244. *L'île aux cannibales* – Nicolas Werth.
245. *Policiers français sous l'Occupation* – Jean-Marc Berlière.
246. *Histoire secrète de l'Inquisition* – Peter Godman.
247. *La guerre des capitalismes aura lieu* – Le Cercle des économistes (dir. Jean-Hervé Lorenzi).
248. *Les guerres bâtardes* – Arnaud de La Grange, Jean-Marc Balencie.
249. *De la croix de fer à la potence* – August von Kageneck.
250. *Nous voulions tuer Hitler* – Philipp Freiherr von Boeselager.
251. *Le soleil noir de la puissance, 1796-1807* – Dominique de Villepin.
252. *L'aventure des Normands, VIII$^e$- XIII$^e$ siècle* – François Neveux.
253. *La spectaculaire histoire des rois des Belges* – Patrick Roegiers.

254. *L'islam expliqué par* – Malek Chebel.
255. *Pour en finir avec Dieu* – Richard Dawkins.
256. *La troisième révolution américaine* – Jacques Mistral.
257. *Les dernières heures du libéralisme* – Christian Chavagneux.
258. *La Chine m'inquiète* – Jean-Luc Domenach.
259. *La religion cathare* – Michel Roquebert.
260. *Histoire de la France*, tome I, *1900-1930* – Serge Berstein, Pierre Milza.
261. *Histoire de la France*, tome II, *1930-1958* – Serge Berstein, Pierre Milza.
262. *Histoire de la France*, tome III, *1958 à nos jours* – Serge Berstein, Pierre Milza.
263. *Les Grecs et nous* – Marcel Detienne.
264. *Deleuze* – Alberto Gualandi.
265. *Le réenchantement du monde* – Michel Maffesoli.
266. *Spinoza* – André Scala.
267. *Les Français au quotidien, 1939-1949* – Éric Alary, Bénédicte Vergez-Chaignon, Gilles Gauvin.
268. *Teilhard de Chardin* – Jacques Arnould.
269. *Jeanne d'Arc* – Colette Beaune.
270. *Crises, chaos et fins de monde*.
271. *Auguste* – Pierre Cosme.
272. *Histoire de l'Irlande* – Pierre Joannon.
273. *Les inconnus de Versailles* – Jacques Levron.
274. *Ils ont vécu sous le nazisme* – Laurence Rees.
275. *La nuit au Moyen Âge* – Jean Verdon.
276. *Ce que savaient les Alliés* – Christian Destremau.
277. *François I*$^{er}$ – Jack Lang.
278. *Alexandre le Grand* – Jacques Benoist-Méchin.
279. *L'Égypte des Mamelouks* – André Clot.
280. *Les valets de chambre de Louis XIV* – Mathieu Da Vinha.
281. *Les grands sages de l'Égypte ancienne* – Christian Jacq.
282. *Armagnacs et Bourguignons* – Bertrand Schnerb.
283. *La révolution des Templiers* – Simonetta Cerrini.
284. *Les crises du capitalisme*.
285. *Communisme et totalitarisme* – Stéphane Courtois.
286. *Les chasseurs noirs* – Christian Ingrao.
287. *Averroès* – Ali Benmakhlouf.
288. *Les guerres préhistoriques* – Lawrence H. Keeley.
289. *Devenir de Gaulle* – Jean-Luc Barré.
290. *Lyautey* – Arnaud Teyssier.

291. *Fin de monde ou sortie de crise ?* – Le Cercle des économistes (dir. Pierre Dockès et Jean-Hervé Lorenzi).
292. *Madame de Montespan* – Jean-Christian Petitfils.
293. *L'extrême gauche plurielle* – Philippe Raynaud.
294. *La guerre d'indépendance des Algériens* (prés. Raphaëlle Branche).
295. *La France de la Renaissance* – Arlette Jouanna.
296. *Verdun 1916* – Malcolm Brown.
297. *Lyotard* – Alberto Gualandi.
298. *Catherine de Médicis* – Jean-François Solnon.
299. *Le XXe siècle idéologique et politique* – Michel Winock.
300. *L'art nouveau en Europe* – Roger-Henri Guerrand.
301. *Les salons de la IIIe République* – Anne Martin-Fugier.
302. *Lutèce* – Joël Schmidt.
303. *Les aventurières de Dieu* – Elisabeth Dufourcq.
304. *Chiisme et politique au Moyen-Orient* – Laurence Louër.
305. *La chute ou l'Empire de la solitude 1807-1814* – Dominique de Villepin.
306. *Louis II de Bavière* – Jean des Cars.
307. *L'Égypte des grands pharaons* – Christian Jacq.
308. *La Deuxième Guerre mondiale* – John Keegan.
309. *Histoire du libertinage* – Didier Foucault.
310. *L'affaire Cicéron* – François Kersaudy.
311. *Les Gaulois contre les Romains* – Joël Schmidt.
312. *Le soufre et le moisi* – François Dufay.
313. *Histoire des Étrusques* – Jean-Marc Irollo.
314. *Le plaisir au Moyen Âge* – Jean Verdon.
315. *Cro Magnon* – Marcel Otte.
316. *La ligne de démarcation* – Éric Alary.
317. *Histoires de Berlin* – Bernard Oudin, Michèle Georges.
318. *Histoire de l'armée allemande* – Philippe Masson.
319. *La guerre de Cent Ans* – Georges Minois.
320. *La santé de Louis XIV* – Stanis Perez.
321. *La mémoire des pieds-noirs* – Joëlle Hureau.

# À paraître

*Pascal* – Francesco Paolo Adorno.
*Levinas* – François-David Sebbah.
*Dictionnaire culturel de la Bible.*
*Histoire de la réforme protestante* – Bernard Cottret.

*Impression réalisée par*

La Flèche (Sarthe), le 10-03-2010
pour le compte des Éditions Perrin
11, rue de Grenelle
Paris 7ᵉ
N° d'édition : 2576 – N° d'impression : 56793
Dépôt légal : mars 2010
*Imprimé en France*